Sanierungsfall Deutschland

Hans Gerd Prodoehl

Sanierungsfall Deutschland

Plädoyer für eine Transformation des deutschen politischen Systems im 21. Jahrhundert

Hans Gerd Prodoehl
Prodoehl Consult GmbH
Düsseldorf, Deutschland

ISBN 978-3-658-43225-6   ISBN 978-3-658-43226-3   (eBook)
https://doi.org/10.1007/978-3-658-43226-3

Die Deutsche Nationalbibliothek verzeichnet diese Publikation in der Deutschen Nationalbibliografie; detaillierte bibliografische Daten sind im Internet über https://portal.dnb.de abrufbar.

© Der/die Herausgeber bzw. der/die Autor(en), exklusiv lizenziert an Springer Fachmedien Wiesbaden GmbH, ein Teil von Springer Nature 2023
Das Werk einschließlich aller seiner Teile ist urheberrechtlich geschützt. Jede Verwertung, die nicht ausdrücklich vom Urheberrechtsgesetz zugelassen ist, bedarf der vorherigen Zustimmung des Verlags. Das gilt insbesondere für Vervielfältigungen, Bearbeitungen, Übersetzungen, Mikroverfilmungen und die Einspeicherung und Verarbeitung in elektronischen Systemen.
Die Wiedergabe von allgemein beschreibenden Bezeichnungen, Marken, Unternehmensnamen etc. in diesem Werk bedeutet nicht, dass diese frei durch jedermann benutzt werden dürfen. Die Berechtigung zur Benutzung unterliegt, auch ohne gesonderten Hinweis hierzu, den Regeln des Markenrechts. Die Rechte des jeweiligen Zeicheninhabers sind zu beachten.
Der Verlag, die Autoren und die Herausgeber gehen davon aus, dass die Angaben und Informationen in diesem Werk zum Zeitpunkt der Veröffentlichung vollständig und korrekt sind. Weder der Verlag, noch die Autoren oder die Herausgeber übernehmen, ausdrücklich oder implizit, Gewähr für den Inhalt des Werkes, etwaige Fehler oder Äußerungen. Der Verlag bleibt im Hinblick auf geografische Zuordnungen und Gebietsbezeichnungen in veröffentlichten Karten und Institutionsadressen neutral.

Einbandabbildung: ©Adobe Stock | #606190620606190620
Springer ist ein Imprint der eingetragenen Gesellschaft Springer Fachmedien Wiesbaden GmbH und ist ein Teil von Springer Nature.
Die Anschrift der Gesellschaft ist: Abraham-Lincoln-Str. 46, 65189 Wiesbaden, Germany

Das Papier dieses Produkts ist recyclebar.

Für eine radikale Reform unseres staatlichen Systems (1/2)

Warum brauchen wir dringend in Deutschland eine radikale Reform, eine disruptive Neuerfindung unseres politischen Systems und unserer öffentlichen Verwaltung?

- Deutschland erstickt an selbstgeschaffener Komplexität. Die deutsche Hyper-Komplexität verbarrikadiert Handlungsräume. Sie sediert das ganze Land.

- Über Deutschland legt sich eine immer dichter werdende Lähmschicht von zigtausenden von Rechtsnormen (des Bundes, der Länder, der Kommunen, der EU) und Rechtsprechungsurteilen. Diese Lähmschicht behindert Innovationen, fördert Behäbigkeit und bestraft risikobereites Handeln.

- Deutschland ist Weltmeister! Bei uns finden sich die schwerfälligsten, langwierigsten, kompliziertesten und umständlichsten Planungs- und Genehmigungsverfahren weltweit.

- Das deutsche politische System besteht aus einer kleinteiligen Parzellenwirtschaft: Auf 11.000 kommunalen Parzellen, 16 Länder-Parzellen und in tausenden von Behörden finden sich unendlich zersplitterte und heterogene Verfahren, Systeme, Strukturen, Prozesse, Regularien und Zuständigkeiten.

- Dieses System funktioniert dann, wenn über Deutschland immer die Sonne scheint: Wenn alles in Ordnung ist und wenn alles so bleiben kann, wie es ist. In der Krise und bei agilem Wandel kollabiert dieses Parzellen-System.

Für eine radikale Reform unseres staatlichen Systems (2/2)

Warum brauchen wir dringend in Deutschland eine radikale Reform, eine disruptive Neuerfindung unseres politischen Systems und unserer öffentlichen Verwaltung?

- Wir erleben eine Entfremdung von Wirtschaft und Politik: Im deutschen politischen System gilt seit vielen Jahren das Motto: Avoid Radical Change! Deutsche Politiker rufen hingegen in aller Regelmäßigkeit auf Wirtschaftskongressen den Unternehmern zu: Embrace Radical Change!

- Wie aber soll die deutsche Wirtschaft global wettbewerbsfähig bleiben, wenn das deutsche politische System nicht global wettbewerbsfähig ist?

- Wie soll die deutsche Wirtschaft international Avantgarde sein, wenn das deutsche politische System bei internationalen Staaten-Ratings (zur Standort-Attraktivität, zur Digitalisierung des öffentlichen Sektors, zum Niveau des Bildungswesens etc.) das Gegenteil von Avantgarde ist?

- Die Fähigkeit des deutschen politischen Systems zu wirksamen Reformen, zu strategisch vorausschauendem Handeln und zu effizienter Problemlösung lässt sich auf folgende Formel bringen: Die deutsche Politik handelt erst dann, wenn sich die letzte Kuppe der Hand des Kindes vom Brunnenrand löst.

Inhaltsverzeichnis

Einleitung: Der insolvente Staat XI
Der Autor XXIII

1. Weckruf: Für eine Neuerfindung des deutschen politischen Systems 1
2. Der Funktionswandel des deutschen Staates im 21. Jahrhundert 15
3. Erneuerung des deutschen Staates: verwegene Utopie oder
   realistisches Handlungsziel? 27
4. „Wo aber Gefahr ist, wächst das Rettende auch." (Friedrich Hölderlin) –
   Die Avantgardisten im öffentlichen Sektor der Bundesrepublik 37
5. „Die sich mühsam dahinschleppende Schildkröte":
   Das Drama der Leistungsmessung und Leistungskultur im
   deutschen politischen System 41
6. Exkurs: Die VUCA-Welt des 21. Jahrhunderts 57
7. Die Arteriosklerose im politischen System der
   Bundesrepublik Deutschland 77
   - 7.1   Die Versteinerung dysfunktionaler Strukturen 78
   - 7.2   Das Drama des deutschen Korporativismus 80
   - 7.3   Die Langwierigkeit von Planungs- und
           Genehmigungsprozessen 83

	7.4	Die Unfähigkeit des deutschen politischen Systems, zügig, effektiv und effizient ins digitale Zeitalter zu migrieren	93
	7.5	Die Langwierigkeit und Komplexität von Beschaffungsverfahren	100
	7.6	Die dramatischen Zielverfehlungen bei Großprojekten	102
	7.7	„Non-Anticipatory Government": Das dramatische Versäumnis, strukturelle Probleme vorausschauend zu entdecken und langfristig zu bearbeiten	105
	7.8	Aversion des deutschen politischen Systems gegen agile, strategische Planung	110
8.	Die Selbst-Fesselung des deutschen politischen Systems durch Politikverflechtung		119
9.	Das Funktionsprinzip der staatlichen Bürokratie: Maximierung von Komplexität		125
	9.1	Das Sonderinteresse der staatlichen Bürokratie	128
	9.2	Das „0:0-Prinzip": Nicht arbeiten, um zu gewinnen und zu gestalten, sondern um Fehler und Konflikte zu vermeiden	131
10.	Das deutsche Berufsbeamtentum und der Funktionswandel des Staates im 21. Jahrhundert		139
11.	Die Incentivierungssysteme im deutschen öffentlichen Sektor: festbetoniert, leistungsfern, innovationsfeindlich		155
12.	Hierarchie, Silos und Fragmentierung: drei eherne Strukturphänomene des öffentlichen Sektors in Deutschland, die seine Arteriosklerose befördern		163
	12.1	Die Hierarchie	163
	12.2	Die Silos	168
	12.3	Die Fragmentierung	170
13.	Die Verrechtlichung und Überregulierung in allen Lebensbereichen und Politikfeldern		175
	13.1	Drei Beispiele für die Regulierungs-Monstrosität in Deutschland: Baurecht, Steuerrecht, Datenschutzrecht	177
	13.2	Das Drama des Vergaberechts	182

13.3 Das deutsche Umweltrecht: Regelungskomplexität und
Verbandsklagerechte mit Risiken und Nebenwirkungen 195
13.4 Das Bundesverfassungsgericht und die Hybris der
Verfassungsrechtsprechung... 198
13.5 Der Föderalismus in Deutschland:
Komplexitätssteigerung durch Differenzierungszwang................... 207
13.6 Der Dschungel der EU-Regulierung: Standortnachteil Europa..... 217
13.7 Die Eigenwelt der Justiz 224

14. Bürger*innen und Unternehmen:
Untertanen und Regulierungsobjekte der deutschen Verwaltung
statt Kund*innen und Partner*innen 227

15. Fazit: Breakthrough oder Muddling Through?.. 237

Literaturverzeichnis 243

Einleitung: Der insolvente Staat

„Deutschland verspielt seinen Ruf. ... Die Bundesrepublik war einmal ein Land, in dem die Züge pünktlich fuhren. Die Verwaltung war preussisch: manchmal obrigkeitsstaatlich, aber meistens effizient. ... Das war einmal. ... Willkommen in der Dritten Welt, willkommen in Deutschland." (Neue Züricher Zeitung vom 21. Januar 2023)

„Nur gemeinsam werden wir den Mehltau aus Bürokratismus, Risikoscheu und Verzagtheit abschütteln, der sich über Jahre und Jahrzehnte hinweg über unser Land gelegt hat. Dieser Mehltau lähmt unsere Wirtschaft, und er sorgt für Frust bei den Leuten im Land, die einfach wollen, dass Deutschland ordentlich funktioniert ..." (Bundeskanzler Olaf Scholz im Deutschen Bundestag am 6. September 2023)

„Die Leistungsfähigkeit der öffentlichen Hand wird den Erwartungen der Menschen und den Herausforderungen einer vernetzten Welt nicht mehr ausreichend gerecht. ... Die öffentliche Hand muss effizienter werden, um effektiv zu bleiben." (Nationaler Normenkontrollrat 2021, S. 5 f.)

Das Wort „insolvent" geht zurück auf das lateinische Wort „solvere". Das bedeutet: etwas lösen, auflösen, erlösen, ein Versprechen erfüllen, zahlen. Die Vorsilbe „in" steht im Lateinischen für das Gegenteil: etwas nicht lösen, etwas nicht erfüllen, nicht zahlen.

Wenn ich hier behaupte, dass das deutsche politische System mit seinen 17 Staaten und tausenden von Behörden (ja, es sind tatsächlich tausende) insolvent ist, dann meine ich das im Sinne dieses lateinischen „in-solvere": Dieses deutsche politische System ist heute, im 21. Jahrhundert, so, wie es verfasst ist, nicht mehr zureichend in der Lage, vorausschauend und langfristig Probleme zu lösen, Krisen präventiv zu mindern und reaktiv zu bewältigen, Aufgaben umfassend zu erfüllen, effizient und effektiv zu funktionieren.

Diese In-Solvenz des deutschen politischen Systems zeigt sich bei zwei Typen von Problemen: zum einen bei Problemen, die seit Jahren und Jahrzehnten bekannt sind und zum anderen bei Problemen, die akut in Krisenfällen auftauchen.

Für diesen Befund gibt es hunderte von Beispielen, Testaten und Indikatoren. Und es gibt unzählige Veröffentlichungen in Medien des In- und Auslands, wissenschaftliche Arbeiten und Statements von Experten und Insidern, die diesen Befund belegen. Ich werde viele dieser Zeugnisse in diesem Buch zitieren.

Da lesen wir dann von dem chronischen Rückstand in der deutschen öffentlichen Verwaltung in Sachen Digitalisierung und davon, dass dieser Rückstand schon seit mehr als zehn / zwanzig Jahren besteht und bekannt ist, ohne dass das deutsche politische System in der Lage war, diesen Rückstand in eine Avantgarde-Position zu verwandeln.

Da erfahren wir dann, dass die enorme Komplexität in den Normen und Verfahren, die der öffentliche Sektor Deutschlands aufstellt, weiter zunimmt, trotz aller Bemühungen z. B. des Nationalen Normenkontrollrates und in diversen Bürokratieabbaugesetzen um Komplexitätsreduktion.

Da bezeugen dann viele Betroffene, dass sich der deutsche öffentliche Sektor mit seiner Bürokratie und seinem Normendschungel wie eine Lähmschicht über das Land legt und damit im Land eine Kultur der Verlangsamung und Verkomplizierung fordert und fördert.

Da erzeugen die dramatisch langen und komplizierten deutschen Planungs- und Genehmigungsverfahren bei ausländischen Beobachtern ungläubiges Kopfschütteln und bei inländischen Betroffenen resignative Seufzer – wohl wissend, dass es schon seit mehr als 20 Jahren in deutschen Staaten Bemühungen um eine Beschleunigung dieser Verfahren gibt, die allesamt im Sand verlaufen sind.

Da hören wir im Deutschland der 20er Jahre des 21. Jahrhunderts immer häufiger Hilferufe von Wirtschaftsverbänden und Unternehmen, die beklagen, dass der Wirtschaftsstandort Deutschland mehr und mehr im Wettbewerb mit anderen Standorten verliert, – nicht zuletzt wegen der immensen Komplexität des deutschen Regulierungsdschungels, wegen der langwierigen und komplizierten Verwaltungsverfahren und wegen der chronisch limitierten Problemlösungskapazität des deutschen politischen Systems.

Da führen Krisen regelmäßig dazu, dass die deutsche Politik einen Offenbarungseid bekennen muss, siehe z. B. das erratische, fragmentierte Pandemie-Management der 17 deutschen Staaten, das Ahrtal-Krisenmanagement einer überforderten Landesregierung, das Missmanagement der Flüchtlingswelle der Jahre 2015/2016 (vgl. dazu: Hahlen und Kühn 2016).

Da erleben wir jeden Tag aufs Neue die drastischen Konsequenzen fehlender strategischer und langfristiger Ausrichtung der deutschen Politik und einer defizitären Problemlösungskapazität des deutschen politischen Systems:

- Der dramatische Lehrermangel der 20er Jahre des 21. Jahrhunderts und der Verfall der Leistungsfähigkeit des deutschen Bildungssystems waren schon vor vielen Jahren, ja vor Jahrzehnten, klar absehbar: Warum wurde damals nicht strategisch weitsichtig, bundesweit einheitlich, präventiv und problemlösungsorientiert gehandelt?
- Der Fachkräftemangel, der heute virulent ist, zeichnete sich schon um die Jahrtausendwende ab: Wieso gab es nicht bereits vor 20 Jahren in den deutschen Staaten Problemlösungsstrategien und problemlösungsorientiertes Handeln? Warum wurde nicht kontinuierlich nachgehalten, ob bestehende Maßnahmen effizient und effektiv greifen? Bereits vor 20 Jahren gab es in Deutschland Überlegungen, das kanadische Punktesystem für die Einwanderung von Fachkräften zu adaptieren. Warum dauerte es bis 2023, bis diese Adaption stattfand? Warum hat die deutsche Politik bis heute keine Antwort auf die Frage gefunden, warum ein indischer Informatiker eher nach Deutschland als in die USA auswandern sollte?[1]

---

1 Im „Economist" vom 19. bis 25. August 2023 heißt es dazu: „Germany has liberalised its immigration rules, but the visa process is still glacial and Germany is better at welcoming refugees than professionals." (The Economist 2023, S. 9)

- Die Abhängigkeit der deutschen Wirtschaft von Rohstoffen aus dem Ausland war bereits vor vielen Jahren deutlich, bereits vor 20 Jahren gab es Konzepte für eine proaktive Politik zur Sicherung der Rohstoffversorgung Deutschlands und zur Verminderung unserer Rohstoffabhängigkeit vom Ausland. Warum geschah in den vergangenen 20 Jahren nichts, das problemlösend gewirkt hätte? Warum haben weder das deutsche politische System noch die EU in den vergangenen 20 Jahren eine Strategie für eine nachhaltige Rohstoffversorgung erarbeitet und umgesetzt?
- Die dramatische Lage der deutschen Infrastruktur ist ebenfalls bereits seit Jahrzehnten bekannt: Warum gab es zur Sanierung der Schieneninfrastruktur und der Straßeninfrastruktur (4.000 erneuerungsbedürftige Brücken etc.), zum Ausbau der Energienetze, zur Schaffung einer Gigabit-Telekommunikationsinfrastruktur und zur Sanierung der Wasserstraßen in den vergangenen zehn / zwanzig Jahren keine strategisch geerdete, vorausschauende, auf langfristiges Handeln ausgerichtete, effiziente und effektive Infrastruktur-Politik?
- Die Deutsche Bahn AG (DB) gibt ein jämmerliches Bild ab. Ihre chronischen Leistungsmängel geben im In- und Ausland zu Hohn und Spott Anlass (siehe das o. a. Zitat aus der Neuen Züricher Zeitung). Ein privates Unternehmen, das derartige Fehlleistungen erbringt, wäre deshalb umfassend restrukturiert worden. Nicht aber die Deutsche Bahn: Ihre Strukturen sind heute noch dieselben wie vor 20 Jahren. Der Eigentümer der Deutschen Bahn, der Bund, hat in den vergangenen 20 Jahren niemals eine Initiative zur Restrukturierung der DB, zur Reform der Strukturen der DB, zur Effizienzsteigerung bei der Modernisierung der Schieneninfrastruktur oder zu einer strategischen Neuaufstellung der DB ergriffen. Er hat passiv zugeschaut, im Modus des ideenlosen und apathischen Balkonbeobachters, wie sich die Krise der Deutschen Bahn verschärft hat (Verluste bei Cargo, Verfall der Infrastruktur, Zielverfehlungen im Fernverkehr etc.). Er hat weder im Aufsichtsrat der DB noch in der Hauptversammlung jemals seine Eigentümerinteressen wahrgenommen.[2]

---

2 Im Jahr 2023 will nun die Ampelkoalition im Bund endlich eine Reform der DB durchsetzen: Die Fusion der DB Netz AG und der DB Station und Service AG. Im Bahnkonzern und bei der Gewerkschaft EVG wird darauf hingewirkt, dass diese „Reform" für den Konzern möglichst folgenlos bleibt (bloßer Austausch von Messingschildern, ansonsten soll alles so bleiben, wie es ist). Es muss sich in den Jahren 2023 und 2024 erweisen, ob es hier nur um Kosmetik geht oder ob tatsächlich Strukturreformen erfolgen.

- Die deutsche Bundeswehr ist in den 20er Jahren des 21. Jahrhunderts zu einer Armee verkommen, die wegen chronischer Mängel ihren Verteidigungsauftrag nicht mehr effektiv und effizient wahrnehmen kann. Und das trotz eines Wachstums der deutschen Verteidigungsausgaben von 28,5 Mrd. Euro im Jahr 1991 auf 38,7 Mrd. Euro im Jahr 2021 (Was geschah nur mit diesem Geld?). Zwar wurde die Bundeswehr seit 1990 von 500.000 auf 180.000 Personen verkleinert. Doch vergrößerte sich in den letzten drei Jahrzehnten zugleich die Zahl der Regularien, die für die Bundeswehr gelten, und die Zahl der Bürokraten im Ministerium und in nachgeordneten Behörden, die die Bundeswehr verwalten. All dem lag eine Verteidigungspolitik zugrunde, die im strategischen Nebel operierte (und der die unausgesprochene Annahme zugrunde lag, wegen nicht-vorhandener Kriegsgefahr im Europa des 21. Jahrhunderts brauche Deutschland kein funktionsfähiges Militär mehr). Zugleich lähmte die deutsche Bürokratie die Bundeswehr mit einer beispiellosen Regulierungs-Komplexität (z. B. mit einer Verordnung, mit der die Größe der Sandkörner auf den Schießbahnen eines Schießstandes festgelegt wurde).
- Der Klimawandel ist seit mehreren Jahrzehnten bekannt und wissenschaftlich beschrieben. Warum hat er es erst in den letzten Jahren auf die Agenda der deutschen Politik geschafft? Warum gibt es z. B. erst seit dem Jahr 2022 Anstrengungen in der deutschen Politik für eine Wärmewende – obwohl doch seit Jahrzehnten bekannt ist, dass das Heizen mit Öl und Gas nicht nur klimaschädlich ist, sondern damit einhergeht, dass aus Deutschland jährlich dutzende von Milliarden Euro in nicht-demokratische Staaten exportiert werden? Warum gab es in der deutschen Politik in den ersten beiden Jahrzehnten des 21. Jahrhunderts weder eine Strategie noch einen Maßnahmenplan für eine Wärmewende? Und das, wo doch Länder wie z. B. Dänemark bereits in den 70er Jahren des 20. Jahrhunderts den Handlungsbedarf erkannt und ab 1979 umfassende Maßnahmen für eine Wärmewende eingeleitet haben, – mit dem Ergebnis, dass im Jahr 2023 63 Prozent der dänischen Haushalte mit Fernwärme versorgt werden.
- Die deutsche Politik hat es in den letzten Jahren und Jahrzehnten versäumt, eine klimaschutzpolitische Strategie zu erarbeiten, die die Ziele des Klimaschutzes und der Stärkung der internationalen Wettbewerbsfähigkeit der deutschen Wirtschaft in einen Einklang bringt. Ein Beispiel dazu: Die deutsche Politik und die EU belasten deutsche Unternehmen mit hohen Kosten zur CO_2-Vermeidung. Diese deutschen Unternehmen treffen auf dem Weltmarkt auf Wettbewerber, die diese Kosten nicht tragen müssen. Entsprechend

schwächt diese Kostenbelastung die internationale Wettbewerbsfähigkeit der deutschen Unternehmen (z. B. wenn ein deutsches Unternehmen in einer Ausschreibung in Ägypten gegen einen chinesischen Wettbewerber antritt). Mehr noch: Diese Klimaschutzpolitik bewirkt das Gegenteil dessen, was sie bezweckt. Denn sie schafft das Risiko, dass die so mit Klimaschutzkosten belastete einheimische Wirtschaftsproduktion in Staaten mit geringer Klimaregulierung verlagert wird und entsprechend dort dann hohe CO_2-Emissionen (und höhere CO_2-Emissionen als beim Verbleib der Produktion in Deutschland) erzeugt.

- Bereits seit den 90er Jahren war absehbar und in vielen wissenschaftlichen Schriften dargelegt worden, dass das 21. Jahrhundert ein Zeitalter chronischen Migrationsdrucks auf Deutschland und Europa werden würde. Trotz klarer Indizien für diesen Migrationsdruck (Anfang der 90er Jahre kamen hunderttausende Migranten aus Kriegs- und Krisengebieten nach Deutschland) hat es die deutsche Politik in den vergangenen Jahren und Jahrzehnten versäumt, eine effektive und effiziente, vorausschauende und langfristig ausgerichtete Strategie für die Bewältigung dieses Migrationsdrucks zu erarbeiten und diese Strategie innerhalb der EU abzustimmen und durchzusetzen. Im Ergebnis begegnete die deutsche Politik in den Jahren 2015/2016 und wieder seit 2022 dem hohen Migrationsdruck ohne konsistente Strategie, ohne systematische Krisenprävention und ohne konzertiertes Krisenmanagement.
- Die Asymmetrie im System des Multilateralismus und im globalen Wirtschaftssystem ist bereits seit Jahrzehnten bekannt: Wir in Deutschland spielen nach Regeln, viele andere Staaten nicht. Andere Nationen schaffen ökonomische und damit politische Abhängigkeiten. Deutschland geht sie ein (im Rohstoffbereich u. a.). Andere Nationen schotten ihre Märkte ab (z. B. China seinen Markt für Windenergie). Wir öffnen unseren Markt. Andere Nationen setzen brachial ökonomische Interessen durch. Deutschland steht für das Gute, Schöne und Wahre (Humanität, Klimaschutz, Artenschutz, Arbeitsschutz, Umweltschutz, Menschenrechte). Andere Nationen subventionieren ihre Wirtschaft, um Waren zu exportieren. Deutschland subventioniert die Solar- und Windkraftindustrie in China. Andere Nationen besetzen mit Wirtschaftsmacht (z. B. die Digitalkonzerne der USA), mit protektionistischen Maßnahmen (USA, China, Japan u. a.) und mit imperialen Machtstrategien (Chinas Seidenstraßen-Strategie etc.) wirtschaftliche Domänen. Deutschland geriert sich dabei in treuer WTO-Regelkonformität als Balkonbeobachter. Und hat in dieser Welt der machtbasierten Interessendurchset-

zung noch in den 20er Jahren des 21. Jahrhunderts keine Strategie, die die betroffenen Politikfelder integriert (Wirtschaftspolitik, Technologiepolitik, Arbeitsmarktpolitik, Außenpolitik, EU-Politik, Klima- und Umweltpolitik, Finanzpolitik) und die in einer konzertierten Aktion mit anderen EU-Staaten und mit Verbänden und Zivilgesellschaft effektiv umgesetzt wird.[3]

- Seit vielen Jahren ist bekannt, dass sich die wirtschaftlichen Standortbedingungen in Deutschland verglichen mit Schlüsselländern des Auslands chronisch verschlechtern. Bei den einschlägigen internationalen Indizes für die Bürokratiebelastung, für die Produktivitätsentwicklung, für die Investitionsquote in Kapitalstock und Infrastruktur, für die Patentenwicklung, für die Gründungsintensität, für die Energiekosten, für die Steuerbelastung, für ausländische Direktinvestitionen etc. liegt Deutschland abgeschlagen auf einem hinteren Platz. Gleichwohl hat es die deutsche Politik in den vergangenen 20 Jahren nicht vermocht, eine Strategie für nachhaltiges Wirtschaftswachstum am Standort Deutschland und für die Stärkung der Wettbewerbsfähigkeit der deutschen Wirtschaft zu konzipieren und effizient umzusetzen.

Mehr noch: Der Abstieg der Wirtschaftsnation Deutschland, der seit der Pandemie-Krise von vielen Experten festgestellt wird (Wirtschaftsforschungsinstitute, Wirtschaftsverbände, IWF, OECD und viele andere[4]), **ist auch und gerade darauf zurückzuführen, dass die deutsche Politik seit der Agenda 2010 nichts Grundlegendes mehr getan hat, um die Standortbedingungen in Deutschland nachhaltig zu verbessern. Es fehlte und fehlt eine „Agenda 2020" bzw. „Agenda 2030".**

Die Rohstoffkrise und die Fachkräftekrise wurden verschlafen, die Energiekrise wurde weder vorausschauend diagnostiziert noch mit strategischem Weitblick therapiert, die deutsche Infrastruktur wurde chronisch vernachlässigt, der deutsche Rückstand bei Digitalisierung und Innovationen wurde durch eine digitalisierungs- und innovationsferne deutsche Bürokratie verfestigt, Bewegungsräume

---

3 Eine Chinastrategie der Bundesregierung wäre spätestens in den 90er Jahren dringlich und notwendig gewesen. Einen ersten zaghaften Ansatz für eine Chinastrategie hat die Bundesregierung aber erst 2023 vorgelegt.

4 Siehe dazu exemplarisch: Frankfurter Allgemeine Sonntagszeitung, 30. Juli 2023, S. 1. Das Institut der Deutschen Wirtschaft hat im Juni 2023 eine Studie vorgelegt, nach der deutsche Unternehmen im Jahr 2022 135,5 Mrd. Euro im Ausland investiert haben und demgegenüber ausländische Unternehmen in Deutschland im Jahr 2022 nur 10,5 Mrd. Euro investierten. Diese alarmierenden Zahlen zum Stand der deutschen Deindustrialisierung indizieren eine tiefgreifende Krise des Wirtschaftsstandortes Deutschland.

> für Unternehmen am Standort Deutschland wurden durch eine überbordende Bürokratie- und Steuerlast eingeschränkt, die deutsche Bildungskrise wurde im Länderföderalismus verwaltet und verschärft. Und unternehmerisches Handeln wurde einem weltweit einzigartigen, hyperkomplexen Regulierungsdschungel ausgesetzt.
>
> So ist das deutsche politische System für den Wirtschaftsstandort Deutschland zu einer chronischen und wachsenden Belastung geworden: Es ist maßgeblicher Treiber und Motor für den Abstieg der Wirtschaftsnation Deutschland in den 20er Jahren des 21. Jahrhunderts. Während außerhalb Deutschlands (USA, China u. a.) im 21. Jahrhundert eine beispielhafte Wirtschaftsdynamik entfacht wurde, hat das behäbige, risikoaverse deutsche politische System die deutsche Wirtschaft in eine Lähmschicht eingehüllt. Es hat damit die Krisen des 21. Jahrhunderts am Standort Deutschland nicht gemanagt, sondern verschärft. Damit dezimiert das deutsche politische System auch chronisch die Ressourcen, die für das Schöne, Gute und Wahre benötigt werden: für Klimaschutz, Artenschutz und Umweltschutz, für soziale Wohltaten, für Investitionen in Infrastruktur und wirtschaftliche Transformation.

Wäre das deutsche politische System ein Wirtschaftsunternehmen, das sich im harten Wettbewerb gegen in- und ausländische Konkurrenz behaupten muss, dann hätte diese chronische Insolvenzgefährdung, diese fehlende Problemlösungsfähigkeit, längst dazu geführt, dass sich dieses Unternehmen dramatisch und disruptiv hätte ändern müssen (um den Gang zum Amtsgericht zu vermeiden).

Das Unternehmen hätte sich dann einer umfassenden Restrukturierung unterziehen müssen. Alles wäre auf den Prüfstand gekommen, die internen Strukturen und Prozesse, das Geschäftsmodell, das Portfolio an Produkten und Dienstleistungen, die Führungs- und Unternehmenskultur, die Beziehungen zu Lieferanten und Geschäftspartnern, die Kundenbeziehungen und das Kundenmanagement. Und nach dieser rigorosen Bestandsaufnahme und Krisendiagnose wäre dann kein Stein mehr auf dem anderen geblieben. Das Unternehmen hätte sich dann nicht nur evolutionär wandeln müssen, sondern auch und gerade disruptiv. Es hätte sich neu erfinden müssen.

Genau das verwundert, wenn man sich das deutsche politische System anschaut: Es ist zwar chronisch insolvenzgefährdet, d. h. chronisch beschränkt in seiner Problemlösungsfähigkeit, vermeidet aber genauso beständig disruptive Reformen.

Es funktioniert heute noch weitgehend genauso wie vor Jahrzehnten. Seine grundlegenden Strukturen, Prozesse, Handlungsnormen und Funktionsprinzipien wurden nie disruptiv verändert.

> Der Wettbewerb zwischen Staaten und Wirtschaftsstandorten wird im 21. Jahrhundert nicht nur über die internationale Wettbewerbsfähigkeit der Volkswirtschaften ausgetragen. Sondern auch und gerade über die internationale Wettbewerbsfähigkeit der politischen Systeme. Es geht dabei um die Frage: Ist das politische System eines Landes besser als das politische System von anderen Ländern in der Lage, agil, schnell und effizient auf die Herausforderungen des 21. Jahrhunderts einzugehen?
>
> In diesem Buch werde ich darlegen, dass man als Antwort auf diese Frage dem deutschen politischen System ein miserables Testat ausstellen muss. Es wird so, wie es heute ist, im Wettbewerb mit anderen Staaten nicht bestehen können.

Disruption ist ein Wort, das deutsche Politiker gern verwenden, wenn sie über die technische Evolution der letzten Jahre und Jahrzehnte sprechen, wenn sie eine Transformation in der Wirtschaft einfordern oder wenn sie Spritztouren ins Silicon Valley unternehmen. Das Wort „Disruption" wird aber strikt vermieden, wenn die Rede auf die Verfassung des deutschen politischen Systems kommt.

Dieses deutsche politische System ähnelt mithin einer insolvenzgefährdeten Organisation, die nach dem Grundsatz handelt: Es gibt keinen Grund für grundlegenden Wandel.

Es ähnelt einem chronisch kranken Patienten, der keinen Anlass dafür sieht, Therapien anzunehmen, die in sein Leben eingreifen.

Und es ähnelt auch dem Sisyphus, der immer wieder aufs Neue seine Ziele verfehlt, aber genauso beständig nach dem Motto weitermacht: Zielverfehlung muss folgenlos bleiben.

Siehe das Beispiel des Flughafens Berlin-Brandenburg

Das katastrophale Missmanagement auf der Eigentümerseite vom Bund und den Ländern Berlin und Brandenburg führte zur Verfehlung aller ursprünglich gesetzten finanziellen und zeitlichen Ziele, zu vielen Milliarden an Mehrkosten, zu einem Zeitverzug von vielen Jahren, zu drastischen Folgekosten für hunderte von beteiligten und betroffenen Unternehmen und zu Belastungen für die öffentliche Hand, die bis in die 20er Jahre des 21. Jahrhunderts nachwirken.

Konsequenzen aus diesem Missmanagement: keine. Weder wurden Personen zur Rechenschaft gezogen. Noch wurden Strukturen und Prozesse und Regeln, nach denen dieses Missmanagement geschah, grundlegend verändert. Noch wurden Regulierungen, die dieses Missmanagement befördert haben (z. B. die hyperkomplexen, weltweit singulären deutschen Brandschutzvorschriften) reformiert. Alles blieb im Wesentlichen so, wie es war. Die Zielverfehlung blieb folgenlos.

Das alles wäre nun allenfalls ein Grund für ein mitleidiges Lächeln von Wähler*innen, ein Grund für Stoßseufzer von Kommentator*innen und Kabarettist*innen über die chronischen Funktionsdefizite des deutschen politischen Systems. Es wäre allenfalls ein paar Sottisen und Spöttereien von Menschen wert, die vom Balkon eines Beobachters aus auf das deutsche politische Geschehen schauen, –

…. wenn, ja wenn über Deutschland und über der politischen Landschaft Deutschlands zuverlässig und stetig die Sonne scheinen würde:

Die Sonne eines heiteren Landstrichs, in dem das Leben seinen geruhsamen und immergleichen Gang geht, in dem es sich gut und beschaulich leben lässt, in dem die Wirtschaft staatsfern und marktnah reibungslos und zuverlässig, erfolgreich und wachstumsstark funktioniert, in dem der Wohlstand der meisten Menschen berechenbar wächst, in dem Krisen und Katastrophen, Dramen und Umbrüche entweder nie oder nur alle paar Jahrzehnte einmal geschehen und in dem der Staat es sich deshalb leisten kann, wenig effizient zu funktionieren.

Kritisch ist diese chronische Insolvenzgefährdung des deutschen politischen Systems eben nur dann, wenn nicht an jedem Tag die Sonne über Deutschland scheint, wenn es nicht nur Regentage, sondern auch Tage mit Stürmen und Orkanen und dramatischen Verwerfungen gibt.

So wie es heute der Fall ist, im Deutschland des 21. Jahrhunderts.

In einer solchen Zeit können wir es uns in Deutschland nicht mehr leisten, das politische System und die öffentliche Verwaltung aus dem Erfordernis für eine ständige Wandlung, auch und gerade einer disruptiven Wandlung, zu entlassen.

In einer solchen Zeit können wir nicht mehr zulassen, dass viele Kernelemente des deutschen politischen Systems in die Tabu-Zone eines „noli me tangere", d. h. eines „Nicht anrühren! Nicht thematisieren! Nicht kritisieren!" gerückt werden.

Es gibt sie in Deutschland, diese Tabus. Also diese Abschottung einzelner politischer Strukturen vom öffentlichen Diskurs. Also diese Bannflüche, die all diejenigen treffen, die diese politischen Strukturen in Frage stellen.

Wir können uns diese Tabus nicht mehr leisten. Denn sie befördern eine chronische Arteriosklerose unseres politischen Systems. Und einen chronischen Abstieg des Wirtschaftsstandortes Deutschland.

Beispiel Normendschungel: Wer traut sich, den immer dichter werdenden deutschen Dschungel aus Normen und Regeln wirklich umfassend (d. h. nicht nur kosmetisch, sondern disruptiv und nachhaltig) zu lichten?

Beispiel Föderalismus: Wer fordert einschneidende Veränderungen im chronisch ineffizienten föderalen System Deutschlands?

Beispiel Berufsbeamtentum: Wer traut sich, dieses spätmittelalterliche Kastensystem in das 21. Jahrhundert zu überführen?

Beispiel Bundesverfassungsgericht: Wer traut sich, dieses papstgleich unfehlbare Gericht zu kritisieren und in seinem Handlungsradius einzuschränken? etc. etc.

Und in einer solchen Zeit können wir auch nicht mehr den Mantel des Schweigens über strukturelle Gebrechen des deutschen politischen Systems decken, – z. B. darüber, dass strategisches und agiles Denken und Handeln im deutschen politischen System und in der deutschen öffentlichen Verwaltung kaum vorkommt, also ein Denken und Handeln,

- das langfristig orientiert ist (und nicht nur bis zur nächsten Wahl),
- das ganzheitlich, systemisch und siloübergreifend auf Probleme eingeht (also nicht an Zuständigkeitsgrenzen und Ressortegoismen zerschellt),
- das vorausschauend und präventiv agiert (also nicht erst dann beginnt, wenn sich die letzte Hand der Kuppe des Kindes vom Brunnenrand löst),
- das offen ist für flexiblen Wandel, für stetige Anpassungen, für riskante Innovationen, für den Mut, Neuland zu erkunden und für kontinuierliches Lernen.

In einer solchen Zeit braucht es einen Weckruf. Damit der Wandel, der nottut, auch geschieht.

> **Zu diesem Buch:**
>
> Ich werde in diesem Buch eine **Bestandsaufnahme zum Zustand des öffentlichen Sektors der Bundesrepublik** machen.
>
> Diese Bestandsaufnahme ist kritisch, es ist die **Diagnose eines chronisch kranken Patienten,** der dringend einer neuen Therapie bedarf.[5]

---

5 Vorliegende empirische Studien legen nahe, dass ein beträchtlicher Teil der Deutschen diese „Krisendiagnose" teilt. So hat z. B. das Meinungsforschungsinstitut PEW Research Center, Washington, in einer empirischen Studie aus dem Jahr 2020 ermittelt, dass 39 Prozent der Deutschen eine grundlegende oder komplette Reform des deutschen politischen Systems für notwendig halten (PEW Research Center 2021).

> Es ist eine **„Systemdiagnose"**, also die Diagnose eines Systems, des politischen Systems der Bundesrepublik Deutschland. Dieses System bewegt sich in einer Systemumwelt (Wirtschaft, Gesellschaft, Technik, Naturumwelt), die sich in den vergangenen Jahren und Jahrzehnten dramatisch gewandelt hat und weiter dramatisch wandelt.
>
> **Das System ist deshalb chronisch krank, weil es sich von seiner Systemumwelt mehr und mehr abgekoppelt hat.** Denn es hat bisher versäumt, sich mit dem dramatischen Wandel seiner Systemumwelt selbst zu wandeln. Dabei wissen wir: Ein System, das sich chronisch von seiner Systemumwelt abkoppelt, verliert seine Funktions- und Gestaltungsfähigkeit.
>
> **Ich werde in diesem Buch aber auch aufzeigen, wie sich das deutsche politische System weiterentwickeln und reformieren kann,** um sich wieder mit seiner Systemumwelt zu verkoppeln und damit in der Welt des 21. Jahrhunderts seine Problemlösungsfähigkeit wiederzugewinnen.
>
> Entsprechend werde ich in dieses Buch vielfältige **Vorschläge für Reformprojekte** einfügen.
>
> Diese Reformprojekte sind in der Form von Charts (mit einem blauen Balken auf der linken Seite) in die Kapitel des Buches eingefügt.

Ich werde bei diesen Reformprojekten auch Avantgarde-Projekte und Best Practices vorstellen, also Avantgardisten im öffentlichen Sektor der Bundesrepublik, die sich auf den Weg gemacht haben, Reformen zu erdenken und zu erproben. Es gibt sie, diese Avantgardisten (siehe dazu auch Kap. 4).

Der Autor

Dr. Hans Gerd Prodoehl war 17 Jahre lang in Regierungsämtern tätig, zuletzt als Abteilungsleiter in der Staatskanzlei NRW. Danach war er mehr als 22 Jahre lang Geschäftsführer mittelständischer Unternehmensberatungsfirmen. In dieser Funktion hat er im In- und Ausland Dutzende von Projekten der Unternehmens- und Regierungsberatung geleitet. Er ist Autor zahlreicher Bücher und Zeitschriftenartikel zu Fragen der Unternehmensführung und Verwaltungsreform.

1
Weckruf: Für eine Neuerfindung des deutschen politischen Systems

„Ich meine, wir brauchen einen neuen Gesellschaftsvertrag zugunsten der Zukunft. Alle, wirklich alle Besitzstände müssen auf den Prüfstand. Alle müssen sich bewegen... Durch Deutschland muß ein Ruck gehen. Wir müssen Abschied nehmen von liebgewordenen Besitzständen." (Rede des Bundespräsidenten Roman Herzog am 26.4.1997 im Hotel Adlon in Berlin)

„Es ist zwar eine alte Erfahrung, daß schwierige Reformen erst angegangen werden, wenn das berühmte Kind mit den Fingerspitzen am inneren Brunnenrand hängt. Wenn es aber erst einmal hineingefallen ist, kann man es nur mit radikalen Reformen wieder herausziehen. Das war die neuseeländische Erfahrung. Die Niederlande haben rechtzeitiger begonnen und konnten sich eine konsensorientierte Evolution erlauben. Mir scheint, daß Deutschland eine Mixtur aus beidem braucht: eine radikale Evolution." (Otto Schlecht, ehem. Staatssekretär im Bundeswirtschaftsministerium, 1997)

„Seit Jahren werbe ich [...] für eine umfangreiche Reform unseres Staates. Mir geht es dabei nicht um ein Reförmchen, um kleine Veränderungen, sondern um eine große Staatsreform. Für einen zukunftsfähigen Staat, der funktioniert. Wir müssen in der Verwaltung wieder Weltmeister werden.

> *Dazu brauchen wir eine umfassende, ressortübergreifende und grundlegende Verwaltungsreform. Eine Reform, die Vereinfachung, Vereinheitlichung, Bündelung, Flexibilisierung und Beschleunigung bringt." (Thomas de Maizière 2022, S. 15)*

> „Governments can be vehicles for positive change, but with outdated machineries they may become irrelevant or possibly even reactive forces. Once we abandon the idea of the government that has persisted throughout the 20th Century, we are able to change the world of governance and steer towards a flourishing next era."
> (Demos Helsinki, Think Tank in Finnland, 2019)

Dieses Buch soll ein Weckruf sein. Ein Notruf. Ein Ruck-Ruf. Ein Alarmierungsruf. Eine Spätwarnmeldung. Ein Anstoß zu einem radikalen Diskurs in Deutschland über unser politisches System, über die Strukturen unserer 17 Staaten und unserer öffentlichen Verwaltung.

Radikal muss dieser Diskurs sein, weil er nicht auf kosmetische, mikroskopische, marginale Korrekturen im deutschen politischen System abstellen sollte, sondern darauf, dieses System grundlegend zu erneuern. Er sollte nicht nur auf evolutionäre Reformen abzielen, sondern auch und gerade auf disruptive.

Warum ist dieser Diskurs, warum ist diese Erneuerung dringend erforderlich?

- Weil die Strukturen unserer 17 deutschen Staaten und unserer öffentlichen Verwaltung nicht mehr zu den Aufgaben passen.
- Weil die Herausforderungen, vor denen die deutsche Wirtschaft und Gesellschaft im 21. Jahrhundert steht, mit diesem öffentlichen Sektor nicht mehr zureichend effektiv und effizient bewältigt werden können.
- Weil sich die Umwelt des politischen Systems der Bundesrepublik (Wirtschaft, Gesellschaft, Ökologie, Technologie) in den vergangenen Jahren und Jahrzehnten im In- und Ausland drastisch gewandelt hat und weiter drastisch wandelt.
- Weil das politische System der Bundesrepublik diesen Wandel seiner Systemumwelt aber weder nachvollzogen noch antizipiert hat und althergebrachte Strukturen konserviert, die es ihm nicht möglich machen, agil und flexibel auf diesen Wandel seiner Umwelt einzugehen und sich an seine Umwelt anzupassen.

- Weil sich deshalb das politische System von seiner Systemumwelt zu entfremden droht, – und damit tendenziell die Anschlussfähigkeit an seine Umwelt verliert.
- Weil es deshalb eine wachsende Kluft gibt zwischen der Problemlösungskapazität des deutschen politischen Systems und dem drastisch steigenden Problemlösungsbedarf.

Vor diesem Hintergrund brauchen wir keine Reform des öffentlichen Sektors in Trippelschritten, sondern in einem Quantensprung. Wir brauchen einen Paradigmenwechsel, eine grundlegende Sanierung und Restrukturierung des insolvenzgefährdeten deutschen politischen Systems. Deutschland braucht „ein neues Betriebssystem" (Leonhard Birnbaum, CEO der E.ON SE; im Interview mit der WirtschaftsWoche vom 7.6.2023; siehe Buttlar und Güßgen 2023).

Wir brauchen den Mut, staatliche Strukturen in Deutschland neu zu denken, neu zu erfinden.

Wir brauchen auch und gerade die Bereitschaft, disruptive Veränderungen in unserem öffentlichen Sektor zu denken und umzusetzen.

Und dabei mit überkommenen, gewohnten, langvertrauten Gewissheiten und Besitzständen zu brechen und das Wagnis einzugehen, Neuland zu erkunden.

Warum ist das so?

Wir leben in einer Zeit dramatischen, permanenten und unberechenbaren Wandels

In Wirtschaft, Gesellschaft, Wissenschaft, Technik und in den Ökosystemen der Natur. Dieser Wandel trifft auf anachronistische staatliche Strukturen. Auf Strukturen, die längst aus der Zeit gefallen sind. Auf Strukturen, die seit Jahrzehnten, ja zum Teil seit mehr als einhundert Jahren festzementiert sind. Ein Beispiel für solche Strukturen ist die Institution des Berufsbeamtentums. Das politische System und die öffentliche Verwaltung koppeln sich damit immer weiter von der Welt der Wirtschaft, der Umwelt und Gesellschaft ab. Und sie gefährden dadurch ihr Gestaltungspotenzial.

„The present century can be characterised as a century of complexity, uncertainty, and rapid change. It is becoming increasingly recognised that many of the public governance structures and operating models were designed for the past era

and for less complex policy domains. What we need now are governments of the next era." (Demos Helsinki 2019, S. 7)

Wir leben in einer Zeit permanenter Krisen
Krisen sind nicht der Ausnahmefall, sondern der Normalfall geworden. Sei es die Krise des globalen Finanzsystems (2008 ff.), die Euro-Krise, die Migrationskrise, die Klimakrise, die Pandemiekrise, die Ukrainekrise, die Taiwankrise, die Krise der globalisierten Wirtschaft, die Krise des Multilateralismus, die Krise bei Lieferketten, die Krise des sozialen Zusammenhalts (wachsende soziale Ungleichheit, Zerfall von Gemeinschaften etc.), die Staatsschuldenkrise, die Inflationskrise, die Fachkräftekrise, die Rohstoffkrise, die soziodemographische Krise (Krise des Renten- und Pflegesystems), die ökologische Krise (Artenvielfalt, Meeresverseuchung durch Plastik etc.).

Der deutsche öffentliche Sektor ist in seinen jetzigen Strukturen chronisch damit überfordert, diese Krisen zu bewältigen. Er wurde in der Zielrichtung gebaut, berechenbare Entwicklungen in Wirtschaft und Gesellschaft mit ruhiger Hand zu flankieren, nicht aber, dramatische, unberechenbare Krisen zu managen. Er wurde nach 1945 konstruiert, um schnelle, weitreichende Entscheidungen einer machtvollen zentralen Führungsinstanz zu verhindern. Das prädestiniert den deutschen Staat dazu, behutsam den „normalen Lauf der Dinge" zu eskortieren. Nicht aber dazu, effektiv und effizient Krisen zu managen.

Bei allen Krisen des 21. Jahrhunderts ist es dem deutschen politischen System nicht gelungen, „vor die Welle" zu kommen, d. h. vorausschauend, präventiv, antizipierend, strategisch fundiert Krisenmanagement zu betreiben. Vielmehr kam das deutsche politische System immer wieder „unter die Welle", begann erst zu handeln, als die Krise unabweisbar und offen ausgebrochen war und musste deshalb den jeweiligen Krisen mit einer „Ad-hoc-Stückwerkspolitik" begegnen.

Der langjährige Vorsitzende des Nationalen Normenkontrollrates, Johannes Ludewig, schreibt dazu:

> *„Die beiden Krisensituationen 2015/2016 und 2020/2021 haben die Mängel unseres Regierungs- und Verwaltungssystems schonungslos offengelegt: eine zu langsame, vielstimmige und kleinteilige Krisensteuerung, eine an sich selbst-, angebots-orientierte und erst in zweiter Linie an den Bedürfnissen von Bürgern und Unternehmen orientierte Verwaltung sowie Verwaltungsmitar-*

> *beiter voll guten Willens, auf Rechtskonformität geschult, aber ohne zureichendes Vertraut-Sein mit Daten-Technik und Daten-Management, eben eine Bleistift- und keine digitale Verwaltung."* (Ludewig 2021, S. 88 f.)

Wir leben auch in einer Zeit, in der der Wandel schnell und volatil geschieht
Dieser schnelle und sich stetig beschleunigende Wandel erfordert ein politisches System, das auf schnelles, flexibles, agiles Handeln ausgelegt ist. Das veränderungsoffen, innovationsbereit, wandlungsaffin ist. Und dessen Strukturen und Prozesse auf leichte, unkomplizierte Veränderung hin angelegt sind:

> *„Built to change, not to last."*
> *(Lawler und Worley 2006)*

Das Gegenteil ist heute der Fall. Das deutsche politische System hat sich in den vergangenen Jahrzehnten in einer arteriosklerotischen Erstarrung, einer regelbasierten Bewegungseinschränkung verfangen. Es hat sich eingemauert in einem Gitterwerk von tausenden Gesetzen, Verordnungen, Richtlinien, Verwaltungsanweisungen, kodifizierten und nicht-kodifizierten Konventionen, Verfahrensroutinen, Gerichtsurteilen und rechtlichen Auseinandersetzungen, die jeden Schritt, der im politischen System getan wird, reglementieren, verlangsamen, sedieren.

Wir leben auch in einer Zeit, in der Erfolg in Wirtschaft und Gesellschaft von der Bereitschaft abhängt, Risiken zu nehmen, Experimente zu wagen, mit Bekanntem und Gewohntem zu brechen, Neuland zu betreten, Regeln außer Kraft zu setzen, Grenzen zu überschreiten, Abenteuer einzugehen (Abenteuer = Ereignis mit ungewissem Ausgang), Unsicherheit zu managen und Scheitern als Chance für Lernen und Verbessern zu sehen
All diese Eigenschaften, die im Wirtschaftsleben des 21. Jahrhunderts zu den Voraussetzungen für erfolgreiches Handeln gehören, stehen quer zur Verfassung des öffentlichen Sektors in Deutschland. Der ist darauf ausgerichtet, Risiken zu vermeiden, Experimente auszuschließen, das Bekannte, Bewährte und Gewohnte zu kultivieren, Besitzstände zu zementieren, Fehlertoleranz zu diskreditieren und im Sicheren und Berechenbaren zu verharren.

In der öffentlichen Verwaltung wird Risikobereitschaft in der Regel nicht belohnt, sondern bestraft. Aber Innovationen bedeuten stets: Risiken eingehen, Fehler und Scheitern riskieren, Unsicherheit in Kauf nehmen, Grenzen überschreiten, Regeln neu denken. Wer Risiken und Fehlertoleranz ausschließt, schließt Innovationen aus.

Das Mantra der öffentlichen Verwaltung in Deutschland lautet: Innovationen und Risiken sind möglichst zu meiden, um Fehler zu vermeiden! Weil jede Neuerung riskant ist, bleiben wir beim Bekannten und Bewährten! Und wenn schon Innovationen unvermeidbar sind (z. B. weil Politiker sie verlangen oder wenn die technische Evolution – z. B. die Digitalisierung – Innovationen in der öffentlichen Verwaltung unvermeidbar macht), dann werden sie möglichst so umgesetzt, dass Unbekanntes auf Bekanntes zurückgeführt wird, möglichst viel Althergebrachtes bewahrt wird, das Digitale analog umgesetzt wird und Risiken möglichst ausgeschlossen werden.

Im Wirtschaftswettbewerb des 21. Jahrhunderts ist derjenige ein Gewinner, der schneller als seine Konkurrenten Neuland erkundet und erschließt (bei der Entdeckung von neuen Produkten und Dienstleistungen, bei der Umsetzung von neuen Techniken in Produkte etc.). In der öffentlichen Verwaltung geht es hingegen nicht um schnelles, sondern um regelbasiertes Handeln, nicht darum, zu gewinnen, sondern darum, vorschriftsmäßig zu handeln.

Im Wirtschaftswettbewerb des 21. Jahrhunderts werden Unternehmen, die ihre Ziele verfehlen, unnachsichtig bestraft: mit Marktanteilsverlusten, mit Umsatzeinbußen, mit Profitabilitätseinbrüchen, mit einer Übernahme durch erfolgreichere Wettbewerber oder mit Konkurs.

In der öffentlichen Verwaltung gibt es hingegen in der Regel eine strukturelle Folgenlosigkeit von Zielverfehlung. Die Beispiele dafür sind Legion.[1]

---

1 Siehe die für die Verantwortlichen folgenlosen Zielverfehlungen bei den Projekten Flughafen Berlin-Brandenburg, Stuttgart21, OZG-Umsetzung bis Ende 2022, Digitalisierung im Gesundheitswesen, Einführung einer bundeseinheitlichen Steuersoftware (Projekte Fiskus und Konsens), IT-Konsolidierung Bund u. a.

Wir leben auch in der Zeit eines fortschreitenden Individualismus und der chronischen Minderung der Verbindlichkeit und Geltungskraft von Moralnormen

In der Wirtschaft und Gesellschaft des 21. Jahrhunderts nimmt die Bindekraft und die Verbindlichkeit von Normen, Regeln, Moralprinzipien chronisch ab.[2] Gegenbewegungen gegen diesen Trend (z. B. in Form des religiösen Fundamentalismus) bestätigen nur die Wirksamkeit dieses Trends.

Seit Mitte des 20. Jahrhunderts wird diese Tendenz einer sich immer weiter ausbreitenden Normenrelativierung und Moralindifferenz immer wieder aufs Neue beschrieben.[3]

In einer solchen Systemumwelt fortschreitenden Individualismus und virulenter Werteindifferenz ist das deutsche politische System, sind seine Akteure in den öffentlichen Verwaltungen immer weniger „anschlussfähig". Sie versuchen, mit dem Instrument der Setzung von Regeln auf eine Gesellschaft und Umwelt einzuwirken, in der die Geltungskraft von Regeln immer mehr erodiert. Sie prallen deshalb mehr und mehr von ihrer „Außenwelt" ab, verlieren das Potenzial, auf diese Außenwelt einzuwirken, entfremden sich von Wirtschaft und Gesellschaft.

Wir leben auch in einer Zeit, in der die Ausübung von Macht und Gewalt zwischen Unternehmen und Staaten an Bedeutung gewinnt und Regelverletzung zu einer bewährten Methode in der Konkurrenz zwischen Staaten und Wirtschaftsstandorten wird. So wird die Herrschaft des Rechts vielfach durch das Recht des Herrschenden überformt

Beispiele für diesen Trend sind Legion:

- der Angriffskrieg Russlands auf die Ukraine;
- die imperialistische Seidenstraßen-Strategie Chinas und die interventionistische Wirtschaftspolitik des chinesischen Staates, mit der chronisch die WTO-Regeln verletzt werden;
- die Ausbreitung von Diktaturen und Bürgerkriegen im Nahen Osten;

---

2 Siehe dazu meine Ausführungen in Prodoehl 2017.
3 Vgl. Röpke 1946; Scheler 1955, S. 126 ff.; Zbinden 1941; Riesman 1958; Gouldner Hamburg 1974, S. 458 ff.; Lefebvre 1972, S. 86 ff.; Beck 1986, S. 143 ff.; Sennett 2000; Sennett 1983.

- die „America first!"-„Buy American"-„Invest in the USA"-Politik eines Donald Trump und eines Joe Biden, u. a. mit dem US-amerikanischen Inflation Reduction Act von 2022, der in protektionistischer Manier europäische Unternehmen diskriminiert, US-Unternehmen privilegiert und damit die WTO-Regeln des internationalen Handels bricht;
- die Machtdemonstrationen von wirtschaftlichen Oligopolen gegenüber schwächeren Wettbewerbern (z. B. Amazon im E-Commerce-Markt, Google im Werbemarkt);
- die Durchdringung des gesamten wirtschaftlichen Lebens durch die grassierende Cyber-Kriminalität.

Auch dieser Trend unterminiert tendenziell feste Gewissheiten und das gewohnte Verhaltensrepertoire deutscher Staaten und der öffentlichen Verwaltungen in Deutschland. Denn es gehört zu deren traditionellem Selbstverständnis, Verhältnisse dadurch zu regulieren, dass Rechtsnormen gesetzt werden und die Einhaltung dieser Normen überwacht wird.

Wenn es aber mehr und mehr Verhältnisse gibt, die sich der Regulierung durch Recht und Gesetz, Verträge und Vereinbarungen entziehen, wird dieses traditionelle Selbstverständnis des deutschen politischen Systems chronisch irritiert.

Wenn es immer mehr Spiele gibt, in denen der deutsche Staat regelbasiert handelt, die anderen Spieler aber nicht, gerät der deutsche Staat immer mehr ins Abseits.

Wir leben auch in einer Zeit der Digitalisierung
Die Digitalisierung kann aber den öffentlichen Sektor nicht ergreifen, er kann sich nicht digitalisieren, wenn er überkommene Strukturen konserviert. Damit koppelt er sich auf dramatische Weise von seiner digitalisierten Außenwelt ab, von einer zunehmend digitalen Wirtschaft und Gesellschaft.

Martin Schallbruch, der ehemalige IT-Abteilungsleiter im Bundesinnenministerium, beschreibt dieses Digitalisierungs-Dilemma des deutschen Staates wie folgt:

> *„Die Digitalisierung fordert den Staat nicht einfach nur heraus. Sie überfordert ihn. Sie stellt in Frage, wie wir 70 Jahre lang unser Gemeinwesen gesteuert, organisiert und verteidigt haben." (Schallbruch 2018, S. 2)*

Hochtechnologie des 21. Jahrhunderts passt eben nicht zu Strukturen, die ins 19. Jahrhundert zurückreichen. Wären unsere Wirtschaftsbetriebe noch wie die Manufakturen des frühen 19. Jahrhunderts organisiert, wären Technologien einer „Digital Factory" nutzlos. Technologien des autonomen Fahrens sind für Kutschen ungeeignet. Denn die Digitalisierung ist mitnichten ein rein technischer Prozess. Sie kann in Organisationen nur dann gelingen (d. h. dort neue Potenziale für mehr Produktivität, Effektivität und Effizienz freisetzen, neue Geschäftsmodelle, Produkte und Dienstleistungen ermöglichen), wenn sich diese Organisationen mit der Digitalisierung drastisch wandeln, wenn sie ihre Prozesse, Strukturen, Aufbau- und Ablauforganisationen und Kooperationskulturen erneuern.

Konkret: Digitalisierung kann im öffentlichen Sektor Deutschlands nicht gelingen,

- wenn die Fragmentierung des deutschen öffentlichen Sektors in 11.000 Kommunen und 16 Länder eine Standardisierung und Vereinheitlichung der IT wirksam verhindert, – mit der Folge, dass in tausenden von deutschen Behörden ein undurchdringlicher Software-Dschungel entstanden ist,
- wenn in einem Ministerium die hierarchische Organisation aus dem frühen 20. Jahrhundert fortdauert,
- wenn die Arbeit in der öffentlichen Verwaltung nach dem überkommenen Muster von Befehl und Gehorsam erfolgt,
- wenn nach den Regeln der „hergebrachten Grundsätze des Berufsbeamtentums" (Artikel 33 Abs. 5 Grundgesetz) aus dem 19. Jahrhundert gearbeitet wird,
- wenn sich jeder Versuch agilen Handelns im Dickicht von tausenden von Paragraphen und selbstauferlegten Normen verfängt und
- wenn Experimentierfreude, Innovationsgeist, Risikobereitschaft und Abenteuerlust chronisch in einer Bürokratie eingedämmt werden, die auf regelbasierte Langsamkeit und risikoscheue Konfliktvermeidung programmiert ist.

Der CDO der Stadt Hamburg, Christian Pfromm, hat dieses Digitalisierungs-Dilemma in der öffentlichen Verwaltung wie folgt beschrieben:

> *„Als CDO ist mir bewusst, dass die Digitalisierung auch von der Verwaltung einen massiven Umbruch im Mindsetting fordert. Ohne die Überwindung des klassischen*

> *Hierarchie-Denkens und der Ressort-Egoismen wird es nicht gehen, denn wir brauchen für eine erfolgreiche Digitalisierung eine viel stärkere Vernetzung."*
> *(Pfromm 2018, S. 16)*

Hinzu kommt: Die Digitalisierung fordert und fördert Zentralisierung und Standardisierung. Sie verwandelt kleine Parzellen in große Latifundien. Sie fordert und fördert eine Defragmentierung des deutschen politischen Systems. Damit steht die technische Evolution, steht das technische Potenzial der Digitalisierung quer zu den Silo-Interessen und den Zuständigkeits-Abgrenzungen tausender deutscher Behörden und öffentlicher Verwaltungseinheiten. Das Interesse dieser Verwaltungseinheiten, ihre jeweilige Zuständigkeits-Parzelle zu bewahren und vor Einflussnahme Dritter abzuschotten, behindert bzw. verhindert eine umfassende Digitalisierung der deutschen öffentlichen Verwaltung. Die Tendenz in deutschen Ländern und Kommunen, sich aus Selbstlegimations-Gründen von anderen Ländern und Kommunen zu differenzieren, behindert Interoperabilität und Standardisierung in der Informationstechnik und erschwert Zentralisierung und Vernetzung.

Fazit: Das Drama der chronisch unzureichenden Digitalisierung der deutschen öffentlichen Verwaltung ist strukturbedingt. Bleiben die Strukturen, dann bleibt auch dieses Drama.

Ich behaupte: Die 17 deutschen Staaten werden ihre Gestaltungskraft und damit ihre Legitimation gefährden, wenn sie so bleiben, wie sie sind. Wenn sich die Staaten weiterhin mit Strukturen, die ins 19. Jahrhundert zurückreichen, von der Gesellschaft und Wirtschaft entkoppeln, werden sie eine politische Systemkrise provozieren. Wenn die 17 deutschen Staaten in ihren Strukturen und in ihrer internen Verfasstheit am Althergebrachten festhalten, werden sie die Fähigkeit verlieren, die Gestaltungsanforderungen des 21. Jahrhunderts zu erfüllen.

Ein Wandel von Staat und öffentlicher Verwaltung, ja, eine Erneuerung von Staat und öffentlicher Verwaltung sind deshalb in Deutschland dringend erforderlich,

- damit sich die Kluft zwischen öffentlichem Sektor und Wirtschaft/Gesellschaft nicht noch weiter vertieft;
- damit das politische System in die Lage versetzt wird, effektiv und effizient, vorausschauend, schnell, agil und resilient zu handeln;

- damit das politische System fähig ist, die mannigfachen Krisen und Fluktuationen in Wirtschaft und Gesellschaft erfolgreich zu bewältigen,
- damit der Standort Deutschland im globalen Wettbewerb der Staaten und Volkswirtschaften nicht chronisch an Boden verliert, – mit weitreichenden Folgewirkungen für die Verheißung des politischen Systems aus den 60er Jahren des letzten Jahrhunderts, „Wohlstand für alle" gewährleisten zu können;
- damit sich nicht weite Teile der Bevölkerung vom politischen System abwenden: siehe das „Alarmzeichen" einer Wahlbeteiligung bei der NRW-Landtagswahl 2022 von nur 55,5 Prozent; im Jahrzehnt-Vergleich sinkt die Wahlbeteiligung in Deutschland ständig.

Wenn sich das politische System in Deutschland weiter von den Entwicklungstendenzen in Wirtschaft und Gesellschaft entkoppelt, wenn die Kluft zwischen öffentlichem und privatem Sektor in Deutschland immer größer wird, dann ist die Gestaltungskraft und die Legitimation des politischen Systems chronisch gefährdet.

„*If the rate of change on the outside exceeds the rate of change on the inside, the end is near."*
(*Jack Welch, ehem. CEO von General Electric*)[4]

Die chronische Arteriosklerose des deutschen politischen Systems und der deutschen öffentlichen Verwaltung, die ich in diesem Buch beschreibe, gefährdet auch und gerade die demokratische Verfassung des deutschen Staates. Sie kann zu einer **schleichenden Selbst-Delegitimierung des deutschen politischen Systems** führen.

Denn diese Arteriosklerose dezimiert den Gestaltungsraum und die Gestaltungsfähigkeit demokratisch gewählter Politiker*innen. Sie pfercht politisches Handeln in ein enges Korsett ein. Eine deutsche Politikerin, die hohe Gestaltungsambitionen hat, sieht sich umgeben von einem dichten und hyperkomplexen Dschungel aus Regulierungen, Gerichtsurteilen, Zuständigkeiten, Verfahrensritualen und „Sachgesetzen der Bürokratie". Dieser Dschungel verbarrikadiert politische Handlungsräume. Diese deutsche Arteriosklerose kanalisiert und amputiert damit die deutsche Demokratie.

---
4 https://www.grandlarkinvestments.com/quotes/qotm-july2019

60plus

In der deutschen Wirtschaft ist seit dem Jahr 1960, also in den vergangenen mehr als 60 Jahren, kein Stein auf dem anderen geblieben. Nahezu alles hat sich gewandelt. Bestehende Unternehmen haben sich neu erfunden bzw. sind permanent im Prozess der Erneuerung (siehe Siemens, RWE, VW etc.), neue Unternehmen sind entstanden (die Mehrzahl der deutschen börsennotierten Unternehmen gab es 1960 noch nicht), Prozesse und Strukturen wurden radikal erneuert, Produkte, Dienstleistungen und Geschäftsmodelle wurden fortlaufend an veränderte Marktbedingungen und Systemumwelten angepasst, die technologische Basis der deutschen Wirtschaftsunternehmen wurde seit 1960 mehrfach revolutioniert, Produktions- und Absatzstrategien wurden vielfach verändert, die Internationalisierung von Produktion und Vermarktung wurde massiv vorangetrieben.

Wer ein deutsches Wirtschaftsunternehmen im Jahr 1960 verlassen hat und es heute wieder betritt, wird sich dort nicht mehr zurechtfinden. Alles ist dort anders geworden. Diese radikale Verwandlung der deutschen Wirtschaftsunternehmen in den vergangenen 60 Jahren ging einher mit einer radikalen Veränderung ihrer Systemumwelt. Die politischen, regulatorischen, finanziellen, technischen, wettbewerblichen Rahmenbedingungen für das Wirtschaften haben sich seit dem Jahr 1960 drastisch gewandelt und sie wandeln sich stetig weiter.

Anders im öffentlichen Sektor in Deutschland: Dort ist seit dem Jahr 1960 erstaunlich vieles gleich geblieben. Wer heute ein Ministerium in einem deutschen Bundesland betritt, der wird dort ähnliche Strukturen vorfinden wie vor 60 Jahren: ein vergleichbares Organigramm, eine vergleichbare Hierarchie, vergleichbare Organisationsstrukturen (Referate, Unterabteilungen, Abteilungen etc.), vergleichbare „Nomenklaturen" (vom Oberamtsrat bis zum Ministerialdirigenten), vergleichbare Prozesse, vergleichbare Rituale (der Mitzeichnung, der Führung nach Befehl und Gehorsam etc.), eine vergleichbare Verwaltungskultur (Dominanz von Verwaltungsjuristen, Fixierung auf Rechtskonformität, Zuständigkeits-Silos etc.). Zwar hat die IT auch in deutschen Ministerien Einzug gehalten. Aber Laufmappen und papierene Vorgänge bestimmen nach wie vor den Arbeitsalltag in den obersten Landesbehörden und in deren nachgeordneten Behörden. Und wenn es dort Anflüge von Digitalisierung gibt, denn nicht selten auf analoge Weise (z. B. durch Digitalisierung eines althergebrachten Prozesses, ohne ihn zu transformieren). Das Digitale wird in deutschen Verwaltungen auf analoge Weise gelebt, um Unbekanntes auf Bekanntes zu reduzieren.

Auch vieles andere hat sich seit dem Jahr 1960 in deutschen Behörden gehalten: das Berufsbeamtentum mit seinen überkommenen Grundsätzen, das öffentliche Dienstrecht mit seinen starren Laufbahnen, die festzementierten Besoldungsstrukturen bei Beamten und Angestellten, das System der Beihilfen (zu den Krankheitskosten der Beamten), die Privilegien-Landschaften der Beamtenpensionen etc.

> Das Gleiche gilt für die wesentlichen staatlichen Strukturen in Deutschland: die vielgliedrige und instanzenreiche Justizverfassung, die föderale Ordnung, die Fragmentierung im kommunalen Sektor mit ca. 11.000 Kommunen, das über allem thronende Bundesverfassungsgericht etc.
>
> Ein Mensch, der also im Deutschland des Jahres 1960 gelebt hatte, dann mehr als 60 Jahre lang auf einer Weltraummission fernab der Erde verbracht hat und nach dieser Mission wieder nach Deutschland zurückkehrt, wird sich verwundert die Augen reiben: In der Wirtschaft wird er sich nirgendwo mehr zurechtfinden, in deutschen Behörden aber durchaus.
>
> Das könnte ihn dazu bringen, sich in Behörden heimatlich geborgen zu fühlen, in deutschen Unternehmen fremd und unbehaust. Die Heimat, die er in Behörden vorfindet, ist aber, wie er erfährt, eine Heimat in der Fremde.

Dabei will ich eines klarstellen: In diesem Buch kritisiere ich nicht die Menschen, die im öffentlichen Sektor Deutschlands arbeiten, sondern das System, in dem sie arbeiten. Ich kritisiere nicht das Verhalten von Menschen, sondern die Verhältnisse, die ihr Verhalten prägen. Ich kritisiere die strukturelle Verfassung der Staatsbürokratie, nicht die charakterliche Verfassung von Bürokraten.

Ich kritisiere auch nicht einzelne Politiker oder Parteien, sondern das „stahlharte Gehäuse" (Max Weber), in dem sie eingepfercht sind. Weil aber dieses „stahlharte Gehäuse" durch politisches Handeln geschaffen wurde, kann es auch durch politisches Handeln reformiert werden.

Ich sehe das so wie David Osborne und Ted Gaebler, die im Jahr 1993 das bahnbrechende Buch „Reinventing Government" publiziert haben:

> *„We believe that the people who work in government are not the problem; the systems in which they work are the problem. [...] We have known thousands of civil servants through the years, and most – although certainly not all – have been responsible, talented, dedicated people,* **trapped in archaic systems that frustrate their creativity and sap their energy.** *We believe these systems can be changed, to liberate the enormous energies of public servants – and to heighten their ability to serve the public." (Osborne und Gaebler 1993, S. XVIII; Hervorhebung durch den Autor)*

2

Der Funktionswandel des deutschen Staates im 21. Jahrhundert

Die grundlegende, evolutionäre und disruptive Erneuerung des deutschen Staates und der öffentlichen Verwaltung in Deutschland ist auch und gerade deshalb erforderlich, weil wir in einem Jahrhundert leben, in dem der deutsche Staat einem grundlegenden Funktionswandel unterliegt.

Anders gesagt: Der deutsche Staat muss, um im 21. Jahrhundert optimal funktionieren zu können, einen Funktionswandel vollziehen. Das kann er nur dann mit Erfolg tun, wenn er seine Verfasstheit grundlegend ändert.

Warum ist das 21. Jahrhundert ein Zeitalter, in dem der deutsche Staat einen Funktionswandel vollziehen muss?
Das 21. Jahrhundert ist nicht nur ein Zeitalter, in dem sich öffentlicher Sektor und privater Sektor, wie oben dargelegt, mehr und mehr entkoppeln, sondern auch eine Zeit, in der sich die Problemlagen in beiden Sektoren mehr und mehr verkoppeln. Gerade deshalb, weil es diese **Verkopplung** der Problemlagen gibt, ist die chronische **Abkopplung** des öffentlichen Sektors von der Wirtschaftswelt im 21. Jahrhundert kritisch. Die Problemlagen verkoppeln sich im öffentlichen und privaten Sektor, weil beide Sektoren von der VUKA-Welt durchdrungen sind[5] und weil die Permanenz von Krisen im 21. Jahrhundert beide Sektoren ergreift.

---

5 VUCA = eine Welt der Volatility, Uncertainty, Complexity und Ambiguity, also einer stetig wachsenden Volatilität im Wandel, Unsicherheit bei der Zukunftsplanung, drastisch ansteigenden Komplexität und dem Erfordernis, inmitten von Widersprüchen, widersprüchlichen Handlungsanforderungen und mehrdeutigen Rahmenbedingungen handeln zu müssen. Siehe dazu näher Kap. 6 in diesem Buch.

Das heißt konkret:

- **Das 21. Jahrhundert ist, wie oben dargelegt, von globalen Krisen geprägt,** die alle Bereiche von Wirtschaft und Gesellschaft durchdringen und die nur durch einen umfassenden Eingriff der Staaten in Wirtschaft und Gesellschaft bewältigt werden können. Alle diese Krisen können nicht dadurch bewältigt werden, dass der Staat lediglich gesetzliche Rahmenbedingungen für das Wirtschafts- bzw. Gesundheitssystem setzt und die Einhaltung dieser Rechtsnormen überwacht. Vielmehr war und ist es erforderlich, dass der Staat selbst zur Krisenbewältigung in wirtschaftliche und gesellschaftliche Prozesse eingreift und diese Prozesse managt und steuert.
  - *Beispiele:* der Wirtschaftsstabilisierungsfonds zur Stabilisierung der deutschen Wirtschaft in Folge der Corona-Pandemie; die Modernisierung des Energiesicherungsgesetzes im Jahr 2022 zur Sicherung der Energieversorgungssicherheit in Deutschland.
- **Der Staat wird im 21. Jahrhundert in die Volatilitäten der globalen Restrukturierungs-Ökonomie (siehe hierzu Kap. 6) hineingezogen** und zu einer permanenten Anpassung seiner Instrumente und Maßnahmen an die volatilen Eruptionen der Wirtschaft gezwungen.
  - *Beispiel:* Finanzkrise 2008. Diese Finanzkrise konnte in Deutschland nur deshalb bewältigt werden, weil der deutsche Staat massiv in die Strukturen und Prozesse der Finanzwirtschaft eingegriffen hat (Stützung von Finanzinstituten mit staatlichen Mitteln, Übernahme von Anteilen an Banken etc.).
- **Das 21. Jahrhundert ist auch ein Zeitalter, in dem ausländische Staaten in Europa und außerhalb Europas massiv in das Wirtschaftsgeschehen eingreifen** und dadurch den globalen Marktwettbewerb und die internationalen „Terms of Trade" erheblich beeinflussen. Es ist **das Jahrhundert eines sich zuspitzenden Wettbewerbs der Triade (USA, Europa, Fernost).** Dieser Wettbewerb wird von ausländischen Staaten durch umfassende Eingriffe in das Wirtschaftsgeschehen geschürt: Sei es durch nicht-öffentliche, subkutane staatliche Subventionen für einzelne Unternehmen (z. B. in China bei der Solarindustrie, im Automobilsektor, bei Unternehmen wie Huawei und ZTE u. a.), mit denen die Position dieser Unternehmen auf Auslandsmärkten marktwidrig gestärkt werden soll. Sei es durch offene, öffentliche staatliche Subventionen ganzer Wirtschaftsbereiche, mit denen Marktme-

chanismen staatlich verzerrt werden (z. B. mit dem Inflation Reduction Act der USA). Oder sei es durch staatliche Subventionen für andere Staaten, mit denen diese Empfängerstaaten (gegen die WTO-Regeln) dazu verpflichtet werden, Unternehmen des Geberstaates zu beauftragen (so z. B. die ständige Praxis Japans).

Ziel dieses Staatsinterventionismus ausländischer Staaten im 21. Jahrhundert ist es,

- gezielt wirtschaftliche und technologische Abhängigkeiten zu schaffen, mit der Maßgabe, dass die so wirtschaftlich und technologisch abhängigen Staaten auch politisch beeinflussbar bzw. beherrschbar werden;
- eine neue Form des Kolonialismus zu etablieren, indem andere Staaten aufgrund dieser ihrer Abhängigkeit zur Einflusszone des dominanten Staates werden;
- eine wirtschaftliche Abdrift im globalen Markt des 21. Jahrhunderts zu schaffen, mit der Folge, dass wirtschaftliche Ressourcen (Rohstoffe, Fachkräfte, Patente, technologisches Know-how, Kapital) aus den abhängigen Staaten in die dominanten Staaten transferiert werden.

Beispiel China

Der chinesische Staat hat über mehrere Jahrzehnte hinweg strategisch und systematisch ein Elektromobilitäts-Cluster aufgebaut und gefördert. Und das über die gesamte Wertschöpfungskette der Elektromobilität hinweg: von der Sicherung des Zugriffs auf Rohstoffe im Ausland über die Veredelung dieser Rohstoffe in China bis hin zum Aufbau einer Industrie zur Produktion von Batteriezellen und zur Förderung der Softwareentwicklung für E-Fahrzeuge in China. Die EU und die Bundesregierung haben diesem strategischen und systematischen Vorgehen des chinesischen Staates noch in den 20er Jahren des 21. Jahrhunderts nichts entgegenzusetzen.

> **Beispiel USA**
>
> Hier hat sich bereits aufgrund von staatlicher Förderung (siehe das DARPA-Fördersystem) und von wirtschaftlicher Marktmacht in vielen Wirtschaftsbereichen eine Dominanz US-amerikanischer Unternehmen ausgebildet, die in diesen Wirtschaftsbereichen zu einer „wirtschaftlichen Kolonialisierung" Europas geführt hat. Beispiel-Sektoren für diesen Typ der wirtschaftlichen Kolonialisierung im 21. Jahrhundert: Informationstechnik und Internet-Wirtschaft (Microsoft, Apple, Amazon, Facebook, Google u. a.), Kreditkartengeschäft (das von Visa, MasterCard und American Express dominiert wird), Rating-Agenturen (dominiert von Standard and Poor's, Fitch und Moody's), Beratungswirtschaft (dominiert von den US-Firmen Accenture, McKinsey, BCG, Bain, Oliver Wyman, u. a.).
>
> Diese bestehende Dominanz von US-Unternehmen wird nun durch die Instrumente der America-First-Politik der Präsidenten Trump und Biden massiv auf andere Wirtschaftsbereiche ausgeweitet. Eine bestehende marktmachtbedingte Kolonialisierung anderer Staaten wird auf diese Weise durch staatliche Intervention flankiert und vertieft.

Der deutsche Staat wird dadurch gezwungen, ebenfalls aktiver/proaktiver Akteur auf dem wirtschaftlichen Parkett zu werden. Er ist gehalten, zur Minimierung von Risiken, zur Krisenprävention, zur Sicherung der (technologischen, wirtschaftlichen, politischen) Souveränität Deutschlands und zur Gefahrenabwehr auf vielen Gebieten gestalterisch in wirtschaftliche Prozesse einzugreifen. Denn täte er das nicht, dann würde er als Balkon-Beobachter in Kauf nehmen, dass die einheimische Wirtschaft durch Aktionen ausländischer Staaten massiv geschwächt wird.

Hier einige Beispiele für Bereiche, in denen der deutsche Staat gehalten ist, in Wirtschaftsprozesse einzugreifen:

- Sicherung der Rohstoffversorgung Deutschlands;
- Erhalt und Ausbau kritischer Infrastrukturen (Stromnetze, Infrastrukturen für den Transport von Gas und Wasserstoff, Bahninfrastruktur u. a.);
- Schaffung von Versorgungssicherheit bei Energieressourcen (siehe die staatlichen Aktionen zur Sicherung der deutschen Energieversorgung im Jahr 2022 f.);
- Vermeidung technologischer Abhängigkeit Deutschlands von Ländern des Auslands durch Fördermaßnahmen (Chip-Strategie Deutschlands

und Europas, Wasserstoff-Strategie etc.), durch Maßnahmen zur Verhinderung der Übernahme deutscher Unternehmen durch ausländische Firmen (siehe den Fall 50Hertz) und durch Beteiligung des deutschen Staates an „systemrelevanten" Unternehmen (siehe die Fälle Hensoldt AG und Curevac AG);
- Verhinderung einer „technologischen Kolonialisierung" Deutschlands (in der Informations- und Kommunikationstechnik: Sicherung der „digitalen Souveränität" Deutschlands etc.);
- Sicherung deutscher Unternehmen, Infrastrukturen und Behörden gegen Cyber-Angriffe ausländischer Institutionen.
- **Das 21. Jahrhundert ist auch dadurch geprägt, dass die Gesetze der Marktwirtschaft und marktwirtschaftliche Prozesse massiv durch Machtausübung und Gewaltanwendung von Staaten überformt werden.** Siehe das grassierende Korruptions-Regime in vielen Staaten der Welt; siehe den russischen Angriffskrieg auf die Ukraine. Auch das führt dazu, dass die europäischen Staaten und der deutsche Staat genötigt sind, auf eine neuartige Weise Krisenmanagement zu betreiben.

Im 21. Jahrhundert kann der deutsche Staat entsprechend nicht mehr als „Nachtwächterstaat" agieren, bzw. als ein Staat, der sich darauf beschränkt, mit rechtlichen Rahmenregelungen die Prozesse in Wirtschaft und Gesellschaft zu flankieren.

Es reicht nicht mehr, dass er lediglich Leitplanken für das Handeln der Menschen in Wirtschaft und Gesellschaft setzt. Es reicht nicht mehr, dass er lediglich Rechtsnormen fixiert, ihre Einhaltung überwacht und mit Finanzmitteln gewünschte Entwicklungen fördert (im Sozialbereich, im Bereich von Forschung und Entwicklung etc.). Es reicht auch nicht mehr, dass der Staat lediglich dort handelt, wo Marktversagen stattfindet (bei der Grundlagenforschung, bei öffentlichen Gütern etc.).

Der deutsche Staat ist vielmehr gehalten, ein umfassendes Krisenmanagement durchzuführen, proaktiv gesellschaftliche und wirtschaftliche Prozesse zu beeinflussen und dazu permanent in diese wirtschaftlichen und gesellschaftlichen Prozesse einzugreifen.

> **Das bedeutet, zugespitzt gesagt:**
>
> Weil ...
>
> - Krisen im 21. Jahrhundert nicht mehr ein seltener Ausnahmefall, nicht mehr eine Anomalität, sondern der Regelfall sind, eine permanente Normalität,
> - weil sich die Systemumwelt des deutschen Staates (Wirtschaft, Technik, Ökologie, Gesellschaft) immer schneller wandelt, und das volatil, nicht berechenbar und hyperkomplex,
> - weil die Konkurrenz zwischen Staaten um Macht- und Einflussdomänen, um den Zugriff auf Märkte, Gebiete, Rohstoffe und Patente, um technologische und wirtschaftliche Dominanz drastisch zunimmt und mit allen Mitteln (mit Finanzmitteln, durch gezielte Regelverletzung, mit Mitteln der Gewaltanwendung bis hin zur Kriegführung) geführt wird,
>
> ... muss der deutsche Staat im 21. Jahrhundert – verglichen mit der zweiten Hälfte des 20. Jahrhunderts – einen **Paradigmenwechsel** vornehmen:
>
> - Er muss sein Selbstverständnis an diese Permanenz von Krisen und Wandlungen anpassen.
> - Er muss seine Funktionen und Aufgaben entsprechend den neuen Herausforderungen des 21. Jahrhunderts verändern.
> - Er muss einen umfassenden **Funktionswandel** vollziehen.

Ein weiterer Aspekt, der diesen Funktionswandel des Staates im 21. Jahrhundert erforderlich macht, kommt hinzu:

Der wirtschaftliche Wettbewerb zwischen Staaten wird im 21. Jahrhundert auch dadurch geführt, dass Staaten mit vielfältigen Instrumenten die Innovationsdynamik und das Innovationssystem in ihren jeweiligen Volkswirtschaften fördern. **Staaten agieren hier als Unternehmerstaaten** (vgl. Mazzucato 2023), die unternehmerisch investieren, dabei Risiken eingehen und damit Innovationen dort stimulieren, wo private Unternehmer nicht bzw. noch nicht handeln. Aufgrund dieser „gestaltenden und Märkte schaffenden Rolle des Staates" (Mazzucato 2023, S. 19) werden wirtschaftliche Wachstumspotenziale erschlossen und damit für die jeweilige Volkswirtschaft komparative Vorteile geschaffen.

Beispiele für solche „Unternehmerstaaten":

- In den Vereinigten Staaten wurden Schlüssel-Innovationen durch staatliche Investitionen ermöglicht und wurden staatliche Institutionen wie die

DARPA zu wesentlichen Innovationstreibern und zu Inkubatoren für die Entwicklung von Innovationszentren wie das Silicon Valley[6].
- In Japan wurden im Zusammenspiel der Industrie mit dem Ministerium für Industrie und Handel (MITI) gezielt globale Markteroberungen vorbereitet und umgesetzt (*Beispiel: Weltmarkt für Kameras*).
- In China wurden mit staatlichen Investitionen umfassend Innovationen und Märkte für chinesische Unternehmen erschlossen/reserviert (industriepolitischer Masterplan „Made in China 2025", Seidenstraßen-Strategie, KI-Strategie des chinesischen Staates etc.).
- Saudi-Arabien fördert mit staatlichen Finanzmitteln von ca. 500 Mrd. Dollar den Aufbau eines städtischen und regionalen Innovationssystems (NEOM).
- Mehrere Staaten beeinflussen mit Staatsfonds, die mit Milliardenmitteln ausgestattet sind und die umfassend in Unternehmen des Auslands investieren, die wirtschaftliche Entwicklung in anderen Staaten. Siehe die Staatsfonds von Norwegen, Qatar und den Vereinigten Arabischen Emiraten.
- Die Regierung von Taiwan hat über viele Jahre hinweg eine Strategie zum Aufbau einer einheimischen Chipindustrie verfolgt. Im Rahmen dieser Strategie hat der taiwanesische Staat im Jahr 1987 die Initiative zur Gründung des Unternehmens TSMC ergriffen und dieses Unternehmen massiv gefördert. Heute ist TSMC der weltweit umsatzstärkste Halbleiterhersteller.

Der Wettbewerb zwischen Staaten wird damit im 21. Jahrhundert mehr und mehr ein Wettbewerb der Unternehmerstaaten.

Dies macht es auch und gerade für den deutschen Staat erforderlich, diese Wettbewerbs-Arena zu betreten und selbst als **Unternehmerstaat** zu handeln als ein Märkte beeinflussender, Märkte schaffender, Innovationen treibender und risikobereiter Wirtschaftsakteur.

Die Wirtschaftswissenschaftlerin Mariana Mazzucato hat diesen Hintergrund für den notwendigen Funktionswandel des deutschen Staates im 21. Jahrhundert deutlich beschrieben:

---

[6] Vgl. Mazzucato 2023, S. 36: „Das Internet wurde nicht entdeckt und die Nanotechnologie-Branche ist nicht entstanden, weil Privatunternehmen etwas wollten, aber nicht genug Geld für die erforderlichen Investitionen hatten. Beide verdanken ihre Existenz der Vision des Staates in Bereichen, die der private Sektor noch gar nicht entdeckt hatte."

> *„Wir brauchen einen zielgerichtet handelnden, aktiven, unternehmerischen Staat, der in der Lage ist, Risiken einzugehen und ein hochgradig vernetztes System von Akteuren zu schaffen. …. Der Staat muss in diesem Netzwerk als Hauptinvestor und Katalysator wirken und die Verbreitung von Wissen steuern."* (Mazzucato 2023, S. 35)

Dieser erforderliche Funktionswandel des deutschen Staates im 21. Jahrhundert lässt sich wie folgt näher charakterisieren:

- Er muss zum Krisenmanager, Risikomanager und Projektmanager werden. Entsprechend benötigen die Akteure im öffentlichen Sektor genuine Managementfähigkeiten.
- Er muss die Fähigkeit ausbilden, in einer Wettbewerbs-Arena zu agieren. In dieser Wettbewerbs-Arena geht es um einen Wettbewerb zwischen Staaten, Wirtschaftsstandorten und Technologie-Domänen. Und um einen Wettbewerb, in dem sich der deutsche Staat nicht darauf verlassen kann, dass verlässlich nach Regeln gespielt wird. Entsprechend sind hier staatliche Akteure notwendig, die auf diesem Wettbewerbs-Parkett und in diesem Spiel trittsicher agieren können.
- Er muss unternehmerisch agieren, also Risiken eingehen, Experimente wagen, Innovationen treiben, das Abenteuer des Neuen eingehen, um gegen harten Wettbewerb gewinnen zu können. Er muss bereit und in der Lage sein, auf Sieg zu spielen (1:0) und sich nicht mit einem 0:0 zu begnügen (und der Vermeidung von Fehlern).
- Er muss in der Lage sein, auf evolutionäre und disruptive Wandlungen in seiner gesellschaftlichen und wirtschaftlichen Umwelt, auf neue Anforderungen und neue Krisenkonstellationen, auf unvorhergesehene und unvorhersehbare Entwicklungen, auf technologische Innovationen, auf volatile, komplexe und widersprüchliche Ereignisse schnell, flexibel, agil, resilient und anpassungsfähig zu reagieren.
- Das kann der Staat nur, wenn er seine eigenen Organisationen agilisiert. Und wenn die staatlichen Akteure agil handeln und denken können und wollen.
- Er muss in der Lage sein, sich stetig – im Hinblick auf diese Wandlungen in seiner Systemumwelt – selbst zu verändern: seine Strukturen und Prozesse stetig zu optimieren, nicht nur evolutionäre, sondern auch disruptive Anpassungen möglich zu machen, Neuland zu betreten und ständig Neuland zu

suchen, wandlungs-, lern- und anpassungsfähig, innovationsoffen und veränderungsaffin zu sein („Built to change not to last").

> *„The design of a good policy is, to a considerable extent, the design of an organizational structure capable of learning and of adjusting behavior in response to what is learned."*[7]

- Er muss in der Lage sein, in das Gefüge wirtschaftlicher Prozesse und Strukturen einzugreifen, ergo gestaltendes Subjekt wirtschaftlicher Entwicklungen zu sein, ergo Wirschaftsakteur und Unternehmerstaat zu werden. Entsprechend wird von den Akteuren im staatlichen Bereich gefordert, dass sie vergleichbare Fähigkeiten und Qualifikationen haben wie die Akteure in der Wirtschaft.
Die Akteure in den staatlichen Organisationen des 21. Jahrhunderts müssen deshalb nicht in erster Linie Verwaltungsjurist*innen, sondern Manager*innen sein.

Dieser Funktionswandel des deutschen Staates korrespondiert mit einem Funktionswandel der Marktwirtschaft: Sie darf im 21. Jahrhundert nicht nur als soziale Marktwirtschaft gedacht werden. Vielmehr muss sie auch als eine **wehrhafte Marktwirtschaft** ausgestaltet werden. Das ist nur möglich mit einem Staat, der sich in einer so verstandenen Marktwirtschaft als strategisch gestaltender Akteur und als Partner seiner Wirtschaftsunternehmen begreift.

Wirtschaftsunternehmen versuchen, die Herausforderungen der Restrukturierungs-Ökonomie des 21. Jahrhunderts und der VUCA-Welt (siehe dazu näher Kap. 6) vor allem dadurch zu bewältigen, dass sie ihre Organisationen agilisieren und sie dadurch in die Lage versetzen, sich flexibel und schnell an die volatilen Bewegungen in ihrer Systemumwelt anzupassen.

Das deutsche politische System und die deutsche öffentliche Verwaltung müssten eigentlich, weil sie vergleichbare Herausforderungen bewältigen müssen, den gleichen Weg beschreiten, also den Weg der Agilisierung ihrer Organisation.[8]
Der deutsche Staat müsste sich eigentlich, um jenen Funktionswandel vollziehen zu können, grundlegend erneuern, neu erfinden. Er müsste ein agiler Staat werden, ein unternehmerischer Staat, ein Manager-Staat, ein

---

7 So die Wirtschaftswissenschaftler Richard Nelson und Sidney Winter. Zitiert nach: Boston Review Forum 2021, S. 23
8 Zur Bedeutung der Agilisierung von Organisationen vgl. Prodoehl und Olbert 2019

innovationsaffiner Staat, ein wettbewerbsfähiger und wettbewerbsbereiter Staat.[9]

Dem steht aber die Verfassheit des deutschen Staates und der deutschen öffentlichen Verwaltung entgegen. Zum Beispiel das Berufsbeamtentum. Die hergebrachten Grundsätze des Berufsbeamtentums be- und verhindern eine umfassende Agilisierung staatlicher Organisationen. Sie be- bzw. verhindern damit massiv eine Ertüchtigung staatlicher Organisationen zur Bewältigung der Herausforderungen in der Krisenwelt des 21. Jahrhunderts (siehe zum deutschen Berufsbeamtentum näher das Kap. 10). Dem steht auch die chronische Arteriosklerose des deutschen Staates entgegen, die ich im Kap. 7 näher beschreiben werde.

> **Das ist im Kern das Dilemma, vor dem wir in Deutschland stehen:**
>
> Der deutsche Staat muss im 21. Jahrhundert neue Funktionen, neue Aufgaben, neue Verantwortlichkeiten übernehmen. Er muss einen Funktionswandel vollziehen.
>
> Er muss das tun, weil das deutsche politische System im 21. Jahrhundert eine Systemumwelt vorfindet, die sich verglichen mit der Systemumwelt in der zweiten Hälfte des 20. Jahrhunderts drastisch gewandelt hat und stetig weiter wandelt.
>
> Der deutsche Staat kann seinen Funktionswandel nur dann erfolgreich managen, wenn er sich radikal verändert. Er muss seine althergebrachte Verfasstheit überwinden, sich grundlegend erneuern.
>
> Erneuert er sich nicht, dann wird er an dieser Aufgabe, einen Funktionswandel zu vollziehen, scheitern.[10]

---

9 Das betont auch Mariana Mazzucato (2023, S. 248), wenn sie schreibt, der Unternehmerstaat mache es erforderlich, „den öffentlichen Sektor von innen heraus zu umzugestalten, dass er dynamischer wird, strategischer agiert und mehr auf Leistung achtet."

10 Im Pioneer Briefing Business vom 27.2.2023 heißt es zu diesem Funktionswandel des deutschen Staates, den Mariana Mazzucato in ihren Schriften beschreibe und den Bundesminister Habeck befördern wolle: „Sie und er unterschätzen die Risikofreude der deutschen Unternehmer und überschätzen die Innovationsfähigkeit des deutschen Staates. Der ist in seiner ureigenen Einflusssphäre – siehe die Dysfunktionalität von Bundeswehr und Bahn AG, siehe den geringen Digitalisierungsgrad der staatlichen Administration – eben kein Modernisierungstreiber, sondern ein Innovationsnachzügler. Oder deutlicher noch formuliert: Unsere Staatlichkeit, die das Faxgerät ehrt, den Leitzordner liebt und intern nach den Gesetzen von Befehl und Gehorsam funktioniert, ist ein Ackergaul, mit dem sich kein Springturnier gewinnen lässt. […] Der deutsche Staat ist aus Sicht der Firmen eben kein Pionier, sondern der Trottel der Kompanie. Das Wort Staatsversagen fehlt in dem Buch der Ökonomin Mariana Mazzucato."

Dabei plädiere ich für eine Veränderung des Blickwinkels auf das politische System:

Die politische Debatte in Deutschland, in den Institutionen der Politik und in der Medienöffentlichkeit, ist auf das fokussiert, **was** getan werden soll, nicht aber zureichend darauf, **wie** es getan werden soll.

Dieser Fokus auf das „Was" und die Vernachlässigung des „Wie" ist der Kern unseres Public Sector-Problems in Deutschland: Denn die Art und Weise, wie etwas getan wird, kann die Realisierung dessen, was getan werden soll, entweder erleichtern oder erschweren, ermöglichen oder verhindern. Das „Wie" wirkt so maßgeblich auf das „Was" ein. Die Art und Weise, wie der öffentliche Sektor in Deutschland verfasst ist, beeinflusst maßgeblich seine Gestaltungsfähigkeit.

Beispiel 1

Seit der Bahnreform im Jahr 1994 haben die Bundesregierungen immer wieder betont, wie wichtig es sei, die **Bahninfrastruktur in Deutschland** zu optimieren. Vielfältige Maßnahmenprogramme wurden dazu aufgesetzt („Was"). Die Tatsache nun, dass wir hier in den zwanziger Jahren des 21. Jahrhunderts vor einem Scherbenhaufen stehen, vor einer maroden Bahninfrastruktur, ist auch und gerade darauf zurückzuführen, dass die Art und Weise, wie die Bahninfrastruktur optimiert werden soll (in welchen Strukturen, Organisationen, Prozessen, Systemen, mit welchen Anreizsystemen, in welcher Leistungskultur, im Wettbewerb oder im DB-Monopol etc.), nicht im Fokus der deutschen Politik war. Das hat sich erst mit dem Antritt der Ampelkoalition im Jahr 2021 geändert, die eine Reform des „Wie" durch Gründung einer Infrastrukturgesellschaft der DB AG auf die politische Agenda gesetzt hat.

Beispiel 2

In den 20er Jahren des 21. Jahrhunderts sprechen viele Indikatoren dafür, eine neuerliche **deutsche „Bildungskatastrophe"** festzustellen (nachdem Georg Picht schon 1964 eine solche deutsche Bildungskatastrophe beschrieben hatte).[11] Diese „Katastrophe" im deutschen Bildungssystem besteht nun, obwohl 17 deutsche Staaten mit tausenden von Ministerialbeamten und Hunderten von Gremien in den vergangenen Jahren und Jahrzehnten tausende von Maßnahmen zur Weiterentwicklung des deutschen Bildungssystems konzipiert und umgesetzt haben.

---

11 Siehe Fokken u. a. 2023

Auch hier wurde das „Wie" vernachlässigt: Die Art und Weise, wie in Deutschland Bildungspolitik gemacht wird, wie der deutsche Bildungsföderalismus funktioniert, wie seine Defizite diagnostiziert und therapiert werden können, wie seine Effektivität und Effizienz optimiert werden können, wurde nicht zureichend auf die Agenda der deutschen Bildungspolitik gesetzt. Das gilt auch für die Art und Weise, wie das Bildungssystem organisiert und durchregelt ist, wie die Leistungskultur und die Leistungsfähigkeit der Institutionen des deutschen Bildungswesens (Schulen, Hochschulen, Weiterbildungseinrichtungen) gesteigert und stimuliert werden kann.

3

Erneuerung des deutschen Staates: verwegene Utopie oder realistisches Handlungsziel?

Ist eine disruptive Reform, eine grundlegende Erneuerung des politischen Systems in Deutschland eine illusionäre Utopie, eine wirklichkeitsferne Vision? Oder besteht Aussicht darauf, eine solche Reform und Erneuerung im Deutschland der 20er Jahre des 21. Jahrhunderts auf den Weg zu bringen? Und besteht zumindest die Chance, einen öffentlichen Diskurs in Deutschland über die Reformbedürftigkeit des öffentlichen Sektors zu entfachen?

Ist das deutsche politische System nur zu Reförmchen in Trippelschritten, in kosmetischen Dosen, mit mikroskopischen Veränderungen und nur bei Wahrung der Kernstrukturen des Status quo in der Lage?

Müssen die vielen Tabus, die es zur Verfasstheit des deutschen politischen Systems gibt, unangetastet bleiben? Haben die, die diese Tabus hinterfragen, nur den Status von Ketzern, die vom politischen System gebrandmarkt und damit aus dem politischen Diskurs ausgeschlossen werden? Oder können die Tabubrecher das „stahlharte Gehäuse" (Max Weber) der deutschen Verwaltungsbürokratie ins Wanken bringen?

Skepsis ist angebracht.

Bisher sind alle Versuche, eine grundlegende Staatsreform in Deutschland auf den Weg zu bringen, an der Wirklichkeit des öffentlichen Sektors zerschellt. So z. B. im Jahr 1994. Damals wurde in der Koalitionsvereinbarung zwischen CDU, CSU und FDP für die 13. Legislaturperiode 1994–1998 die Zielsetzung für die Modernisierung der Bundesverwaltung folgendermaßen konkretisiert:

> *„Staat schlanker machen – Bürokratie abbauen. Die Koalition wird staatliches Handeln im normativen, administrativen und gerichtlichen Bereich auf das notwendige Maß beschränken. Der Rechtsstaat muß effektiv sein und darf nicht in Überreglementierung und Überperfektionierung ersticken, denn das führt letztlich zur Rechtsverweigerung und zu einer Gefährdung der wirtschaftlichen Dynamik und Innovationsfähigkeit [...] Der schlanke Staat muß neue Freiräume für private Initiative und Kreativität eröffnen. Der Personalbestand in den Bundesbehörden wird in den nächsten vier Jahren um insgesamt 1 % jährlich gesenkt. Die Aufgaben von Bundesbehörden werden verringert bzw. gestrafft, die Zahl der Behörden durch Zusammenlegung oder Auflösung reduziert."*

Im Ergebnis dieser Legislaturperiode wurden einige Mikro-Reformen umgesetzt, die nichts an den Gebrechen des Systems der Bundesverwaltung verändert haben. So auch in den folgenden Legislaturperioden.

Warum sind alle bisherigen Versuche, eine grundlegende Reform des öffentlichen Sektors in Deutschland durchzuführen, gescheitert?
Die Gralshüter des Status quo sind machtvoll und einflussreich. Tausende von Funktionsträger*innen im politischen System ziehen einen persönlichen Nutzen aus den bestehenden Verhältnissen: aus der Fragmentierung des öffentlichen Sektors in 17 Staaten und tausenden von Behörden, aus den Silos, die dort über Jahrzehnte hinweg festzementiert wurden.

Hunderttausende Beschäftigte in der öffentlichen Verwaltung haben sich in den überkommenen Strukturen eingerichtet und nutzen sie zum eigenen Vorteil. Ihre Verbände bewachen mit erheblichem Einfluss auf die politischen Entscheider die Weitergeltung des Status quo.

> **Beispiel die Länder Berlin und Brandenburg**
>
> Es gibt keinen sachlichen Grund dafür, die beiden Länder Berlin und Brandenburg nicht zu fusionieren. Dies wird auch im Grundgesetz reflektiert (siehe Artikel 118a). Denn in dieser Metropolregion macht es auf keinem Politikfeld Sinn, den Fokus nur auf Berlin oder nur auf Brandenburg zu legen. In dieser Metropolregion hängt alles, was in Berlin wichtig ist, mit Brandenburg zusammen, und umgekehrt. So kann z. B. eine effektive Verkehrs- und Mobilitätspolitik nur für die Metropolregion Berlin/Brandenburg, nicht aber nur für eines dieser Länder konzipiert werden.
>
> Politik muss in dieser Metropolregion integrativ, für Berlin und Brandenburg, gedacht und gemacht werden. Genau aber dieses integrative politische Handeln wird durch die Ländertrennung unmöglich gemacht: Denn so lange beide Länder getrennt voneinander existieren, besteht in beiden Ländern der Zwang, sich vom Nachbarland zu differenzieren. Ohne diese Differenzierung entfiele ja die Legitimation für die Eigenständigkeit der beiden Länder.
>
> Eine Fusion der beiden Länder wäre auch und gerade für die Steuerzahler erheblich vorteilhaft (Einsparungen in Milliardenhöhe durch Zusammenlegung von Dutzenden von Behörden, durch gemeinsame Beschaffungen etc.).
>
> Der einzige Grund dafür, dass das, was zusammengehört, nicht zusammenwachsen kann, besteht schlicht in dem Bestandsschutz-Interesse von Politiker*innen und Verwaltungsmitarbeiter*innen. Denn eine Fusion der beiden Länder würde in beiden Ländern tausende von Mandaten, Posten, Verwaltungsstellen und Behörden überflüssig machen.
>
> Wer aber plädiert in beiden Ländern für eine Reform, die dazu führen kann, dass die eigene Position überflüssig wird?

Ferner sind die Strukturen im deutschen politischen System durch vielfältige Verfassungsgerichtsurteile, Urteile von Verwaltungsgerichten und Rechtsnormen (Personalvertretungsgesetze, Beamtengesetze des Bundes und der Länder etc.) so zubetoniert, dass disruptive Veränderungen utopisch anmuten.

Keine politische Partei hat ein Programm für eine einschneidende, umfassende und strategische Reform des öffentlichen Sektors in Deutschland. Warum ist das so?

Weil eine solche Reform so viele und so mächtige Gegner auf den Plan rufen würde. Weil viele Funktionäre der Parteien selbst vom bestehenden politischen System vielfältig profitieren und deshalb kein Interesse daran haben, es substanziell zu verändern. Weil das Gestrüpp der Rechtsnormen so dicht geworden ist, dass es verwegen, ja illusionär erscheint, mit einer Machete das Dickicht lichten zu wollen. Weil der von Politik und Bürokratie selbst geschaffene Druck der Sachzwänge so gewaltig ist, dass jeder Innovator sich in diesen Sachzwängen verfangen muss.

> **Auch im System der Rekrutierung der Eliten im deutschen politischen System ist ein konservierendes, beharrendes, reform-averses Element eingraviert: Es ist ein System der „inzestuösen Rekrutierung".**
>
> Damit meine ich: Eine Politikerin hat in der Regel nur dann die Chance, in einer Partei an die Spitze zu gelangen bzw. Parlaments- oder Regierungsmandate zu erlangen, wenn sie über viele Jahre hinweg in einem aufwändigen Parcours in die Partei „einsozialisiert" wurde. Sie hat tausende von Sitzungsstunden in Parteigremien und Parteigruppen zu absolvieren. Dabei muss sie die Parteimitglieder davon überzeugen, dass sie „dazugehört", aus dem „gleichen Stall" wie die anderen kommt, „auf Linie" bleibt, in ihren Gesinnungen und in ihrem Verhalten „nicht aus der Reihe tanzt", anpassungsbereit und anpassungsfähig ist, berechenbar und parteikonform handelt und denkt. Und sie muss deutlich machen, dass sie bei allem, was sie tut, die Karriereinteressen ihrer Protegés bedient und die Parteifraktion, zu der sie sich zählt, loyal unterstützt. Erst dann, wenn die Politikerin auf diese Weise „kieselgleich rundgeschliffen" wurde, hat sie sich für höhere politische Ämter präqualifiziert. Erst dann, wenn sie bewiesen hat, dass sie „so ist wie wir", hat sie das Eintrittsbillett in die politische Elite erstanden.
>
> In diesem System der inzestuösen Rekrutierung ist in der Regel für „Quereinsteiger" kein Platz. Deshalb ist es auch im deutschen politischen System eine exotische Ausnahme, wenn ein Unternehmer oder Wirtschaftsmanager oder Wissenschaftler aus dem Stand, als Quereinsteiger, für ein politisches Spitzenamt rekrutiert wird.

Hinzu kommt: Das politische System der Bundesrepublik basiert auf Strukturen und hat im Laufe der Jahre neue Strukturen geschaffen, die darauf ausgelegt sind, einschneidende Reformen zu behindern und zu verhindern.

Ein Beispiel sind die „Checks and Balances" im politischen System der Bundesrepublik, die im Grundgesetz vorgegeben sind und die in vielen Urteilen des Bundesverfassungsgerichts so ausgestaltet wurden, dass disruptive Veränderungen wirklichkeitsfern anmuten.

Dieses System von „Checks and Balances" wurde nach 1945 in die bundesdeutsche Verfassung hineingenommen, um zu verhindern, dass eine Partei und ein Führer erneut „durchregieren". Die Alliierten und die Mitglieder des Parlamentarischen Rates wollten mit diesem System, das im Grundgesetz eingraviert ist, Lehren aus der Zeit des Nationalsozialismus ziehen (z. B. mit der Brechung der Macht des Bundestags durch den Bundesrat und durch die föderale Ordnung der Bundesrepublik, mit der Schaffung eines Bundesverfassungsgerichts, das die Macht der Parlamente „konditioniert" u. a.).

Dieses grundgesetzliche System der Checks and Balances und der Politikverflechtung (siehe Kap. 8) verhindert zwar wirksam die Machtausübung einer zentralen Führer-Instanz. Aber dieses System bewirkt zugleich eine stetig wachsende Komplexität und Kompliziertheit in den politischen Prozessen. Es schafft für das deutsche politische System einen chronisch dichter werdenden Regulierungsdschungel und bettet dieses politische System damit in eine stetig starrer werdende Lähmschicht ein.

> Dies wird beispielhaft durch den Vorschlag illustriert, den Bundeskanzler Scholz am 6.9.2023 im Deutschen Bundestag gemacht hat. Er schlug einen „Deutschlandpakt" aller deutschen Staaten und Kommunen vor, um den „Mehltau", der Deutschland lähmt, zu beseitigen. Damit musste Bundeskanzler Scholz nicht nur eingestehen, dass die Bundesregierung allein nicht in der Lage ist, renovierungsbedürftige Strukturen zu renovieren und existenziell für Deutschland notwendige Gestaltungsaufgaben zu erfüllen. Es war auch das Eingeständnis, dass einschneidende Reformen in Deutschland nur dann möglich sind, wenn sich Bund, Länder und Kommunen in die hyperkomplexe Arena der deutschen Politikverflechtung hineinbegeben, – in eine Arena, in der es in den vergangenen Jahren und Jahrzehnten allzu häufig nicht gelungen ist, einschneidende Reformen zu vereinbaren (siehe dazu Kap. 8).

Bei der Konstruktion dieses politischen Systems der Bundesrepublik wurde unterstellt, dass sich Wirtschaft und Gesellschaft gedeihlich, evolutionär und konfliktberuhigt fortentwickeln und dass der Staat gegenüber dieser seiner Systemumwelt mit ruhiger Hand Rahmenbedingungen setzt. Es wurde unterstellt, dass über dem sozio-ökonomischen System der Bundesrepublik in der Regel die Sonne scheint, so dass abrupte, disruptive, radikale, schnelle und durchgreifende Maßnahmen einer Zentralgewalt nicht erforderlich sind.

Und es wurde unterstellt, dass staatliches Handeln in Deutschland nicht agil sein muss. Also dass es nicht erforderlich ist, den deutschen öffentlichen Sektor so zu gestalten, dass er schnell handlungsfähig ist, sich flexibel an Neues anpassen kann, innovationsfähig und innovationsoffen ist, zügig Prozesse der Planung, Genehmigung, Beauftragung, Gesetzgebung etc. umsetzen kann.

Denn jene verfassungsrechtlich verankerten „Checks and Balances" zwängen staatliches Handeln und die öffentliche Verwaltung in Deutschland in ein starres Korsett von Regularien, in dem agiles Handeln ein Fremdkörper bleiben muss. In diesem Korsett muss der öffentliche Sektor unagil bleiben: umständlich, langsam, hyperkomplex, behäbig, unbeweglich.

Dieses System der „Checks and Balances" muss immer dann dysfunktional werden, wenn Orkane aufziehen, dramatische Krisen aufkommen, unerwartete neue Anforderungen zu erfüllen sind und unberechenbare Volatilitäten auftreten. Dann wird deutlich, dass dieses politische System der Bundesrepublik strukturell in sich erstarrt und auf Erstarrung bzw. auf behäbige, langsame Politikgestaltung ausgelegt ist, – und deshalb auf dramatische Krisen und volatile Veränderungen in seiner Systemumwelt nicht agil und flexibel eingehen kann. Dann wird auch deutlich, dass jenes System der „Checks and Balances" heute, in den 20er Jahren des 21. Jahrhunderts, seine Halbwertzeit längst überschritten hat. Regelungen zur Verfassung des deutschen politischen Systems, die vor 70 Jahren ihre Berechtigung hatten, passen nicht mehr zu den Herausforderungen der 20er Jahre des 21. Jahrhunderts.

Der Handlungsdruck wächst.

Und es gibt im politischen System der Bundesrepublik durchaus viele Politiker und Experten, die diesen Handlungsdruck verspüren und dringenden Handlungsbedarf für eine einschneidende Reform des politischen Systems der Bundesrepublik sehen. Ein Beispiel ist die Publikation „Neustaat" aus dem Jahr 2020, mit der 64 CDU-Bundestagsabgeordnete und Experten eine umfassende Staatsreform fordern. Es heißt in dieser Publikation:

> *„Dem Staat droht die Handlungsunfähigkeit. [...] Staatliche Prozesse sind zu bürokratisch, zu komplex und zu langwierig organisiert, als dass sie mit der Dynamik der Welt noch Schritt halten könnten. [...]Ein nicht leistungsfähiger Staat verliert erst seine Kompetenz, dann sein Vertrauen*

und schließlich seine Macht. Wir brauchen eine grundlegende Reform des Staates. Angesichts der bevorstehenden Herausforderungen (+ Schicksalsfragen) muss er sich in den nächsten 10 Jahren stärker ändern als in den letzten 70 Jahren zusammen. Dafür müssen zuerst wir Politiker uns ändern." (Heilmann und Schön 2020, S. 13, 15 und 18)

Ein anderes Beispiel ist der Nationale Normenkontrollrat, der seit vielen Jahren als Mahner für eine Verschlankung und Entschlackung der staatlichen Bürokratie auftritt. Mit nur marginalem Erfolg. Der langjährige Vorsitzende des Normenkontrollrates, Dr. Johannes Ludewig, resümierte im Jahr 2021 seine Erfahrungen wie folgt:

„Über viele Jahre des politischen Wegschauens, des Weiter-So und des Nicht-Handelns ist im Vergleich zu anderen Ländern ein großer Modernisierungs-Rückstand entstanden, der nur mit überhöhtem, kostspieligem Ressourceneinsatz verdeckt werden konnte – ein Weg, der sicher so nicht fortgesetzt werden kann." (Ludewig 2021, S. 136)

Wir blicken in Deutschland auf einen jahrzehntelangen Parcours mit Debatten und Aktionen zur Modernisierung des öffentlichen Sektors zurück. Viele wohlklingende Parolen säumten diesen Parcours: Da war von einem „lernenden Staat" die Rede, von einem „evidenzbasierten staatlichen Handeln", von „New Public Management", von einem „Neuen Steuerungsmodell", einer „datengetriebenen Verwaltung", von einem „agilem Staat" und von einem „digitalen Verwaltungshandeln".

Alle diese Arbeiten auf diesem Parcours, alle diese jahrzehntelangen Debatten und Bemühungen um eine Modernisierung des Public Sector in Deutschland zerschellten aber immer wieder an althergebrachten Strukturen, die niemand grundlegend zu reformieren wagte. Weil die Bereitschaft und die Kraft zu grundlegenden, radikalen, disruptiven Reformen fehlte, waren alle diese Diskussionen und Aktionen auf dem Modernisierungs-Parcours nur geeignet, kosmetische Korrekturen an einem versteinerten System vorzunehmen.

> Entsprechend bescheinigen Wissenschaftler des Auslands der deutschen Verwaltung, sie sei in Sachen Verwaltungsreform eine „plodding tortoise" (übersetzt: eine sich mühsam dahinschleppende Schildkröte). Siehe dazu das Kap. 5.

In jüngster Zeit häufen sich die Stimmen derer, die eine einschneidende Reform des öffentlichen Sektors und des staatlich-politischen Systems in Deutschland fordern. Siehe die 64 Autoren des Buches „Neustaat" (Heilmann und Schön 2020), siehe die Publikationen des Nationalen Normenkontrollrates und die Testate in den anderen Publikationen, die ich in diesem Buch zitiere.

Der Handlungsdruck ist heute unabweisbar. Eine einschneidende Reform des Public Sector in Deutschland ist heute dringender denn je. Wann, wenn nicht jetzt?

Jede neue Krise zeigt drastisch die Grenzen der Handlungsfähigkeit des bestehenden politischen Systems. Und ein Blick ins Ausland zeigt, dass die Legitimation des demokratischen Systems selbst in Gefahr gerät, wenn sich Staat und öffentliche Verwaltung als „nur noch bedingt handlungsfähig" erweisen. Ein Staat, der so verfasst ist, dass er Probleme nicht mehr lösen, sondern allenfalls noch „in geregelte Bahnen lenken" kann, wird selbst zum Problem. Er stärkt mit seiner chronisch defizitären Problemlösungskapazität all jene, die die Fundamente der demokratischen Verfassung in Frage stellen. Er delegitimiert damit selbst seine eigene demokratische Verfassung. Also brauchen wir einen neuen Diskurs über die Strukturen unserer Staatlichkeit, über die Verfasstheit unserer 17 deutschen Staaten und über die Prinzipien, nach denen die öffentliche Verwaltung in Deutschland organisiert ist. Dieses Buch will einen Beitrag dazu leisten, diesen Diskurs anzustoßen.

> **Die drei Horizonte**
>
> Mehrere Wissenschaftler haben für Veränderungsprozesse das Modell der „drei Horizonte" zugrunde gelegt. So haben die drei Wirtschaftswissenschaftler M. Baghai, S. Coley und D. White das Modell der „three horizons" für die Evolution und das Wachstum von Unternehmen entwickelt (Baghai u. a. 1999). Der Zukunfts- und Innovationsforscher Bill Sharpe hat diesen Ansatz der drei Horizonte für die Gestaltung der Zukunft von Systemen weitergeführt (Sharpe 2020; siehe auch: Göpel 2022, S. 126 ff.).
>
> Im Kern stellt dieses Modell der drei Horizonte darauf ab, dass die Zukunft von Systemen im Horizont von drei verschiedenen Strategien gestaltet werden kann.

Horizont-1-Strategien gehen davon aus, dass ein System, das stabil und funktionsfähig ist, mit den Merkmalen, die seine Stabilität und Funktionsfähigkeit verbürgen, fortgeführt wird. Hier geht es also darum, ein bestehendes System in seinem Status quo möglichst risikoarm und zuverlässig zu erhalten („business as usual"). Das Bewährte, Etablierte muss bei dieser Strategie möglichst lange instandgehalten und aufrechterhalten werden. Es geht hier allenfalls darum, durch Detailveränderungen, durch kleinere Reparaturen und Instandhaltungsmaßnahmen das System so, wie es ist, zu stabilisieren, funktionsfähig zu erhalten und gegen grundlegende Veränderungen zu immunisieren. Dazu benötigen die System-Akteure Know-how zur Funktionsweise des Systems, zur Abwehr von Systemstörungen, zur Instandhaltung von Systemkomponenten und zur Anpassung des Systems an Umweltänderungen. Diese Arbeit an der Konservierung des Status quo eines Systems kann auf der Basis von Plänen in einer hierarchischen Organisation durchgeführt werden.

Horizont-2-Strategien basieren demgegenüber auf der Annahme, dass ein bestehendes System nur dann eine Zukunft hat, wenn es evolutionär weiterentwickelt wird. Die Horizont-2-Strategie geht davon aus, dass sich die Umwelt des Systems dynamisch verändert und dass sich das System in dieser sich wandelnden Umwelt nur behaupten kann, wenn es sich graduell anpasst. „Graduell" meint hier: Das System bleibt in seinen Kernstrukturen und Kernprozessen so, wie es ist, und wird nur in einigen Systemelementen sukzessive im Sinne der sich wandelnden Umweltanforderungen verändert. Diese Veränderung geschieht vorsichtig, risikoarm, schrittweise, immer mit Rücksichtnahme auf die wesentlichen Systemeigenschaften, die unangetastet bleiben. Die Horizont-2-Strategie ist also eine systemkonservative Anpassungsstrategie an gewandelte Umweltkonstellationen. Sie kann innerhalb der Strukturen und Prozesse des Systems stattfinden, benötigt aber System-Akteure, die innerhalb der System-Hierarchie ein gewisses Maß an Selbstverantwortung übernehmen, innovationsoffen sind und die Bereitschaft haben, die Risiken zu nehmen, die mit jeder evolutionären Anpassung verbunden sind.

Demgegenüber setzt die **Horizont-3-Strategie** auf eine grundlegende, disruptive Erneuerung eines bestehenden Systems. Diese Strategie beruht auf der Feststellung, dass sich die Umwelt des Systems grundlegend wandelt. Und dass dieser drastische Wandel der Systemumwelt dynamisch fortschreitet. In dieser radikal veränderten und sich radikal verändernden Umwelt kann das System, so die Horizont-3-Strategie, nur dann aufrechterhalten und funktionsfähig erhalten werden, wenn es sich radikal erneuert. Hier geht es also nicht um graduelle Anpassungen von Systemkomponenten, sondern um eine umfassende Erneuerung des Systems: seiner Elemente, Beziehungen, Strukturen, Prozesse, Regeln und Kulturen. Dazu sind umfangreiche und stetige Explorationen im Neuland erforderlich: Experimente, risikoreiche Innovationen, Trial-and-Error-Lernerfahrungen, Neuland-Erkundung bei Inkaufnahme von Unsicherheit und Nicht-Wissen, hohe Fehlertoleranz. Für die Umsetzung einer solchen Horizont-3-Strategie sind

System-Akteure gefordert, die bereit sind, in Selbstorganisation zu arbeiten, außerhalb einer Hierarchie, und die in der Lage sind, bei der Neuland-Exploration Risiken zu nehmen und Unsicherheit auszuhalten.

Wenn ich dieses „Drei-Horizonte-Modell" auf den öffentlichen Sektor und auf das politische System in Deutschland übertrage, dann lautet meine These:

Das politische System und die öffentliche Verwaltung in Deutschland können nur dann zukunftsfest gestaltet, funktionsfähig erhalten und resilient gemacht werden, wenn sie alle drei Strategien umsetzen:

Die Horizont-1-Strategie wird benötigt, um das System „am Laufen zu halten", seine Stabilität aufrechtzuerhalten.

Die Horizont-2-Strategie ist notwendig, um alle innovativen Potenziale und Entwicklungschancen, die im bestehenden System enthalten sind, zu erschließen und freizusetzen, damit das System sich graduell aus sich selbst heraus, mit seinen endogenen Kräften, fortentwickeln kann. Und zugleich ist es erforderlich, die Horizont-3-Strategie zu implementieren, damit das bestehende System erneuert, d. h. in die Lage versetzt wird, sich selbst im Wandel seiner Systemumwelt zu transformieren. Und damit das bestehende System in ein transformationales System gewandelt wird. Ein transformationales System ist ein System, dessen Elemente flüssig und beweglich miteinander und mit ihrer Umwelt interagieren, so dass sich das System permanent flexibel und agil an dynamische Umweltveränderungen anpassen kann.

Meine These lautet auch:

Die Horizont-1-Strategie und die Horizont-2-Strategie sind für den deutschen öffentlichen Sektor nur dann tauglich, wenn sie mit der Horizont-3-Strategie kombiniert werden.

Ohne diese Kombination mit der Horizont-3-Strategie werden die beiden anderen Strategien nicht hinreichend sein, um den öffentlichen Sektor zukunftsfest zu machen.

Ohne die Bereitschaft zur Disruption macht die Bereitschaft zur Evolution keinen Sinn. Wer nur auf die ersten beiden Strategien setzt, springt zu kurz.

4

„Wo aber Gefahr ist, wächst das Rettende auch." (Friedrich Hölderlin) – Die Avantgardisten im öffentlichen Sektor der Bundesrepublik

Gewiss gibt es Avantgardisten im deutschen politischen System, die das Erfordernis einer evolutionären und disruptiven Reform des öffentlichen Sektors in Deutschland sehen. Einige dieser Avantgardisten werde ich in diesem Buch nennen und zitieren. Sie arbeiten zum Teil bereits seit vielen Jahren daran, Verkrustungen aufzulösen, den Komplexitätsdschungel zu lichten und auf eine Zeitenwende in der Verfassung des deutschen Public Sector hinzuarbeiten.

Dazu gehört z. B. die von der Bundesregierung getragene **„Bundesagentur für Sprunginnovationen GmbH" (SPRIND GmbH)**. Diese SPRIND GmbH schrieb in ihrem Jahresleistungsbericht vom September 2022, in dem sie für einen deutschen „Unternehmerstaat" wirbt:

> *„,Innovare' heißt ,erneuern'. Es heißt nicht ,ein bisschen besser machen.'"*

> *„Die knappe Ressource ist Risikointelligenz. Wir müssen endlich verstehen: In Zeiten technologischer Paradigmenwechsel besteht das größte Risiko darin, keine Risiken einzugehen und auf die lineare Fortschreibung der Gegenwart zu setzen."*

Diese Avantgardisten zeigen mit ihren Aktivitäten: Wandel ist möglich, auch und gerade im öffentlichen Sektor der Bundesrepublik. Es gibt in der öffentlichen Verwaltung Deutschlands nicht nur Statik und Erstarrung, sondern auch die Kräfte, die für Erneuerung und für Agilität wirken.

Vieles ist hier gerade in den vergangenen Jahren in Bewegung geraten. Viele Veränderungsprojekte wurden angestoßen. Viele Ideen für evolutionäre und auch für disruptive Reformen wurden in Institutionen des Bundes, der Länder und der Kommunen erdacht; manche dieser Ideen wurden in Pilotprojekte eingebracht, andere harren noch der Umsetzung.

Es gilt, die Arbeit dieser Avantgardisten zu unterstützen und weiterzutreiben. Und es gilt, bei dieser Arbeit an der Reform des öffentlichen Sektors der Bundesrepublik den Mut und die Verwegenheit zu haben,

- neue Wege zu gehen und Neuland zu betreten,
- nicht nur evolutionär, sondern auch disruptiv zu denken und zu handeln,
- radikal zu sein, also nicht nur die Oberfläche der Probleme zu bearbeiten, sondern auch an die Wurzeln der Probleme zu gehen, nicht nur die Symptome von Problemen zu kurieren, sondern die Strukturen anzugreifen, die diesen Symptomen zugrunde liegen,
- und dabei bestehende Regeln zu überwinden, indem sie durch neue Regeln ersetzt werden, und Grenzen zu überschreiten, indem Grenzen neu definiert werden.

Viele Avantgardisten im deutschen öffentlichen Sektor haben für eine solche Reform den Weg bereitet, Türen aufgestoßen, Ideen ausgearbeitet und Neuland erkundet. Und dabei gezeigt, dass sie nicht nur „Lust auf Neues" haben (Koalitionsvertrag 2021 – 2025 zwischen der SPD, BÜNDNIS 90/DIE GRÜNEN und der FDP), sondern auch die Bereitschaft, diese Lust auf Neues zum Leitmotiv für ihr Handeln zu machen.

Ich werde in diesem Buch viele dieser Avantgardisten zitieren. Zu ihnen gehören neben den oben Genannten (den Autoren des Buches „Neustaat", den Mitgliedern des Nationalen Normenkontrollrats, den Machern der SPRIND GmbH), um nur einige wenige zu nennen:

- **viele IT-Dienstleister von Ländern und Kommunen**, die maßgebliche Beiträge zur Digitalisierung des öffentlichen Sektors der Bundesrepublik geleistet haben und leisten (z. B. die regio iT Aachen, die Dataport AöR, die KDO Kommunale Datenverarbeitung Oldenburg, die bayerische AKDB);
- **das Bundesverwaltungsamt**, der zentrale Dienstleister des Bundes, das sich als agile Organisation aufstellt (mit einer bimodalen, d. h. agilen und stabilen Struktur, mit Projektorganisation und Selbstorganisation, mit agiler Führungskultur, mit der Bereitschaft, begrenzt Risiken einzugehen, Dinge

auszuprobieren und Fehler als Lernquelle zu nutzen, mit agilem Projektmanagement etc.);
- **das Bundeswirtschaftsministerium**, das in 2022/2023 Initiativen zur „Transformation des Vergaberechts" und zur Beschleunigung von Planungs- und Genehmigungsverfahren auf den Weg gebracht hat;
- **das Bundesjustizministerium**, das im Jahr 2022 eine Initiative „Bessere Rechtssetzung und Bürokratieabbau" ins Leben gerufen hat, in deren Kontext 442 Vorschläge für weniger Bürokratie vorgelegt wurden und ein neues Bürokratieentlastungsgesetz auf den Weg gebracht wurde;
- **das Land Hamburg**, das in Deutschland mit seiner Digitalstrategie einer der Avantgardisten bei der Digitalisierung der öffentlichen Verwaltung geworden ist;
- **der Deutsche Städte- und Gemeindebund**, der u. a. mit seinem Projekt „Innovator's Club" viele Anstöße für Reformen im deutschen Public Sector gegeben hat;
- **die Avantgarde-Kommunen der deutschen Smart City-Evolution**: z. B. die Städte Darmstadt, Karlsruhe, Mannheim, Leipzig, München, Köln, Ulm, Wolfsburg und Dresden;
- **die Bundesagentur für Arbeit**, die unter ihrem Vorstandsvorsitzenden Frank-Jürgen Weise in den Jahren 2004 ff. in eine moderne Dienstleistungsorganisation umgebaut wurde,
- **und all diejenigen**, die in der deutschen öffentlichen Verwaltung arbeiten, bei ihrer Arbeit ständig mit neuen Anforderungen konfrontiert sind und bei der Bewältigung dieser Anforderungen tagtäglich den Mut aufbringen, neue Wege zu gehen, Grenzen problemlösungsorientiert zu überschreiten, bestehende Regeln „kreativ auszulegen" und dabei Risiken zu nehmen.

> *„One of the tests of leadership is the ability to recognize a problem before it becomes an emergency."*
>
> *Arnold H. Glasow (https://www.brainyquote.com/quotes/arnold_h_glasow)*

5

„Die sich mühsam dahinschleppende Schildkröte": Das Drama der Leistungsmessung und Leistungskultur im deutschen politischen System

Spitzenmanager*innen eines Unternehmens, das regelmäßig seine selbstgesteckten Ziele verfehlt, dürften unruhig schlafen. Denn diese Zielverfehlung lässt sich in Wirtschaftsunternehmen in der Regel nicht über einen längeren Zeitraum hinweg verheimlichen und ignorieren.

Die Zahlen sind unerbittlich und unhintergehbar: Die Leistung von Führungskräften eines Unternehmens wird in nahezu allen Unternehmen regelmäßig anhand von Leistungskennziffern, Key Performance Indicators (KPI's), gemessen. Werden die Ziele nicht erreicht, die mit diesen KPI's messbar gemacht und gemessen werden, dann ist das für die Führungskräfte in aller Regel nicht folgenlos.

Selbst dann, wenn es den Führungskräften eines Unternehmens gelingen sollte, durch Täuschung und Manipulation die tatsächliche Lage eines Unternehmens zu verheimlichen und die KPI's zu fälschen, so wird doch der Markt die Wahrheit der Zahlen recht schnell zutage fördern (siehe der Fall Wirecard). Die Zielverfehlung kann gegenüber Kunden, Finanziers, Eigentümern, Wettbewerbern, Lieferanten etc. nicht auf Dauer verborgen bleiben. Die Zahlen und die Marktgesetze sind eben auf eine bestürzende Weise unerbittlich, transparenzfördernd und unausweichlich.

Im politischen System und in der öffentlichen Verwaltung der Bundesrepublik ist das anders. Dort fehlt in der Regel das Korrektiv und der Leistungsmaßstab von messbaren KPI's. Und dort, wo mutige Politiker und Verwaltungsbeamte sich getraut haben, KPI's, wirkungsorientiertes Controlling und Leistungsmessungen einzuführen, wird in der Regel deutlich, dass die Verfehlung der KPI-basierten Ziele im öffentlichen Sektor der Bundesrepublik entweder gänzlich folgenlos bleibt oder keine einschneidenden Konsequenzen hat:

Leistungsmessungen und Zielvereinbarungen, die folgenlos bleiben, sind aber sinnlos.

Es ist auffallend, dass es im politischen System der Bundesrepublik nur in sehr wenigen Ausnahmefällen Institutionen gibt,

- die sich kontinuierlich mit den schlichten Fragen befassen, was den Erfolg ihres Handelns ausmacht, wie sie den Erfolg ihres Handelns beurteilen und messen, was sie erreichen wollen, um in einem Monat, in einem Quartal, in einem Jahr oder in einer Drei-Jahres-Periode erfolgreich gehandelt zu haben,
- die ihre Ziele quantifizieren, also in Zahlen darstellen, und auch ihre qualitativen Ziele auf messbare Indikatoren herunterbrechen,
- die bei der Festlegung ihrer Ziele vom Kunden bzw. von ihren Stakeholdern her denken und dabei darauf abstellen, den Wert, den sie für ihre Kunden/Stakeholder schaffen, stetig zu steigern,
- die bei der Definition ihrer Ziele und Indikatoren ambitioniert vorgehen, also darauf abstellen, kontinuierlich besser zu werden, ihre Ziele stetig höher zu stecken,
- die bei der Zieldefinition nicht nur die „Outputs" berücksichtigen (also das, was in der Institution getan wird), sondern auch und gerade die „Outcomes", also die Wirkungen und Ergebnisse, die die Institution erzielen will,
- die auf dieser Grundlage detaillierte Leistungsindikatoren, KPI's festlegen, mit denen die Zielerreichung und damit die Leistungsfähigkeit der Institution gemessen werden kann,
- die regelmäßig die Einhaltung dieser KPI's kontrollieren und auf der Grundlage dieses KPI-Monitorings den Grad ihrer Zielerreichung regelmäßig messen und darstellen (z. B. transparent für die Öffentlichkeit auf einer Website) und
- die aus Soll-Ist-Abweichungen einschneidende Konsequenzen ziehen, so dass Zielverfehlung nicht folgenlos bleibt (Auswechslung von verantwortlichen Personen, Veränderung von Strukturen und Prozessen, Erneuerung von Incentives etc.).

Wo gibt es in Deutschland eine Kommune, die für Baugenehmigungen entsprechend verfährt, also für ihre Genehmigungsverfahren kundenorientiert quantitative, messbare Ziele vorgibt, diese Ziele stetig ambitionierter gestaltet (kontinuierliche Verbesserung), die Ziele häufig misst, die Ergebnisse dieses Ziele-Monitorings öffentlich und transparent darstellt und aus Zielverfehlungen Konsequenzen zieht?

Wo gibt es in den 16 deutschen Ländern und auf der Bundesebene einen Wahlkampf, in dem Parteien ihr Wahlprogramm auf detaillierte, quantitative, messbare KPI's herunterbrechen? Wo gibt es Regierungs-Parteien, die dann während einer laufenden Legislaturperiode fortlaufend offen und transparent über die Einhaltung der KPI's, die sie in Wahlprogrammen oder Koalitionsvereinbarungen festgelegt haben, berichten? Und die dann aus Soll-Ist-Verfehlungen wirksam Konsequenzen ziehen?

Wo gibt es in Deutschland ein Ressort einer Landesregierung oder ein Ressort der Bundesregierung, in dem eine Zieldefinition anhand von detaillierten, für alle Bereiche des Ressorts spezifizierten, messbaren KPI's durchgeführt wird und in dem die Einhaltung dieser KPI-basierten Ziele regelmäßig gemessen und öffentlich kommuniziert wird?

Wo gibt es in Deutschland ein Ministerium, das eine nachgeordnete Behörde anhand von KPI-basierten Zielvereinbarungen führt, die Einhaltung der Ziele stetig nachhält und kontrolliert und aus Zielverfehlungen effektiv Konsequenzen zieht? Man wird all das nur in seltenen Ausnahmefällen finden.[12]

Das ist kein selbstverständlicher und harmloser bzw. belangloser Befund. Denn:

- Nur auf der Grundlage einer solchen kontinuierlichen Messung von Soll-Ist-Abweichungen kann die Leistungsfähigkeit einer öffentlich-rechtlichen Institution beurteilt werden.
- Nur auf der Grundlage solcher KPI-basierter Zielfestlegungen und Zielerreichungs-Messungen können Maßnahmen zur Verbesserung der Leistungsfähigkeit einer Institution ermittelt, umgesetzt und auf ihre Wirksamkeit hin kontrolliert werden.

---

12 Zu einem solchen Ausnahmefall gehört z. B. die Digitalstrategie, die das Bundesministerium für Digitales und Verkehr im Jahr 2022 vorgelegt hat. Diese Digitalstrategie formuliert immerhin den Anspruch, Maßnahmen zu umfassen, deren Zielerreichung gemessen werden kann und regelmäßig gemessen wird.

- Nur dann kann in einem demokratischen System auch die Effizienz und die Effektivität der Arbeit von Parteien, Regierungen, Ministerien, Kommunen und Verwaltungsbehörden beurteilt werden.
- Nur dann können auch valide Leistungsvergleiche zwischen verschiedenen Institutionen des öffentlichen Sektors angestellt werden (Benchmarking, Ausweis von Best Practices etc.).
- Nur dann können systematisch Lernprozesse im politischen System organisiert werden und durch dieses Lernen Wege zu einer evidenzbasierten, datenbasierten Politik und Verwaltung geebnet werden.

Solche Leistungsvergleiche werden auch im Grundgesetz erwähnt. In Artikel 91d GG heißt es: „Bund und Länder können zur Feststellung und Förderung der Leistungsfähigkeit ihrer Verwaltungen Vergleichsstudien durchführen und die Ergebnisse veröffentlichen." Bisher wurde diese Möglichkeit, die das Grundgesetz eröffnet, niemals genutzt (vgl. Ludewig 2021, S. 83).

Beispiele für die fehlende Orientierung des deutschen politischen Systems an dem Ziel einer effizienten Leistungserbringung

Die deutschen Länder haben es bisher versäumt, „die Kostenfolgen ihrer Gesetze und Verwaltungsvorschriften zu kennen und transparent zu machen, ganz zu schweigen davon, diese Folgekosten aktiv zu begrenzen oder sogar zu reduzieren." (Ludewig 2021, S. 83)

Die Bundesregierung hat zwar im Jahr 2013 beschlossen, eine „Ex post-Evaluierung" ihrer Gesetze durchzuführen, also „systematisch ex post zu überprüfen, ob die mit dem Gesetz verbundenen Ziele tatsächlich erreicht worden sind." (Ludewig 2021, S. 41) Aber es fehlt immer noch bei allen Gesetzen in Deutschland eine transparente Darstellung und quantitative Definition des Nutzens, also der Wirkungen, die mit dem Gesetz erzielt werden sollen, anhand von messbaren Indikatoren.

Es gibt weite Teile des öffentlichen Sektors in Deutschland, die sich komplett gegen jede Effizienzmessung sperren. Beispiel Justiz:

Die deutsche Rechtsprechung ist ein Silo, in dem die Effizienz der Leistungserbringung so gut wie keine Rolle spielt (siehe dazu auch Abschn. 13.7). Auch gibt es in Deutschland kaum Forschung dazu, wie die Effektivität und Effizienz des Justizsystems optimiert werden kann. Viele Fragen sind bis heute offen bzw. werden erst gar nicht gestellt: Wie kann man das deutsche Prozessrecht renovieren, damit gerichtliche Prozesse drastisch verschlankt, beschleunigt und entkompliziert werden? Wie muss die Gerichtsorganisation gestaltet werden, damit die Gerichte ein Optimum an Effizienz, Effektivität und Kundenorientierung leisten können? An welchen Zielen und KPI's kann die Leistungsfähigkeit einer Gerichtsorganisation gemessen werden? Welche Anreize und Sanktionen können gesetzt werden, um die Zielerreichung bzw. die Einhaltung der KPI's im Justizsystem zu sichern?

Testate zu „Berlins maroder Verwaltung":

Der Präsident des Landessportbundes Berlin, Thomas Härtel, der Erste Bevollmächtigte der IG Metall Berlin, Jan Otto, die Geschäftsführerin beim Paritätischen Wohlfahrtsverband Berlin, Gabriele Schlimper, und der Präsident der IHK Berlin, Sebastian Stietzel, haben in einem Artikel im Berliner Tagesspiegel vom 17.3.2023 die Ineffizienzen und „Dysfunktionalitäten" der „maroden" Berliner Verwaltung wie folgt skizziert: „Baustellenanordnungen, die anderthalb Jahre dauern. Berliner Gerichte, die mit 30 Jahren alter Software arbeiten. 25 Behörden, die an der Reparatur einer Rolltreppe beteiligt sind."

Die Autoren des Buches „Neustaat", u. a. mehrere Bundestagsabgeordnete der CDU/CSU-Fraktion, machen den Vorschlag, in allen Gesetzen zu verankern, „worin die Ziele und die messbaren Indikatoren bestehen und wie der Erfolg der verpflichteten Behörden gemessen wird". Und sie schreiben dazu: „Der Vorschlag bedeutet eine Revolution." (Heilmann und Schön 2020, S. 234 f.)

Und das, wo wir doch auf vier Jahrzehnte an Erfahrungen im In- und Ausland mit Versuchen zur Leistungsmessung und zum Performance Management in Politik und Verwaltung zurückblicken können. Seit den 90er Jahren des 20. Jahrhunderts wurden die angelsächsischen Konzepte des „New Public Management" in Deutschland in Form eines „Neuen Steuerungsmodells" für die öffentliche Verwaltung adaptiert.

Im Rahmen dieses Neuen Steuerungsmodells wurden in vielen Kommunen und deutschen Staaten Methoden der Ziel- und Ergebnissteuerung, der Output-Steuerung durch Leistungsindikatoren, der Kosten- und Leistungsrechnung, der Evaluation staatlicher Maßnahmen, der produktorientierten Kosten- und Leistungsmessung, der Steuerung von Behörden über Zielvereinbarungen und Kontraktmanagement, des wirkungsorientierten Controllings mit einer Orientierung an Outcomes (Wirkungen) und nicht an Outputs (Aktivitäten) durchgeführt.

Diese Maßnahmen gingen in vielen Behörden mit einem Übergang von der kameralistischen zur doppischen Haushaltsführung einher. Und sie erstreckten sich auch auf die Durchführung von Ratings (PISA etc.) und von Leistungsvergleichen und Benchmarkings.[13]

Aber all diese Versuche, ein „Neues Steuerungsmodell" in der deutschen öffentlichen Verwaltung einzuführen, haben nichts an folgendem grundlegenden Problem verändert:

- dass sich das deutsche politische System chronisch gegen Zieldefinitionen, Leistungsmessungen, Leistungsvergleiche, Soll-Ist-Analysen und die Schaffung von Transparenz über seine Leistungsfähigkeit sperrt,
- dass die deutsche Politik und Verwaltung eine Resistenz dagegen kultiviert, die Effizienz und Effektivität ihrer Leistungserbringung und ihrer Maßnahmen kontinuierlich zu ermitteln und zu kontrollieren,
- dass die deutsche öffentliche Verwaltung bis heute keine Kultur des Lernens und der kontinuierlichen Verbesserung aufgrund von Leistungsmessungen und wirkungsorientiertem Controlling ausgebildet hat.

Entsprechend hat sich der öffentliche Sektor in Deutschland mit dieser chronischen Verweigerung einer folgenreichen Leistungsmessung vom wirtschaftlichen Sektor abgekoppelt (in dem diese Leistungsmessung ständig stattfindet).

Beispiele für mögliche Leistungsindikatoren und wirkungsorientierte Steuerungsgrößen für die deutsche Politik und Verwaltung

- Verkehrspolitische Maßnahmen und Entwicklung von Unfallzahlen
- Aufklärungsquote als Wirkung polizeilicher Maßnahmen
- Vermittlungsquote von arbeitsfähigen Bürgergeldempfängern
- Bildungspolitische Maßnahmen und Leistungsfähigkeit von Schüler*innen im deutschen Bildungssystem
- Grad der Digitalisierung in deutschen Gesundheitsämtern
- Staatliche Maßnahmen und ihre Auswirkung auf die Zeitdauer von Planungs- und Genehmigungsverfahren

---

13 Siehe zu all diesen Projekten zur Verwaltungsmodernisierung durch Leistungsmessung: Kuhlmann u. a. 2004

> - Staatliche Wirtschafts-, Industrie- und Finanzpolitik und ihre Auswirkungen auf die internationale Wettbewerbsfähigkeit der deutschen Wirtschaft
> - Staatliche Sozial-, Wirtschafts- und Finanzpolitik und ihre Auswirkungen auf Indikatoren zur sozialen Gerechtigkeit und zum Vermögens- und Einkommensgefälle in Deutschland
> - Staatliche Migrations- und Integrationspolitik und Indikatoren zur Integration von Zugewanderten in die deutsche Gesellschaft und in das deutsche Beschäftigungssystem
> - Effektivität und Effizienz staatlicher Förderprogramme: Was haben sie bewirkt?
>
> Bei all diesen Beispielen gilt:
>
> Auf der Grundlage dieser Indikatoren können **Leistungsvergleiche** zwischen Kommunen und deutschen Staaten/Behörden durchgeführt werden, um den **Wettbewerb** zwischen diesen Verwaltungseinheiten um bestmögliche Leistungen zu stimulieren.

Es gibt für diese „Allergie" von Politik und Verwaltung gegen Leistungsmessungen Gründe. Diese Gründe werfen ein bezeichnendes Licht auf die Lage im öffentlich-rechtlichen System der Bundesrepublik. Was sind die Gründe?

- Verfassungsrechtliche Restriktionen: Der Bund ist von Verfassungs wegen daran gehindert, die Leistungen der Länder zu messen, zu überwachen und zu steuern. Ebenso sind die Länder daran „gehindert, den Aufgabenvollzug der Kommunen durch eine [....] Vorgabe von Leistungsindikatoren und durch deren drakonische Kontrolle und Sanktion zu überwachen und zu sichern." (Wollmann 2004, S. 42)
- Im öffentlichen Sektor der Bundesrepublik gibt es vielfältige festzementierte Strukturen, die es erschweren bzw. unmöglich machen, Spitzenleistungen zu belohnen oder Zielverfehlungen und Leistungsschwächen zu sanktionieren (z. B. Beamtenrecht und öffentliches Dienstrecht, Verrechtlichung von Gestaltungsräumen, siehe dazu Kap. 7 bis Kap. 13). Bei einer Kultur der „Folgenlosigkeit von Zielverfehlung und Zielübererfüllung" machen Leistungsmessungen keinen Sinn.
- Im politischen Wettbewerb von Parteien, Fraktionen und Koalitionspartnern ist eine Wirkungstransparenz und Leistungsmessung für Politiker häufig nicht förderlich. Regierungsfraktionen haben z. B. kein Interesse daran, durch Leistungsmessungen der Opposition Material zuzuspielen und Leistungsde-

fizite öffentlich zu machen. Verwaltungsmitarbeiter haben ebenfalls in der Regel keine Motivation dafür, sich Leistungsmessungen zu unterziehen: „Es gibt nur ein begrenztes Interesse an Leistungsdaten seitens der öffentlichen Verwaltungen und wenig Anreiz- und Sanktionsmöglichkeiten, dieses Interesse zu verstärken." (Bogumil 2004, S. 394)
- Es gibt auch objektive Probleme bei der präzisen Zurechnung von Wirkungen zu Maßnahmen des politischen Systems: „Öffentliche Leistungsprozesse sind häufig durch besonders hohe Komplexität gekennzeichnet. So bestehen zahlreiche quer und diagonal verlaufende Ursache-Wirkungs-Beziehungen, die klare Kausalitätsaussagen erschweren oder gar unmöglich machen. Daher gibt es auch starke Zurechnungsprobleme: Wirkungen lassen sich nur partiell oder gar nicht auf einzelne (öffentliche) Maßnahmen zurechnen." (Reichard 2004, S. 350)

Die Allergie des deutschen politischen Systems gegen Leistungsmessung und kennzahlenbasiertes Lernen hängt noch mit einem weiteren Phänomen der deutschen Politik und Verwaltung zusammen: der Überschätzung der Farbenlehre und der Unterschätzung der Managementkompetenz.

Damit meine ich Folgendes: Bei vielen politischen Gestaltungsaufgaben hängt der Erfolg der Aufgabenwahrnehmung nicht davon ab, ob die Aufgabe mit rotem oder schwarzem oder gelbem oder grünem Parteibuch und Parteiprogramm wahrgenommen wird. Sondern schlicht und einfach davon, ob sie gut oder schlecht umgesetzt wird.

Hier kommt es also bei Politikern und Verwaltungsleuten in erster Linie auf Managementkompetenz an, auf die Fähigkeit zur effizienten Leistungserbringung.

Weder aber werden Politiker nach dem Kriterium rekrutiert, ob sie in ihrer beruflichen Vita bewiesen haben, dass sie gute Manager sind und effizient Leistung erbringen. Die Rekrutierung der politischen Eliten in Deutschland erfolgt nach ganz anderen Maßstäben (siehe oben die Anmerkung zur „inzestuösen Rekrutierung" der deutschen politischen Eliten).

Noch ist die effiziente Leistungserbringung in der deutschen Verwaltung eine prägende Haltung. Johannes Ludewig, der langjährige Vorsitzende des Nationalen Normenkontrollrates, beschreibt dieses Phänomen: Weil die öffentliche Verwaltung nicht, wie die Wirtschaft, dem Zwang zur Kundenorientierung und zum Wettbewerb ausgesetzt sei, weil jede Verwaltungsbehörde als Monopolist handle, sei sie nicht außenorientiert und auf Zielgrößen wie Effizienz, Schnelligkeit, Mehrwert für Bürger und Unternehmen ausgerichtet.

> *„Dieser fehlende Druck zur Außenorientierung fördert eine Verwaltungskultur, die dazu neigt [...] sich selbst, die eigenen Ressourcen, Bedingungen und Interessen in den Mittelpunkt zu stellen. [...] So entsteht eine Denkweise, in der die internen ‚Herstellungs-Bedingungen' eine übergroße Bedeutung erhalten, vor allem Zuständigkeiten und die mit ihnen verbundenen Hierarchien sowie die Rechtskonformität des eigenen Handelns, denn diese stützt die Absicherung der eigenen Position [...] Auch die ‚Angst vor Fehlern und dem Ausüben von Ermessen' hat in dieser Mentalität ihren Platz." (Ludewig 2021, S. 105)*

Mindset Change: Für eine strategische Neuerfindung des staatlichen Systems in Deutschland

Der heutigen Verfassung des politischen Systems und der öffentlichen Verwaltung in Deutschland liegt ein konzeptionelles Denkmodell zugrunde, das heute, im 21. Jahrhundert, anachronistisch ist und dringend renoviert werden muss. Dieses Denkmodell, diese Ideologie, kann wie folgt skizziert werden:

Politik und Wirtschaft sind streng voneinander zu separierende Sphären. In der Wirtschaft geht es um Zahlen, in der Politik um Regeln. Das Handeln in Politik und öffentlicher Verwaltung orientiert sich an den Gestaltungszielen der demokratisch gewählten Politiker. Es ist darauf ausgerichtet, diese politischen Ziele in Normen zu gießen und die Einhaltung dieser Normen zu überwachen. Entsprechend geht es beim Handeln im öffentlichen Sektor darum, die politischen Positionen von Parteien und Koalitionen in Regelwerke umzumünzen und diese Regelwerke dann durchzusetzen. Es geht also darum, alle Akteure im öffentlichen Sektor auf die Farbenlehre der Parteien auszurichten: auf die Realisierung dessen, was Schwarze oder Rote oder Gelbe oder Grüne etc. wollen.

Bei diesem Denkmodell wird eines verkannt: Wenn im politischen System einmal festgelegt wurde, welche Ziele verfolgt werden, ist die weitere Arbeit, die zu tun ist, eine Managementaufgabe. Bei dieser Managementaufgabe kommt es nicht darauf an, nach der politischen Farbenlehre schwarz oder rot oder gelb oder grün zu handeln, sondern effektiv und effizient.

Beispiel: Wenn die politischen Entscheider einmal festgelegt haben, dass es prioritäres Ziel in der Verkehrspolitik ist, 4.000 marode Autobahnbrücken in Deutschland zu sanieren, dann ist die Umsetzung dieses Ziels eine **Managementaufgabe**. Hier geht es nicht um schwarz, grün, gelb oder rot, sondern um gut oder schlecht, effektiv oder ineffektiv, effizient oder ineffizient, zügig oder langsam.

Dies ist eine folgenreiche Erkenntnis:

Denn bei der möglichst effektiven und effizienten Durchführung einer Managementaufgabe gibt es keine Kluft mehr zwischen den Sphären der Politik und der Wirtschaft. Alle Erkenntnisse, die über Jahrzehnte in Wirtschaftsunternehmen dazu gewonnen wurden, wie man erfolgreich managt, gelten dann auch für den öffentlichen Sektor. Alle Erfahrungen, die in der Privatwirtschaft dazu vorliegen, welche Rahmenbedingungen für effektives und effizientes Managen erforderlich sind, müssen dann auch in den öffentlichen Sektor transferiert werden (Gratifikationssysteme, Incentivierungsmodelle, Strukturen und Prozesse, Führungsprinzipien, Qualifikationsprofile der Manager*innen etc.). Das gesamte Know-how, das seit Jahrzehnten über den Beruf von Manager*innen in der Privatwirtschaft aufgebaut wurde, muss dann auch für die Arbeit in der öffentlichen Verwaltung genutzt werden.[14]

Managen ist ein Beruf. Dieser Beruf erfordert spezifische Qualifikationen und Persönlichkeitsmerkmale. Erfolgreiches Managen erfordert spezifische organisatorische Rahmenbedingungen. Der US-amerikanische Management-Wissenschaftler Peter Drucker hat dies in seinen Publikationen eindrücklich beschrieben (Drucker 1954).

Es gilt also, das staatliche System und die öffentliche Verwaltung in Deutschland dadurch neu zu erfinden, dass wir sie an diesen Erkenntnissen und Erfahrungen der Privatwirtschaft ausrichten. Es gilt, aus Verwaltungsbeamt*innen und Verwaltungsjurist*innen Manager*innen zu machen. Es gilt, die Behörden in Deutschland in effizient und effektiv gemanagte Dienstleister zu verwandeln.

Das bedeutet auch:

Im öffentlichen Sektor Deutschlands müssen nach und nach ähnliche Strukturen und Prozesse, Gratifikationssysteme und Kooperationsformen, Führungsgrundsätze und Leistungskulturen eingeführt werden, wie sie heute in den erfolgreichen Unternehmen der Privatwirtschaft gelten.

Beispiel Agilität: Es gilt dann, auch in allen Organisationen des öffentlichen Sektors Deutschland das „Paradigma der Agilität" einzuführen.[15]

---

14 Siehe dazu: Prodoehl 2014
15 Ich habe dieses „Paradigma der Agilität" in meinem Buch „Überlebenselixier Agilität" näher beschrieben: „Dieses Paradigma der Agilität bedeutet im Kern: Schaffung eines Milieus im Unternehmen, das stetigen Wandel, ständiges Lernen und permanente Erneuerung nicht nur ermöglicht und erleichtert, sondern sogar zum Kern der Unternehmenskultur macht. Es ist dies ein dynamisches Unternehmensmilieu, das ein Unternehmen in die Lage versetzt, agil und resilient, antifragil und wandlungsaffin, adaptiv und anpassungsfähig, flexibel und elastisch auf die externe Umweltdynamik einzugehen." Prodoehl und Olbert 2019, S. 12

Es gilt, den öffentlichen Sektor in Deutschland neu zu denken. Und dabei einen simplen Gedanken zugrunde zu legen: Es geht im politischen System und in der öffentlichen Verwaltung in Deutschland im Kern um effektives und effizientes Management.

Gewiss: Die Logiken, nach denen private Unternehmen und öffentlich-rechtliche Institutionen funktionieren, unterscheiden sich drastisch. Privaten Unternehmen droht der Konkurs, wenn sie chronisch Schlechtleistungen erbringen. Eine Kommune aber, die miserable Leistungen erbringt (siehe das Land Berlin und seine Leistungen in Sachen Bürgerservice, Wahlen und Bildungswesen), bleibt. Sie ist nicht insolvenzgefährdet. Sie hat auf ihre Dienstleistungen ein Monopol.

Hinzu kommt: Es ist nicht der Daseinszweck eines Politikers/einer Politikerin, Bestleistungen zu erbringen, sondern wiedergewählt zu werden:

„Failure in government is not failure to achieve results, it is failure to secure reelection. [...] Politics focuses on perceptions and ideology, not performance. In ordinary times, politicians get reelected based on how the voters and interest groups perceive them, not on how well their government provides services." (Osborne und Gaebler 1993, S. 140)

Wenn das aber so ist, dann stellt sich für die Neuerfindung des deutschen politischen Systems die Aufgabe, die Erfolge von Politiker*innen an ihre Leistung zu knüpfen.

Es gilt, Methoden und Verfahren zu entwickeln, um den Erfolg von Politik und von Politiker*innen mit messbaren Leistungen und gemessener Leistungsfähigkeit zu verkoppeln. Im politischen System der Bundesrepublik müssen die Gratifikationen mit den Leistungen vermittelt werden und die Leistungen mit den Gratifikationen. Bei diesem Unterfangen, im deutschen politischen System des 21. Jahrhunderts Erfolg mit Leistung zu verkoppeln, ist eines von großem Nutzen: die Unumkehrbarkeit der digitalen Evolution.

Denn die Digitalisierung des deutschen Staates macht datenbasiertes und evidenzbasiertes Politikmanagement ebenso möglich wie eine stetige datenbasierte Messung der Leistungen von politischen Institutionen und von politischen Akteuren.

Die digitale Evolution schafft die Instrumente, mit denen politisches Management datenbasiert evaluiert werden kann. Sie schafft damit auch die Voraussetzungen, um politisches Handeln und Verwaltungshandeln fortlaufend auf Effektivität und Effizienz hin zu überprüfen und eine Leistungsorientierung im deutschen politischen System zu verankern. Sie stellt das „digitale Dashboard" zur Verfügung, das für die Leistungsmessung und Leistungskontrolle im politischen System erforderlich ist.

In der wissenschaftlichen Literatur wird der Sachverhalt, dass der öffentliche Sektor in Deutschland auch im internationalen Vergleich bei der Verwaltungsmodernisierung und bei der Ausbildung einer Leistungskultur rückständig ist, vielfach belegt (vgl. dazu: Kuhlmann und Wollmann 2013).

Deutschland gilt in Sachen Verwaltungsreform als eine „plodding tortoise", d. h. als eine sich mühsam dahinschleppende Schildkröte (Hammerschmid u. a. 2017, S. 63).

> **Beispiel: Das Forschungsprojekt COCOPS**
>
> Eines der umfassendsten Forschungsprojekte, die jemals zur Verwaltungsmodernisierung in Europa durchgeführt wurden, war das von der EU geförderte Projekt COCOPS („Coordinating for Cohesion in the Public Sector of the Future"). In diesem Projekt führte ein Konsortium von elf europäischen Universitäten in den Jahren 2010 bis 2015 umfangreiche empirische Studien zum Stand der Verwaltungsreform in Europa durch.
>
> In der COCOPS-Studie wird festgehalten, dass Verwaltungsreformen nach dem Modell des „New Public Management" (NPM) mit ihrer „introduction of market-type mechanisms and a business management logic into the public sector" vor allem in Großbritannien und in den skandinavischen Ländern umgesetzt wurden, nicht aber in Deutschland:
>
> *„The fragmented character of the political-administrative system makes the application of classic NPM reform recipes difficult, in particular performance management and related approaches. [...] Administrative work in Germany is in principle organized in a quasi-judicial fashion [...], where legal and procedural correctness prevails over performance and results."* (Hammerschmid u. a. 2017, S. 64)
>
> „Managerial ideas [...] have a rather difficult standing in German public administration, due to its pronounced legalistic Rechtsstaat tradition with an overriding juridical and political rationality ... and to a deeply embedded civil service identity and ethos (Beamtenethos)."
>
> Entsprechend wird in der Studie diagnostiziert „that Germany at the national level continues to operate without commitment to, and application of, performance, measurement and management principles. [...] Our survey results provide evidence [...] that in the German federal and state administration, most management tools have only been implemented to a moderate degree and are significantly less used than in most other European countries. [...] German top officials see, for example, a lower relevance of goals for their organizations than executives in other countries, and are significantly more sceptical towards measuring public sector performance." (Hammerschmid u. a. 2017, S. 68 f.)

> *"On the organizational level, management instruments have only a rather low importance and a performance management logic has not yet been institutionalized."* (Hammerschmid u. a. 2017, S. 70)
>
> *"It is reasonable to assume that countries where senior civil servants favour hierarchical over market-based values, such as Austria and Germany [...], will be more hostile to the market-type reforms associated with NPM, [...]"* (Hammerschmid u. a. 2017, S. 279)

Die folgenden Charts skizzieren ein Reformprojekt für ein wirkungsbasiertes Politikmanagement und Verwaltungshandeln in Deutschland:

Reformprojekt 1: Wirkungsbasiertes Management (1/6)

Der unternehmerische Staat:

Behörden werden gesteuert und steuern sich selbst über die Wirkungen, die sie erzielen („Outcomes")

- **Vorherrschend ist derzeit die Steuerung von Behörden über Tätigkeiten** (Outputs: Was haben wir wie oft getan?), **Personalstellen** (Wie viele Mitarbeiter*innen haben wir und werden wir haben?), **Regeln** (Welche Regeln haben wir durchgesetzt/beachtet?) und **Budgets** (Wie viele Finanzmittel haben wir verausgabt und werden wir künftig benötigen?).
- Es ist dies eine **Input-orientierte und Output-orientierte Steuerung**. Der Fokus sind hier die Finanzmittel/Personalstellen/Aktivitäten, die das politische System für ein bestimmtes Politikfeld einsetzt. Diese Input-Ressourcen und Outputs werden in der Regel an Bedarfsziffern ausgerichtet: Schulen erhalten Mittel und Personalstellen nach der Zahl der Schüler*innen, Gerichte nach der Zahl der Fälle, Finanzämter nach der Zahl der Steuerpflichtigen, Kommunalverwaltungen nach der Zahl der abzuwickelnden Vorgänge (z. B. Zahl der Wohngeldfälle, Bürgergeldfälle, Baugenehmigungen etc.), die Polizei erhält Mittel und Personalstellen nach den Ergebnissen der Kriminalstatistik.
- Das Problem: Bei einer solchen Fokussierung auf Inputs und Outputs, gibt es in Behörden **keinen Stimulus für mehr Effektivität und Effizienz in der Leistungserbringung**. Es fehlt dabei eine Motivation für die jeweilige Behörde, stetig besser zu werden. Es fehlt jeder Anreiz für die jeweilige Verwaltungseinheit, ihre **Produktivität zu steigern** (Produktivität gemessen an den Finanzmitteln und Personen, die zur Erzielung einer bestimmten Wirkung benötigt werden).
    - Hinzu kommt: Durch eine solche Fokussierung auf Inputs und Outputs **werden Fehlsteuerungen prämiert**. Beispiel: Je höher die Kriminalitätsrate, desto mehr Geld bekommt das Innenministerium und die Polizei zur Kriminalitätsbekämpfung. Je schlimmer die Lage, desto besser wird die Behörde ausgestattet.
- **Künftig sollte hier ein Paradigmenwechsel erfolgen**: Steuerung erfolgt künftig über Ziele. Die Ziele beschreiben die Wirkungen und Ergebnisse, die erzielt werden sollen („Outcomes"). Sie werden anhand von messbaren Indikatoren (KPIs) stetig nachgehalten und kontrolliert.

Reformprojekt 1: Wirkungsbasiertes Management (2/6)

Der unternehmerische Staat:

Behörden werden gesteuert und steuern sich selbst über die Wirkungen, die sie erzielen („Outcomes")

Dieser Paradigmenwechsel hat folgende Merkmale:

- Für jede Verwaltungseinheit werden Ziele erarbeitet. Sie werden an folgender Frage orientiert: Was macht den Erfolg dieser Einheit aus? Was muss die Einheit nach xx Monaten/Jahren erreicht haben, um bestmöglich erfolgreich zu sein? Diese Ziele werden auf **messbare Leistungskennziffern (KPIs)** heruntergebrochen. Diese KPIs sind auf die Wirkungen („Outcomes") fokussiert, die die Verwaltungseinheit mit ihrem Handeln erzielt.

- Das bedeutet: Sinn und Zweck („Purpose") einer Verwaltungseinheit ist es nicht in erster Linie, Regeln zu beachten bzw. durchzusetzen. Oder einen bestimmten Output, ein bestimmtes Tätigsein nachzuweisen („Wir haben xx Kilometer Straßen gesäubert"). Sondern bestimmte Ziele zu erreichen und bestimmte **Wirkungen zu erzielen** („Nach bestimmten datenbasierten Messungen ist unsere Stadt sauber.").

- Diese KPIs und Wirkungen werden kontinuierlich gemessen und kontrolliert **(Zielerreichungs-Monitoring).** Dabei wird auch stetig ermittelt und nachgehalten, welche Finanzmittel und Personalressourcen für die Erreichung bestimmter Ziele benötigt werden. Für die **Produktivität der jeweiligen Verwaltungseinheit** (Einsatz von finanziellen und personellen Ressourcen für spezifisches Ergebnis) werden damit ebenfalls Ziele vorgegeben, die auf KPIs heruntergebrochen werden.

- Bei Soll-Ist-Abweichungen werden Konsequenzen gezogen: **Zielabweichung ist nicht (mehr) folgenlos.** Sie führt zu Incentives bzw. Sanktionen (zusätzliche Finanzmittel, Kürzung von Finanzmitteln, Bonuszahlungen, Ermöglichung bzw. Beschränkung von Gestaltungs-Freiräumen etc.). Oder sie bewirkt Veränderungen in der Organisation einer Behörde, bei Personen bzw. bei deren Strukturen und Prozessen. Auch die **Wirksamkeit dieser Konsequenzen** wird nachgehalten und gemessen. Erweisen sich die Konsequenzen, die gezogen wurden, als nicht zureichend wirksam, wird umgesteuert.

- Bei all dem wird ein datenbasiertes System implementiert, das die Leistungsfähigkeit einer Verwaltungseinheit bzw. einer politischen Institution mit der anderer Einheiten/Institutionen **vergleicht** (Benchmarking, Best Practices-Evaluation) und damit **Wettbewerb** schafft.

Reformprojekt 1: Wirkungsbasiertes Management (3/6)

Der unternehmerische Staat:

Behörden werden gesteuert und steuern sich selbst über die Wirkungen, die sie erzielen („Outcomes")

Zu den Begriffen, die beim wirkungsorientierte Public Sector-Management relevant sind: Was soll bei einer leistungsorientierten Verwaltung gemessen werden?

- **Output:** Output meint die Zahl der Aktivitäten, die eine Verwaltungseinheit durchführt und die Zahl der Fälle, die eine Verwaltungseinheit bearbeitet (Schüler*innen, Klassen und Unterrichtsstunden pro Schule; Straßenkilometer, die von kommunalen Fahrzeugen gesäubert wurden; Streifendienste einer örtlichen Polizeieinheit etc.).

- **Outcome:** Outcome meint die Wirkungen und Ergebnisse, die mit einem bestimmten politischen Handeln bzw. einem bestimmten Verwaltungshandeln erzeugt werden sollen (bestimmtes Niveau der Kenntnisse und Kompetenzen, die Schüler*innen der Abschlussklasse einer Schule haben, Kriminalitätsrate in einem Ort, Sauberkeit der Stadt etc.).

- **Effektivität:** Dieser Begriff hebt darauf ab, ob und in welchem Maß die jeweilige Verwaltungseinheit mit ihrem jeweiligen Output, also ihren jeweiligen Aktivitäten, die angestrebte Wirkung bzw. das angestrebte Ergebnis (Outcome) tatsächlich erreicht. Hier geht es also um die Frage: Haben wir das Richtige getan? Haben wir mit unserem Output den angestrebten Outcome bewirkt?

- **Effizienz:** Der Begriff der Effizienz betrifft das Verhältnis von Input und Output. Er stellt darauf ab, wie hoch der finanzielle und personelle Aufwand für die Erreichung eines bestimmten Outputs ist. Hier geht es also um die Frage: Haben wir das, was wir getan haben, richtig getan? Haben wir mit dem uns zur Verfügung gestellten Input einen bestmöglichen Output erzeugt? Sind wir bestmöglich produktiv?

- **Effizienz ohne Effektivität ist nutzlos.** Etwas effizient zu tun (also z. B. mit geringen Kosten pro Aktivität), bringt nichts, wenn es nicht effektiv war, wenn es also nicht das Richtige Tun war, ergo nicht den gewünschten Outcome erzeugt hat. **Effektivität ohne Effizienz ist ebensowenig zielführend.** Denn Gutes zu tun mit schlechter Produktivität verschwendet Steuermittel. **Es kommt darauf an, Effektivität <u>und</u> Effizienz bei Output <u>und</u> Outcome zu kombinieren!**

Reformprojekt 1: Wirkungsbasiertes Management (4/6)

Der unternehmerische Staat:

Behörden werden gesteuert und steuern sich selbst über die Wirkungen, die sie erzielen („Outcomes")

Beispiele für diesen Paradigmenwechsel hin zum wirkungsorientierten Politik-Management und Verwaltungshandeln:

➢ Eine Verwaltungseinheit konzipiert ein Förderprogramm mit komplexen **Förderrichtlinien**. Ihre Aufgabe ist es dann nicht mehr, lediglich die Einhaltung und Durchsetzung der Richtlinien zu überwachen und das Förderprogramm richtlinienkonform abzuwickeln, sondern die Wirkungen nachzuhalten, die mit dem Förderprogramm erzielt werden. Sind die Wirkungen nicht zielkonform, muss das Förderprogramm verändert werden. Ferner hängen die Mittel, die die Verwaltungseinheit erhält, von der Qualität der Wirkungen ab, die sie erzielt.

➢ Ein Innenministerium misst seine Leistungsfähigkeit nicht mehr daran, wie viele Polizist*innen es einsetzt und wie viel Budget die **Polizei** hat, sondern daran, wie effektiv und effizient Kriminalitätsbekämpfung funktioniert, also an den Wirkungen des Polizeihandelns (Zahl der Straftaten, Aufklärungsquoten etc.). Werden die angezielten Wirkungen verfehlt, wird umgesteuert.

➢ Ein Sozialamt in einer Kommune bzw. eine Agentur für Arbeit hat beim wirkungsbasiertem Management nicht nur die Aufgabe, regelbasiert **Sozialhilfeleistungen** auszureichen. Vielmehr werden dem Sozialamt/der Agentur für Arbeit qualitative Ziele gesetzt: Der Erfolg der Verwaltungseinheit wird daran gemessen, wie weit es ihr gelingt, Sozialhilfeempfänger*innen wieder in Beschäftigungsverhältnisse zu bringen.

➢ Eine **Schule** sollte bei diesem wirkungsbasierten Management gezielt Incentives für die Erreichung besonderer Ziele/Wirkungen bekommen: für eine hohe Zahl von leistungsfähigen und abschlussfähigen Schüler*innen, für eine hohe Zufriedenheit unter Schüler*innen und Eltern, für hohe Leistungsstandards etc.

➢ Ein Justizministerium misst die **Leistungsfähigkeit von Gerichten** daran, wie zügig die Gerichte ihre Prozesse abwickeln, wie produktiv und effizient sie handeln (Aufwand pro Prozess), wie erfolgreich sie bei der stetigen Steigerung ihrer Effizienz und Produktivität sind etc.

Reformprojekt 1: Wirkungsbasiertes Management (5/6)

Der unternehmerische Staat:

Behörden werden gesteuert und steuern sich selbst über die Wirkungen, die sie erzielen („Outcomes")

Beispiele für diesen Paradigmenwechsel hin zum wirkungsorientierten Politik-Management und Verwaltungshandeln: (siehe zum Folgenden auch: die Positionspapiere des Nationalen Normenkontrollrates „Deutschland ist, denkt und handelt zu kompliziert", September 2021 und „Leistungsfähige Verwaltung – Zukunftsfähiger Staat", Juni 2021

➢ Die **Evaluation der Wirkungen von Gesetzen** muss zum integralen Bestandteil der Regierungsarbeit werden. Dazu bedarf es einer Definition der Wirkungsziele der Gesetze, einer Erarbeitung von Messgrößen und einer kontinuierlichen Datenerhebung. Nur mit einer solchen Evaluation kann ermittelt werden, ob Gesetze wirken und ob Nutzen und Aufwand bei Gesetzen in einem angemessenen Verhältnis stehen.

➢ In jeder Organisation des deutschen politischen Systems sollte gelten: **Es werden regelmäßig Selbstaudits und Analysen zur Leistungsfähigkeit der jeweiligen Organisation durchgeführt**, mit dem Ziel, ein kontinuierliches Verbesserungsmanagement zu implementieren („In welchem Umfang haben wir unsere Leistungsziele erreicht bzw. verfehlt?"– „Wie können wir effektiver und effizienter arbeiten?"). Dazu könnte das international bewährte Common Assessment Framework zugrunde gelegt werden.

➢ Zu wesentlichen Leistungen von Behörden sollten regelmäßig **Leistungsvergleiche** durchgeführt werden. Dazu bedarf es standardisierter Daten und Indikatoren. Solche Leistungsvergleiche können intern durchgeführt werden (Benchlearning) oder veröffentlicht werden (Benchmarking). Auch internationale Leistungsvergleiche sollten hinzugezogen werden (siehe z. B. der „International Civil Service Effectiveness Index" der Universität Oxford). Siehe dazu auch das Reformprojekt 3.

➢ Um wirkungsbasiertes Politikmanagement und Verwaltungshandeln zu fördern, könnten auf gesetzlicher Grundlage **Incentivierungssysteme** implementiert werden. Beispiel: Einrichtung eines „Verwaltungs-Modernisierungs-Fonds" auf Bundesebene; Ausreichen von finanziellen Prämien aus diesem Fonds an öffentlich-rechtliche Institutionen, die ihre Leistungsfähigkeit gesteigert haben.

Reformprojekt 1: Wirkungsbasiertes Management (6/6)

Der unternehmerische Staat:

Behörden werden gesteuert und steuern sich selbst über die Wirkungen, die sie erzielen („Outcomes")

Reform des Haushalts- und Finanzmanagements in der öffentlichen Verwaltung: Im Kontext dieser Transformation hin zu einem wirkungsbasierten Management öffentlich-rechtlicher Institutionen sollte auch der Prozess der Budgetierung, der Haushaltsaufstellung und Haushaltsüberwachung reformiert werden. Im Einzelnen:

- Im Haushalt einer öffentlich-rechtlichen Institution, die wirkungsbasiert steuert und wird, wird im Haushalt nicht einfach (wie bisher üblich) in detaillierten Mikro-Haushaltstiteln festgehalten, für welchen Verwendungszweck welche Mittel und Personalstellen bereitgestellt werden.

- Vielmehr wird im **Haushalt** festgelegt, welche **Ziele/Wirkungen/KPIs** erreicht werden sollen. Es wird dann ein Budget fixiert, das für die Erreichung dieser Ziele/Wirkungen/KPIs genutzt werden kann. Dies ist ein **wirkungsbasiertes Globalbudget**, das die jeweilige Verwaltungseinheit flexibel und in einem definierten Freiraum für die festgelegten Ziele/Wirkungen einsetzen kann (kein Mikromanagement).

- Es wird ein **regelmäßiges Monitoring/Controlling** dazu aufgesetzt, ob mit den bewilligten Mitteln die angestrebten Ziele/Wirkungen tatsächlich erreicht wurden.

- **Bei Soll-Ist-Abweichungen wird flexibel nachgesteuert.** Flexibilität wird in das Haushaltssystem eingraviert. Im Einzelnen:
    - Wird ein Ziel im Haushaltsjahr nicht erreicht und sind die Gründe dafür nicht im Handeln einer Behörde begründet, kann das Budget ins nächste Haushaltsjahr übertragen werden.
    - Wird ein Ziel (z. B. durch das besonders effiziente Handeln einer Behörde) mit weniger Mitteln erreicht, **erhält die Behörde den Freiraum, eigenständig über die Verwendung der nicht verausgabten Mittel zu verfügen** (Belohnung für Effizienz: Einsparung für Neues, für Experimente etc.).
    - Ist absehbar, dass eine Aufstockung des Budgets zur Zielerreichung erforderlich ist und ist die Tatsache, dass das verfügbare Budget zur Zielerreichung nicht ausreicht, nicht auf das (ineffiziente) Handeln der Behörde zurückzuführen, dann kann die Behörde zur Zielerreichung auf andere Haushaltstitel zugreifen.

6

Exkurs: Die VUCA-Welt des 21. Jahrhunderts

Wer sich ein Urteil über das politische System Deutschlands im 21. Jahrhundert bilden will, der muss sich zunächst mit der Umwelt dieses Systems befassen, mit seiner Systemumwelt. Diese Systemumwelt des politischen Systems ist die Gesellschaft und die Wirtschaft in Deutschland und im internationalen Raum.

Wie bei jedem sozialen System hängt die Funktionsfähigkeit des politischen Systems maßgeblich davon ab, wie es in seine Systemumwelt eingebettet ist, wie es auf Veränderungen in seiner Systemumwelt reagieren kann und wie es in der Lage ist, auf seine Systemumwelt einzuwirken. Das Zusammenspiel von System und Systemumwelt bestimmt die Wirkungskraft und die Wirkungsreichweite eines sozialen Systems. Das gilt auch und gerade für das politische System.

Bevor wir also das politische System der Bundesrepublik näher betrachten, müssen wir auf die Systemumwelt dieses politischen Systems eingehen. Damit wir das politische System verstehen und beurteilen können, müssen wir seine Systemumwelt analysieren. Deshalb hier ein kurzer Exkurs.

Dieser Exkurs zur Analyse der Systemumwelt des politischen Systems der Bundesrepublik führt uns also nicht von unserem Thema ab, sondern schafft die Grundlage für die Befassung mit unserem Thema, mithin für eine Diagnose dieses politischen Systems der Bundesrepublik.

Die Systemumwelt des politischen Systems der Bundesrepublik Deutschland befindet sich seit den 80er Jahren des 20. Jahrhunderts in einer epochalen Transformation. Ich will diese Transformation hier näher beleuchten.[16]

---

[16] Siehe dazu die detaillierteren Ausführungen in meinen drei Büchern: Überlebenselixier Agilität (Prodoehl 2019); Der abstrakte Mensch (Prodoehl 2017); Synaptisches Management (Prodoehl 2014).

VUCA: Die neue Epoche der Marktwirtschaft

Seit den 80er Jahren des 20. Jahrhunderts tritt die Marktwirtschaft in eine neue Evolutionsepoche ein. Die unterscheidet sich gravierend von früheren Epochen der marktwirtschaftlichen Evolution.

Volatility	„I tell people how to avoid commitment." (George Clooney in dem Film „Up in the air") Im 21. Jahrhundert kommt es vor allem darauf an, die Fähigkeit zu haben, „to make and break relationships rapidly." (Warren Bennis, Philip Slater)
Uncertainty	„Sicher ist, dass nichts sicher ist. Selbst das nicht." (Joachim Ringelnatz) Navigieren bedeutet, auf Sicht zu fahren und jederzeit bereit und fähig zu sein, zu lernen und den Kurs zu ändern.
Complexity	Prognosen sind nicht prognostizierbar, Planungen sind unplanbar. Strategien, Pläne, Zieldefinitionen werden im Prozess ihrer Umsetzung erarbeitet und stetig fortentwickelt. Nicht nur vor dem Prozess, sondern auch im Prozess.
Ambiguity	Die Dinge sind so, wie sie sind. Oder anders. Oder beides. Also verabschieden wir uns von den heroischen Führern, die wissen, wo es lang geht. Und die es besser wissen als andere. Statt wissend voranzugehen tasten wir uns testend und lernend vor.

Die Marktwirtschaft des 21. Jahrhunderts unterscheidet sich grundlegend von der Wirtschaftswelt des 20. Jahrhunderts. Dieser Unterschied ist tiefgreifend und drastisch. Er betrifft die Strukturen der Unternehmenswelt genauso wie die Psyche der Menschen, die in dieser Welt leben.

Die Tragweite dieser Transformation der Wirtschaftswelt des 21. Jahrhunderts gegenüber der des 20. Jahrhunderts ist erst in Ansätzen erkannt und aufgedeckt. Die US-amerikanische Soziologin Vicki Smith hat diese Transformation, die sie „turn-of-the-century great divide" nennt, für die Wirtschaftswelt der USA im 21. Jahrhundert wie folgt beschrieben:

> *„As we enter the twenty-first century, American workers, social scientists, and policy makers are confronted by a bewildering set of changes in the world of work and employment. Downsizing, restructuring, the increased use of contingent labor, together with economic prosperity, progressive work reform, and job creation – all amply documented in the media and in academic studies – have created a wholly new playing field for those who work for wages in the United States." (Smith 2001, S. 3)*

Die Umwelt, in der sich Unternehmen im 21. Jahrhundert bewegen müssen, ist erheblich komplexer, erratischer, volatiler und unberechenbarer als die Umwelt, mit der die Unternehmen bis in die 80er Jahre des 20. Jahrhunderts konfrontiert waren. Sie ist eine grundsätzlich andere Umwelt. Sie unterscheidet sich nicht nur graduell, sondern strukturell von der Unternehmensumwelt des 20. Jahrhunderts. Deshalb ist es durchaus angezeigt, von einer neuen Ära der marktwirtschaftlichen Evolution zu sprechen, die sich seit den 70er Jahren des 20. Jahrhunderts herausgebildet hat.

In der englischen Sprache hat sich für diese neue Unternehmensumwelt ein neues Wort herausgebildet: Sie wird dort „Vuca-World" genannt. „Vuca" ist ein Kunstwort, gebildet aus den Anfangsbuchstaben der Worte Volatility, Uncertainty, Complexity, Ambiguity. Vicki Smith beschreibt diese Unternehmensumwelt des 21. Jahrhunderts wie folgt:

> *„It sometimes appears that the only certainty is uncertainty, that the only trend we can predict is continued unpredictability."* (Smith 2001, S. 3)

Die Unternehmen müssen sich in dieser neuartigen Unternehmensumwelt behaupten. Das können sie nur, wenn sie sich selbst mit dieser Umwelt wandeln, wenn sie sich an die Strukturen ihrer Umwelt anpassen. Sie müssen selbst agiler, resilienter und wandlungsaffiner werden als sie es früher waren. Sie sind zu diesem Strukturwandel gezwungen, wollen sie in der neuen Unternehmensumwelt des 21. Jahrhunderts überleben und reüssieren.

Es ist dies ein Strukturwandel, der die Wirtschaftswelt des 21. Jahrhunderts maßgeblich prägt. Ich nenne diese neue Ära der marktwirtschaftlichen Evolution, die für das 21. Jahrhundert kennzeichnend ist, die Ära der Restrukturierungs-Ökonomie. Es ist dies eine Ära zugespitzter globaler Konkurrenz, dramatischen und erratischen Wandels und einer immer schnelleren Entwertung von Besitzständen, Gewissheiten und Kompetenzen.

Die Unternehmen, die sich in dieser Restrukturierungs-Ökonomie behaupten müssen, können das nur, indem sie einen Strukturwandel vollziehen, indem sie sich zu transformationalen Unternehmen wandeln, zu Unternehmen, die sich einer permanenten Transformation aussetzen und die auf permanente Transformation hin programmiert sind.

Dieser Strukturwandel hat dramatische Auswirkungen auf die Position der Unternehmensakteure im Unternehmen, seien es einfache Mitarbeiter*innen, seien es Angehörige des mittleren Managements, seien es Top-Manager*innen. Für sie alle gilt, dass sich die Rahmenbedingungen, innerhalb derer sie im 21. Jahrhundert arbeiten müssen, gegenüber den früheren Epochen der marktwirtschaftlichen Evolution radikal gewandelt haben und weiter wandeln werden.

In dieser Restrukturierungs-Ökonomie des 21. Jahrhunderts können die transformationalen Unternehmen ihren Beschäftigten das nicht mehr bieten, was Unternehmen im 20. Jahrhundert ihren Beschäftigten in der Regel bieten konnten: einen langfristigen Planungshorizont, eine verlässliche Fortgeltung erworbener Kompetenzen, eine zuverlässige Berechenbarkeit der Weiterentwicklung der eigenen beruflichen Position und Karriere, eine kalkulierbare Verkopplung von Leistung und Gratifikation, eine langfristige Stetigkeit der eigenen Arbeitsumwelt, einen kontinuierlichen Aufbau von Qualifikationen, Vertrauensbeziehungen und Ansprüchen der Mitarbeiter an das Unternehmen.

All diese Merkmale eines Beschäftigungssystems, das es den Menschen erlaubte, eine stabile berufliche Identität auszubilden, werden im 21. Jahrhundert mehr und mehr zu einem Anachronismus.

Die britische Soziologin Lynda Gratton beschreibt diese Wirtschaftswelt des 21. Jahrhunderts als eine Welt, in der Vertrauen chronisch verfällt: Sie belegt mit einer Vielzahl von Studien den neuzeitlichen „decline of trust in institutions". Zu diesem „present ebbing of trust" merkt sie an: „The ebbing of trust has also occurred as a result of the increasing short-term nature of working contracts." (Gratton 2011, S. 98 ff.)

Die Botschaften, die die Restrukturierungs-Ökonomie und die transformationalen Unternehmen des 21. Jahrhunderts für die Unternehmensakteure bereithalten, lauten zugespitzt:

Wer eine langfristig berechenbare berufliche Perspektive sucht, der wird sie in der Wirtschaftswelt des 21. Jahrhunderts vergeblich suchen. Wer in dieser Wirtschaftswelt eine berufliche Heimat sucht, in der er sukzessive, über längere Zeiträume hinweg Kompetenzen, Beziehungen und Besitzstände aufbauen kann, der wird heimatlos bleiben. Wer eine emotionale Bindung an seinen Arbeitgeber aufbauen will, der läuft Gefahr, dafür einen hohen Preis bezahlen zu müssen. Wer eine berufliche Umgebung sucht, innerhalb derer gute Leistung verlässlich gut und langfristig berechenbar belohnt wird, der hängt Illusionen nach.

Michael Lewis schrieb dazu am 5. März 2000 im „New York Times Magazine" mit Blick auf den "corporate socialism" des 20. Jahrhunderts, in dem Unternehmen noch das Ethos hatten, sich an ihre Mitarbeiter*innen zu binden und ihre Mitarbeiter*innen an sich zu binden:

*„The corporate socialism that constrained the old-fashioned
worker had its benefits. ... When things went bad there was
at least a pretense that the company bore some responsibility
for the worker's fate. In some cases this assurance wasn't worth
all that much but in many others it was worth quite a lot.
Now that pretense has nearly vanished.
Guess what that means? You're on your own."*

Die Restrukturierungs-Ökonomie ist eine Wirtschaftsform chronischer Volatilität und erratischer Unberechenbarkeit:

- Unternehmen werden beständig umstrukturiert, um ein bestehendes Leistungsniveau zu verbessern.
- Geschäftsbereiche von Unternehmen werden geschlossen, neu aufgebaut oder grundlegend renoviert.
- Unternehmen werden verkauft und gekauft, mit anderen Unternehmen fusioniert oder unter andere Unternehmen subsumiert.
- Neue Eigentümer verändern drastisch die Strategie und Struktur des Unternehmens. Das Vordringen von Private Equity treibt diesen Prozess permanenter Transformationen.
- Unternehmenskrisen fordern drastische Einschnitte.
- Im Zuge einer „Post Merger Integration" greifen umfangreiche Restrukturierungen.
- Abnehmende Kunden-Loyalität und zunehmende Kunden-Volatilität zwingen Unternehmen zu ständigen Anpassungen.
- Disruptive technische Evolutionen und disruptive Geschäftsmodell-Innovationen revolutionieren die Rahmenbedingungen, die für ein Unternehmen bedeutsam sind, und nötigen das Unternehmen zu dramatischen Veränderungen.
- Neue Umweltphänomene machen einen drastischen Turnaround unabdingbar: die Veränderung der globalen Lieferketten und Arbeitsteilung, der Zutritt neuer Wettbewerber, die Neupositionierung von Wettbewerbern, die Wandlung des Kundenverhaltens, ökologische Veränderungen, technische Innovationen, staatliche Regulierungs- oder Deregulierungsmaßnahmen etc. Solche neuen Umweltphänomene treten in der Restrukturierungs-Ökonomie immer häufiger, immer abrupter und immer unberechenbarer auf.

In dieser Wirtschaftswelt des 21. Jahrhunderts ist der Bestand des Bestehenden ebenso unsicher wie die Fortgeltung von Gewissheiten. Es ist eine Welt, in der alles Feste verflüssigt, alles Stabile unterminiert, alles Vertraute verfremdet wird. In dieser Welt werden alle Sicherungen beständig pulverisiert, werden Erwartungen stetig mit dem Unerwarteten konfrontiert, wird die Zukunft ein volatiles, unvorhersehbares, unplanbares Phänomen.

Die US-amerikanische Soziologin Vicki Smith beschreibt diese Wirtschaftswelt des 21. Jahrhunderts als

> „an era of occupational and industrial transformation, economic volatility, global competition, and job and career insecurity." Diese Ära geht, so Smith, einher mit einem „decline of career stability" und damit, dass „ongoing job change is an unavoidable reality of contemporary employment." (Smith 2001, S. 10 und S. 181)

Die britische Soziologin Lynda Gratton bekräftigt diesen Befund einer epochalen Wandlung der Arbeitsbedingungen für den Wirtschaftsmenschen im 21. Jahrhundert gegenüber dem 20. Jahrhundert:

> „What we are witnessing now is a break with the past as significant as that in the late eighteenth and early nineteenth centuries when parts of the world began the long process of industrialisation. ... In part this reflects the breaking of the old 'parent/child' implicit contract that the role of the organization was in some measure to 'care' for the employee. If that contract ever actually existed, the layoffs of the 1980s and 1990s put paid to it. Increasingly employees all over the world have realized that it is they alone who can be trusted to shepherd their career." (Gratton 2011, S. 7 und 100)

In der Wirtschaftswelt des 21. Jahrhunderts ist die Zukunft das Zufällige, die Gegenwart das Vorläufige, Flüchtige, Labile, während die Vergangenheit die Quelle der stabilen Erfahrung darstellt, dass sich alle Wegweiser, die eine längerfristige Planung des eigenen Lebens zu ermöglichen scheinen, unaufhörlich drehen im „wind of change". In dieser Wirtschaftswelt des 21. Jahrhunderts werden die Unternehmensakteure mehr und mehr besonderen Verhaltens- und Denkanforderungen ausgesetzt.

Es sind die sozialen Verhältnisse, die das individuelle Verhalten prägen und innerhalb derer das Verhalten ausgebildet wird. Die Wirtschaftswelt des 21. Jahrhunderts schafft Verhältnisse, präformiert Strukturen, die den Wirtschaftsakteuren einen bestimmten Kordon von Verhaltens- und Denkweisen vorgeben. Wer tauglich und „marktgängig" für diese Wirtschaftswelt werden will, muss sein Verhalten und Denken an diese Vorgaben anpassen. Er muss sich zumindest darum bemühen, muss darauf bedacht sein, sein Denken und Handeln tendenziell, allmählich und sukzessive an diese Vorgaben anzunähern.

Diese Verhaltens- und Denkvorgaben der globalen Wirtschaftswelt des 21. Jahrhunderts lassen sich wie folgt charakterisieren:

- Wenn ein Mensch in der Wirtschaft einer beruflichen Aufgabe nachgeht, muss er sich so konditionieren, dass er dann, wenn ihm eine neue Aufgabe anbefohlen wird, mit leichter Hand die alte Aufgabe hinter sich lassen und zur neuen Aufgabe übergehen kann. Er darf an dieser alten Aufgabe nicht „hängen", nicht so an sie gebunden sein, dass er nur mit Schmerzen von ihr lassen kann.
- Wenn ein Unternehmensakteur seine berufliche Identität auf bestimmte Kompetenzen gründet, die er sich in langjähriger Arbeit angeeignet hat, auf einen bestimmten Wissensfundus, eine ausgeprägte Erfahrung, eine besondere Fertigkeit, dann muss er sich so an die neue Wirtschaftswelt assimilieren, dass er ohne emotionale Bedenken in der Lage ist, all diese Kompetenzen wegzuwerfen und sich neue anzueignen.
- Und er muss das in der Gewissheit tun, dass er jederzeit, abrupt und disruptiv, an einen neuen Arbeitsort, in ein neues Unternehmen hineingeworfen werden kann und dass er dort völlig neu wird anfangen müssen.

Es wundert deshalb nicht, wenn das Meinungsforschungsinstitut Gallup bei einer empirischen Erhebung zur emotionalen Mitarbeiterbindung in deutschen Unternehmen („Gallup Engagement Index") im Jahr 2022 zu dem Ergebnis gekommen ist, dass nur etwa 13 Prozent der Befragten eine hohe Bindung zu ihrem Arbeitgeber verspüren. 87 Prozent bekundeten keine emotionale Bindung gegenüber ihrem Arbeitgeber, haben innerlich gekündigt oder machen Dienst nach Vorschrift.[17]

Der Wirtschaftsmensch des 21. Jahrhunderts muss flexibel adaptionsfähig und elastisch umprogrammierbar sein. Er muss nicht nur wandlungsbereit sein, sondern mehr: permanent wandlungsoffen, wandlungsaffin, für Wandel programmiert, auf schnellen Wandel geeicht.

Aber die Systemumwelt des politischen Systems der Bundesrepublik betrifft ja nicht nur die Wirtschaftswelt, sondern auch die Welt des gesellschaftlichen Lebens. Es ist nun ein Charakteristikum des 21. Jahrhunderts, dass diese soziale Welt immer mehr Züge der Wirtschaftswelt annimmt.

Das 21. Jahrhundert ist auch dadurch charakterisiert, dass sich die Logik des Marktes und der Marktwirtschaft mehr und mehr in allen Bereichen der Gesellschaft durchsetzt, bis hinein in die intimen Sphären des privaten Lebens der Menschen.

> *„Die Vermarktlichung der modernen Gesellschaft, die sozialwissenschaftliche Gegenwartsdiagnosen weithin konstatieren, treibt eine umfassende Ökonomisierung des Sozialen an, deren Maßstab die Gewinnkalkulation und deren Zielgröße der reine Markterfolg ist."* Dadurch verwandeln sich *„moderne Sozialordnungen in Marktgesellschaften."* (Neckel 2008, S. 90 f.)

Nun ist diese Marktlogik im 21. Jahrhundert die Logik einer Wirtschaftswelt, die sich immer schneller und erratischer restrukturiert. Es ist die Logik der Restrukturierungs-Ökonomie. Entsprechend mutiert die Gesellschaft des 21. Jahrhunderts, mutieren die sozialen Verhältnisse, in denen die Menschen im 21. Jahrhundert leben, mehr und mehr zu Abbildern jener Restrukturierungs-Ökonomie. Die Marktgesellschaft des 21. Jahrhunderts wandelt sich zu einer Restrukturierungs-Gesellschaft, zu einer Gesellschaft des stetigen Verfalls,

---

17 Siehe: Gallup Engagement Index 2022 Germany, S. 3: „Only 13% of employees in 2022 were engaged at work, down from 17% in both 2021 and 2020 as well as from 15% in 2019. The majority of German employees – 69% – were not engaged: these are employees who do the minimum required of them. Finally, the share of actively disengaged employees jumped to 18% in 2022 following a steady decline from 16% in 2019, 15% in 2020 and 14% in 2021."

der ständig verfallenden Verhältnisse, zu einer Verfalls-Gesellschaft. Zu einer Gesellschaft, in der das, was gestern zählte und was heute zählt, morgen schon anachronistisch sein kann.

Die US-amerikanischen Soziologen Warren G. Bennis und Philip E. Slater haben diese Gesellschaft „The Temporary Society" genannt, eine Gesellschaft, die mehr und mehr von „temporary systems" dominiert wird.

Das Hauptcharakteristikum dieser Verfalls-Gesellschaft ist die Verflüchtigung alles Beständigen, die Erosion der Langfristigkeit. Nichts ist hier mehr von Dauer. Die Dauer des Bestehenden wird mehr und mehr verkürzt. Alles ist befristet, vorläufig, temporär. Die Umschlagsgeschwindigkeit von Beziehungen wächst stetig.

Das mephistophelische Diktum „Denn alles, was besteht, ist wert, dass es zugrunde geht" ist das Motto dieser Restrukturierungs-Gesellschaft: Hier gilt Beständigkeit als Anachronismus. Das Festhalten an Bewährtem und Altgewohntem gilt hier als Ausweis von Lebensuntauglichkeit und fehlender Marktgängigkeit. Alles, was besteht, ist hier einen stetigen und beschleunigten Verfall ausgesetzt. Hier ist allen Verhältnissen, allen Sachen, allen Beziehungen ein immer kürzerer Haltbarkeitszeitraum vorgegeben. Sie sind, kaum entstanden, schon wieder entwertet, ausrangiert. Kaum sind sie „in", sind sie schon wieder „out". Kaum hat man sich auf sie eingelassen, sind sie fällig, wieder verlassen zu werden.

Dies gilt zum einen für das Verhältnis der Bewohner dieser Verfalls-Gesellschaft zu Waren. Sie werden zu Wegwerfwaren, zu Dingen, deren Verfallsdatum immer näher an ihr Entstehungsdatum heranrückt.

Entsprechend können wir in den vergangenen Jahren eine stetig abnehmende Loyalität der Konsumenten zu den Waren beobachten, die sie konsumieren. Markentreue, Produktbindung und Kundenloyalität gehören mehr und mehr der Vergangenheit an. Der Kunde in der Verfalls-Gesellschaft des 21. Jahrhunderts ist ungebunden, volatil, fluktuierend, flüchtig. Er identifiziert sich immer weniger und immer weniger dauerhaft mit einer Ware, einer Marke, einer Herstellerfirma. Seine emotionale Anhänglichkeit an die Warenwelt wird immer fragiler und unberechenbarer.

Ein Indikator für diese zeitliche Verkürzung und emotionale Verflachung der Beziehungen der Konsumenten zu den Waren ist die Sharing-Ökonomie. Sie wird im 21. Jahrhundert mehr und mehr an Bedeutung gewinnen. Und zwar nicht wegen des Internets. Das Internet ist nur ein Enabler für diese Sharing-Ökonomie, ein Vermittlungsweg für diese geteilten Waren. Sie wird sich vielmehr deshalb immer mehr ausbreiten, weil sie das exakte Pendant zur Gesellschaft des stetigen Verfalls ist. Der Konsument hat zu den Waren der Sharing-Ökonomie kein inniges emotionales Verhältnis. Er identifiziert sich nicht mit ihnen. Er legt keinen Wert darauf, sie in sein Leben zu integrieren, sie zu langlebigen Accessoires einer langfristig stabilen Lebensumwelt zu machen. Vielmehr will er sie nach kurzzeitigem Gebrauch mit geringstmöglichem Aufwand wieder weglegen und wegwerfen können.

In der Gesellschaft des stetigen Verfalls zählt nicht der dauerhafte Besitz von Dingen, sondern deren befristete Nutzung. Es ist eine Gesellschaft, die nach dem Prinzip „use and pay on demand" funktioniert, eine Obsoleszenz-Gesellschaft, in der sich die Konsumenten nicht mehr mit dem jahrzehntelangen Besitz der immer gleichen Waren belasten wollen. Denn das macht immobil, unbeweglich, unflexibel.

Entsprechend wird die Halbwertzeit von Waren in der Verfalls-Gesellschaft immer kürzer, werden physische Produkte in virtuelle verwandelt: Bücher in Internet-Texte, Musik-CDs in Streaming-Music, DVDs in Download-Produkte aus On-demand-Mediatheken, Software-CDs in Software-as-a-service-Produkte aus der Cloud etc.

Ein weiterer Indikator für das Voranschreiten der Restrukturierungs-Gesellschaft ist der wachsende Zwang zur Mobilität, den die neuzeitliche Wirtschaftswelt den Menschen auferlegt. Die globalisierte Restrukturierungs-Ökonomie bringt es mit sich, dass dieses Mobilitätsdruck graduell zunimmt. Er wird zu einer Sachgesetzlichkeit, die die Menschen in der Restrukturierungs-Ökonomie klaglos vollziehen müssen, wollen sie marktgerecht funktionieren. Die Mobilität wird zur dominanten Lebensform im 21. Jahrhundert.

Die Lebensform Mobilität hat viele Ausprägungsformen: sei es der Wechsel des Unternehmens, der Arbeitsstätte, der beruflichen Funktionen und Einsatzorte, der Wohnorte, der sozialen Bezugsgruppen in Arbeit und Freizeit oder der Wechsel der kulturellen und sozialen Umgebungen innerhalb und außerhalb der Arbeit.

Es ist die Lebensform eines Nomaden, eines Menschen auf Wanderschaft, eines Reisenden, der immer nur kurzzeitig an bestimmten Orten, an denen er lebt und arbeitet, einen Zwischenstopp macht. Es ist die Lebensform eines Menschen, der alle Orte, an denen er sich niederlässt, als flüchtige Durchgangsstationen begreift. Denn er weiß: Ich kann mich nur an einem Ort niederlassen, den ich umstandslos wieder hinter mir lassen kann. Ein Zuzug ist für mich nur dann möglich, wenn ich bereit bin für einen baldigen Umzug. Jeder Ort, an dem ich verweile, ist ein Ort, von dem ich aufbreche.

Und es ist nur dann für mich ein guter Ort, wenn er es mir leicht macht, zu verweilen und wieder aufzubrechen.

Das Gleiche gilt für alle Beziehungen und Bindungen, die der mobile Mensch an diesen Orten aufbaut. Auch sie taugen für ihn nur in dem Maße, in dem er sie leicht an- und abschalten kann.

Die Lebensform Mobilität stellt an die mobilen Menschen damit die Anforderung, Beziehungen und Bindungen mit möglichst geringem Aufwand und möglichst geringer emotionaler Beteiligung aufkündigen und wieder neu anfachen zu können. Es ist dies die Fähigkeit „to make and break relationships rapidly" und „to continually forming new bonds and breaking old ones". (Bennis und Slater 1968, S. 83 und 79)

Bande zu einer lokalen Umwelt, zu Bekannten, Freunden und Nachbarn müssen leicht und locker zerschnitten und wieder geknüpft werden können. Bindungen zu Arbeitskollegen und Arbeitsorten müssen ohne Aufhebens zerbrochen und wieder aufgebaut werden können.

Bennis und Slater beschreiben die entsprechenden Lernanforderungen, die an den mobilen Menschen gestellt sind, wie folgt:

> *„Learning how to develop intense and deep human relationships quickly – and learn how to ‚let go'. In other words, learning how to get love, to love, and to lose love; learning how to enter groups and leave them."* (Bennis und Slater 1968, S. 127 f.)

Der mobilitätskonforme Mensch muss also in der Lage sein, ständig Brüche zu vollziehen, ohne wehmütig zurückzublicken. Er muss lernen, das „Management von Brüchen" zu professionalisieren. Dies ist eine seiner Basisqualifikationen in der Restrukturierungs-Gesellschaft: Er muss sich antrainieren, Brüche zu vollziehen, wenn ein Engagement ihm nicht mehr zureichend nutzt oder wenn ein anderes Engagement ihm mehr Nutzen verspricht. Und er muss sich dazu erziehen, Brüche zu managen, die ihm von Dritten aufgezwungen werden. Er muss lernen, Brüche nicht als ein deprimierendes Ende, sondern als einen verheißungsvollen Neuanfang zu begreifen, sie als Chance zu sehen, weiterzugehen und zu neuen Ufern aufzubrechen.

Der mobilitätskonforme Mensch muss sich mithin dazu erziehen, das, was nicht mehr passt, mit einem Achselzucken hinter sich zu lassen. Er weiß: Mobil und offen für Neues ist nur der, der nicht tief im Alten verwurzelt ist, der sich nicht tief in das Bestehende emotional verstrickt hat. Die US-amerikanischen Soziologen Bennis und Slater beschreiben dies so:

> *„If one must make and break relationships rapidly then it becomes increasingly important that people be as interchangeable as possible, and this is most simply achieved through uniformity."* (Bennis und Slater 1968, S. 83)

In der Marktgesellschaft des 21. Jahrhunderts müssen Beziehungen zwischen Menschen möglichst unkompliziert und schnell auf- und abgebaut, aufgesetzt und außer Kraft gesetzt werden können. Für das Funktionieren der Marktgesellschaft ist es ferner erforderlich zu gewährleisten, dass beliebige Menschen beliebige Beziehungen zu beliebigen anderen Menschen an beliebigen Orten und in beliebigen Umständen leicht und unkompliziert knüpfen und wieder auflösen können.

Es ist dies ein Gebot der Marktgängigkeit der Wirtschaftsmenschen im 21. Jahrhundert: Sie sind im volatilen Getriebe der Restrukturierungs-Wirtschaft nur dann optimal marktgängig und funktionsfähig, wenn sie möglichst reibungslos in möglichst beliebige Bindungen und Beziehungen einfügbar sind.

Ihr Marktwert hängt von ihrer Wandlungsbereitschaft und Wandlungsfähigkeit ab, davon, dass sie in der Lage sind, Altes hinter sich zu lassen, Bekanntes und Bestehendes zu überwinden und sich für Neues zu öffnen. Die Marktökonomie des 21. Jahrhunderts stellt also an die, die Gewinner sein wollen, die Anforderung, im Beliebigen anpassungsfähig zu sein.

Ich will das Gesagte hier kurz zusammenfassen:
Wir leben in den 20er Jahren des 21. Jahrhunderts in einer Zeit stetigen Wandels. Wir lernen ständig: Das Bestehende wird nicht Bestand haben. Sicher ist heute nur, dass nichts sicher ist. Veränderung ist nicht der Ausnahme-, sondern der Normalfall. Alle Leitplanken des Lebens stehen auf Treibsand. Alle Gewissheiten sind flüchtig. Das Bekannte und Gewohnte bleibt nicht so, wie es ist.

Unternehmen müssen in der VUCA-Welt des 21. Jahrhunderts permanent veränderungsoffen und wandlungsaffin sein, sie müssen flexibel und agil ihre Strukturen, Prozesse, Geschäftsmodelle, Produkte und Dienstleistungen anpassen und ändern, um überleben zu können. Ein Wirtschaftsunternehmen zu navigieren, bedeutet heute, auf Sicht zu fahren und jederzeit bereit und fähig zu sein, zu lernen und den Kurs zu ändern. Ein Unternehmen, das morgen und übermorgen so bleiben will, wie es heute ist, wird morgen und übermorgen nicht mehr existieren. Das gilt auch für die Beschäftigten in der Wirtschaft des 21. Jahrhunderts. Sie können ihren Marktwert und ihre Konkurrenzfähigkeit nur erhalten und verbessern, wenn sie flexibel und agil denken und handeln.

Die Verhaltensmaximen in der Wirtschaftswelt des 21. Jahrhunderts lauten: Embrace Change! Bejahe den Wandel, sei anpassungsfähig und offen für Veränderungen, bilde dich stetig weiter, eigne dir ständig neue Kompetenzen an, bleibe nicht dort stehen, wo du stehst, sondern begreife dein Arbeitsleben als einen permanenten Aufbruch ins Neuland. Gehe keine Bindungen ein, die in Zement gegossen sind, sondern nur solche, die du leicht und flexibel aufkündigen kannst. Denn du bist nur dann in der Wirtschaftswelt des 21. Jahrhunderts wettbewerbsfähig, wenn du in der Lage bist, Altes durch Neues zu ersetzen, Bindungen aufzulösen und neue einzugehen, das Bekannte und Gewohnte hinter dir zu lassen und aufzubrechen in neue Welten. Oder, wie es die US-amerikanischen Soziologen Bennis und Slater formuliert haben, die Menschen müssen sich in der Wirtschaftswelt des 21. Jahrhunderts die Fähigkeit aneignen „to make and break relationships rapidly".

Was bedeutet nun diese Diagnose zum Zustand der Systemumwelt, in der sich das politische System der Bundesrepublik bewegt, für unsere Analyse des politischen Systems?
Die deutschen Staaten und die deutschen öffentlichen Verwaltungen können in dieser VUCA-Welt, in dieser Welt ständiger, eruptiver, erratischer, volatiler Veränderungen in Wirtschaft, Technologie und Gesellschaft, nur dann effektiv und effizient gestaltend wirken, wenn sie agil organisiert sind. Agil sind sie dann organisiert,

- wenn sie auf flexible Anpassung, schnelle Veränderung, und Offenheit für Neuerungen hin ausgelegt sind,
- wenn sie mit Strukturen und Prozessen operieren, die flexibel und einfach mit den Wandlungen in ihrer Systemumwelt wandelbar sind,
- wenn sie in der Lage sind, schnell auf neue Anforderungen zu reagieren,
- wenn sie lernende Organisationen sind, bereit für Experimente und Innovationen,

- wenn sie entsprechend darauf ausgerichtet sind, stetig besser und schneller zu arbeiten und
- wenn sie in der Lage sind, Komplexität zu managen und sie handlungs- und problemlösungsorientiert zu reduzieren.

Der öffentliche Sektor in Deutschland müsste entsprechend im 21. Jahrhundert so gebaut sein, dass für ihn das Motto gilt: „Built to change":

> *„Creating a stable organization to perform in a complex and rapidly changing environment is following a recipe for failure... We believe that the central assumption should be that organizations always need to be changing and must be able to perform well while changing. Thus ... organizations have to be built to change, not merely changed as a result of a special change program or effort. Change, not stability, must become the coin of the realm."* (Lawler und Worley 2006, S. 19)

Wenn das politische System der Bundesrepublik nicht so gebaut ist, nicht „built to change", wenn es nicht agil organisiert ist, dann droht es sich von seiner VUCA-Systemumwelt abzukoppeln und zu entfremden. Dann droht es seine Fähigkeit zu verlieren, Probleme in seiner Außenwelt vorausschauend zu erkennen und zu lösen. Dann wird es selbst Teil des Problems und nicht Teil der Lösung. Dann droht das politische System der Bundesrepublik, ständig „hinter der Welle" zu sein, von den Eruptionen in Wirtschaft und Gesellschaft getrieben zu werden, stetig hinterherzulaufen, zu spät zu handeln. Dann droht es, chronisch beim Krisenmanagement zu versagen. Dann droht es, seine Fähigkeit zur zielgerichteten Gestaltung von Gesellschaft und Wirtschaft mehr und mehr zu verlieren. Und damit auch seine Legitimation.

Dieses Risiko ist real.

Es ist deshalb real, weil der öffentliche Sektor in Deutschland, wie in den ersten Kapiteln schon dargestellt, strukturell unagil organisiert ist. Weil er eben nicht auf Wandlungsfähigkeit hin ausgerichtet, sondern in seinen Kernstrukturen erstarrt ist. Das wäre vielleicht dann nicht tragisch, wenn auch die Gesellschaft und Wirtschaft in der Bundesrepublik Deutschland und im Ausland stagnieren und stillstehen würde. Es ist dann kritisch, wenn Wirtschaft und Gesellschaft in einem epochalen, dramatischen Wandlungsprozess sind.

Weil das so ist, weil wir erleben, dass das 21. Jahrhundert ein Zeitalter dramatischer und eruptiver Wandlungen ist, müssen die Strukturen des politischen Systems, des öffentlichen Sektors in Deutschland auf den Prüfstand. Und bei dieser Prüfung kann es nicht nur darum gehen, diese Strukturen kosmetisch zu korrigieren. Sondern auch und gerade, sie zu überwinden. Und damit auch für den öffentlichen Sektor in Deutschland disruptive Wandlungen zuzulassen.

Die folgenden Charts skizzieren ein Reformprojekt für eine Agilisierung des politischen Systems und der öffentlichen Verwaltung in Deutschland.

Reformprojekt 2: Agile Organisation in Behörden (1/5)

Der unternehmerische Staat:

Statt einer Behörden-Hierarchie, die auf Befehl und Gehorsam basiert, wird ein neues System der agilen Selbstorganisation und der Heterarchie eingeführt.

Vorherrschend ist derzeit eine „klassische" Behördenhierarchie:
Referate/Unterabteilungen/Abteilungen bilden die Silos, die an die Behördenspitze berichten. Entscheidungen werden nur an der Spitze getroffen. Die Spitze determiniert minutiös (mit komplexen Regeln) jede einzelne Tätigkeit der untergeordneten Einheiten.
Mitzeichnungspflichten und detaillierte Anweisungen kennzeichnen eine Führung, die mit Befehl und Gehorsam agiert und auf einer Misstrauenskultur basiert.

> „While the rest of society has rushed headlong away from hierarchy ... most governments have held tight to the reins. Their message to employees has not changed: Follow orders. Don't use your heads, don't think for yourself, don't take independent action. If something goes wrong that is not strictly your responsibility, ignore it. If you absolutely have to make your own decision, choose safety. Never, ever, take a risk.
> This message is enormously destructive. For decades it has cowed public employees, left them docile, passive, and bitter. In traditional, hierarchical organizations, they may complain, but they can barely conceive of taking control into their own hands. The resulting inertia carries an enormous price tag." (Osborne und Gaebler 1993, S. 253 f.)

Notwendig ist ein Paradigmenwechsel hin zu einer agilen Behörde. Sie hat folgende Merkmale (siehe zum Folgenden näher meine Bücher „Agilität als Überlebenselixier", Prodoehl 2019, und „Synaptisches Management", Prodoehl 2014):

1. **Duale/bimodale Organisation: Die Behörde der Zukunft wird als „duale Organisation" bzw. als „bimodale Organisation" gestaltet. Das bedeutet: Neben der Linien-**organisation wird eine Projektorganisation aufgebaut, die mehr und mehr Bedeutung in der Behördenorganisation erlangt. Diese Projektorganisation hat folgende Merkmale:

Reformprojekt 2: Agile Organisation in Behörden (2/5)

Der unternehmerische Staat:

Statt einer Behörden-Hierarchie, die auf Befehl und Gehorsam basiert, wird ein neues System der agilen Selbstorganisation und der Heterarchie eingeführt.

Sie ist **siloüberschreitend/interdisziplinär/ressortübergreifend**, vernetzt Mitarbeiter*innen über Zuständigkeitsgrenzen hinweg („Binnenvernetzung"). In einer Projektorganisation gibt es Incentives für die Mitarbeiter*innen für siloüberschreitende Vernetzung.

Sie ist **heterarchisch organisiert**: Alle Projektmitarbeiter*innen sind gleichgestellt, Macht wird durch Einfluss ersetzt, die Projektmitarbeiter*innen planen und koordinieren ihre Arbeit gemeinschaftlich.

Sie ist **divers gestaltet**: Im Projekt arbeiten Frauen und Männer verschiedener Hierarchiestufen, unterschiedlicher Verwaltungseinheiten und mit diversen Qualifikationsprofilen. Auch werden in die Projektarbeit externe Expert*innen einbezogen.

Sie operieren im Projekt mit stetigen **Feedbacks**, Retrospektiven, Reviews und Lernschleifen, schaffen damit eine **lernende Organisation**. Sie organisieren für ihre Lernprozesse kontinuierliche Rückkopplungen mit Kunden und mit relevanten Organisationen in ihrer Systemumwelt (Verbände, NGOs etc.).

Diese lernende Organisation ist **offen für Innovationen, Tests und Experimente** und deshalb auch fehlertolerant. Sie setzt die Methoden der kontinuierlichen Prozessverbesserung (KPV, Kaizen u. a.) ein: Alle Mitarbeitenden arbeiten stetig an einer Optimierung der Prozesse.

Die Prozesse in dieser Organisation sind **datenbasiert und evidenzbasiert**. Die Projektorganisation funktioniert nach den Grundsätzen des wirkungsbasierten Managements (siehe Reformprojekt 1).

Ihre Strukturen, Prozesse sind so ausgelegt, dass die Projektarbeit schnell, leicht, flexibel und adaptiv an neue Anforderungen und veränderte Rahmenbedingungen angepasst werden kann („built to change"). Die Projektorganisation ist somit eine **temporäre Organisation**: Sie ist darauf ausgelegt, flüssig verändert zu werden.

Reformprojekt 2: Agile Organisation in Behörden (3/5)

Der unternehmerische Staat:

Statt einer Behörden-Hierarchie, die auf Befehl und Gehorsam basiert, wird ein neues System der agilen Selbstorganisation und der Heterarchie eingeführt.

2. Dezentralisierte Verwaltung: Im Rahmen vorgegebener Ziele/Wirkungen /KPIs (wirkungsbasiertes Management) bekommen die jeweiligen Verwaltungseinheiten und Mitarbeiter*innen **Freiräume für Selbstverantwortung, Selbstorganisation und Selbstmanagement**. Entscheidungsbefugnisse werden auf diese Weise dezentralisiert. Wie die Projektmitarbeiter*innen ihre Ziele erreichen, entscheiden sie.

3. Agile Unternehmens- und Führungskultur: In der Projektorganisation werden die **Grundsätze der agilen Führung** gelebt. Die Arbeit in dieser Projektorganisation erfolgt nach **agilen Methoden** (z. B. Scrum, Design Thinking).

4. In der **Linienorganisation** werden diese agilen Arbeitsprinzipien sukzessive auch eingeführt. Dort wird z. B. ebenfalls mit **„Bottom up Feedbacks"** gearbeitet, d. h. Untergebene beurteilen ihre Vorgesetzten. Diese Beurteilungen sind an bestimmte Konsequenzen geknüpft (Incentives hängen von diesen Beurteilungen ab etc.).

5. Planung operiert mit agilen Methoden: keine Wasserfall-Planung, sondern iterative Planung, mit „Act and Adapt-Cycles", die schnelle und einfach umsetzbare Planänderungen aufgrund von veränderten Rahmenbedingungen ermöglichen.

„Never tell people how to do things. Tell them what you want them to achieve and they will surprise you with their ingenuity." (George S. Patton)
„The function of leadership is to produce more leaders, not more followers." (Ralph Nader)
"Success belongs to organisations, groups and individuals who are resilient in the sense that they recognise, adapt to and absorb variations, changes, disturbances, disruptions, and surprises – especially disruptions that fall outside of the set of disturbances the system is designed to handle." (Hollnagel u. a. 2013, S. 3)

Exkurs: Die VUCA-Welt des 21. Jahrhunderts   73

Reformprojekt 2: Agile Organisation in Behörden (4/5)

Der unternehmerische Staat:

Statt einer Behörden-Hierarchie, die auf Befehl und Gehorsam basiert, wird ein neues System der agilen Selbstorganisation und der Heterarchie eingeführt.

Bei dieser Transformation des deutschen politischen Systems und der deutschen öffentlichen Verwaltung ist es essentiell, die Mitarbeiter*innen nicht nur „mitzunehmen", sondern sie zu Subjekten, Gestaltern dieses Wandels zu machen. **Diese Transformation kann nicht gegen, sondern nur mit den Mitarbeiter*innen realisiert werden.**

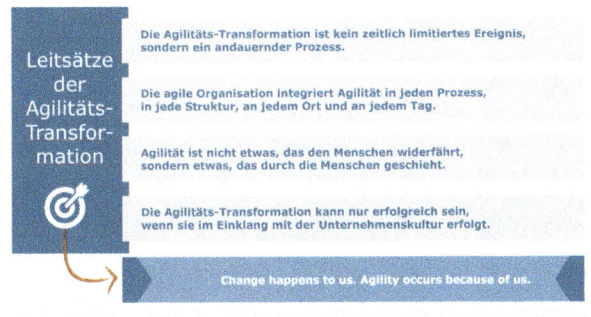

Leitsätze der Agilitäts-Transformation

- Die Agilitäts-Transformation ist kein zeitlich limitiertes Ereignis, sondern ein andauernder Prozess.
- Die agile Organisation integriert Agilität in jeden Prozess, in jede Struktur, an jedem Ort und an jedem Tag.
- Agilität ist nicht etwas, das den Menschen widerfährt, sondern etwas, das durch die Menschen geschieht.
- Die Agilitäts-Transformation kann nur erfolgreich sein, wenn sie im Einklang mit der Unternehmenskultur erfolgt.

Change happens to us. Agility occurs because of us.

„Organizational changes cannot successfully be implemented without all parties concerned being convinced that these changes are indeed beneficial." (Picot und Wolff 1994, S. 228)

Reformprojekt 2: Agile Organisation in Behörden (5/5)

Der unternehmerische Staat:

Statt einer Behörden-Hierarchie, die auf Befehl und Gehorsam basiert, wird ein neues System der agilen Selbstorganisation und der Heterarchie eingeführt.

Avantgarde-Projekte zur agilen Organisation in der deutschen Verwaltung und im deutschen politischen System:

- Bundesverwaltungsamt: Es sieht sich als Vorreiter für den Aufbau einer agilen Organisation in der deutschen Verwaltung.
- Bundesministerium für Arbeit und Soziales: Aufbau einer Community aus agilen Coaches
- Auswärtiges Amt: Etablierung einer Multiplikatorengruppe für „Neues Arbeiten"
- Mehrere Bundesministerien haben Stabsstellen für siloübergreifende Projektarbeit eingerichtet.
- Bundeswirtschaftsministerium: Durchführung eines Design-Thinking-Prozesses „Roadmap Energieeffizienz 2050"
- Eine Vielzahl von IT-Dienstleistern der öffentlichen Verwaltung in Deutschland setzt Methoden des agilen Arbeitens ein: z. B. Dataport, regio iT Aachen, AKDB etc.
- Agiles Arbeiten wird auch in einer Reihe der 73 Smart Cities in Deutschland praktiziert: z. B. in Darmstadt, Hamburg, Köln, Leipzig, Ulm.

Beispiele aus dem Ausland:

- In Finnland hat das Prime Minister's Office ein „Experimentation Office" eingeführt, mit dem Ziel, Experimente und Tests in das politische Handeln einzubeziehen.

Reformprojekt 3: Wettbewerb als Funktionsprinzip (1/2)

Der unternehmerische Staat:

Auf allen Ebenen der staatlichen Verwaltung wird Wettbewerb als Funktionsprinzip implementiert

Wettbewerb stimuliert die stetige Arbeit daran, besser zu werden. Damit ist er ein kontinuierlich wirkender Stimulus für Effizienzsteigerungen, Kostenoptimierungen und Qualitätsverbesserungen. Er fördert die Offenheit für Innovationen. Er fördert und fordert Eigenverantwortlichkeit von Behörden und Behördenmitarbeiter*innen für die Ergebnisse und Wirkungen ihres Tuns.

Es gibt drei Formen der Implementation des Wettbewerbsprinzips im öffentlichen Sektor: wettbewerbliche Ausschreibungen, Auslagerung von innerbehördlichen Aufgaben auf Dritte, Institutionalisierung von Wettbewerb innerhalb der öffentlichen Verwaltung. Konkret:

1. Wettbewerbliche Ausschreibungen:

➢ Siehe dazu unsere Reformvorschläge zum Vergaberecht (Reformprojekt 10). Wichtig dabei ist vor allem: **Ausschreibungen „im Korridor" müssen vermieden werden** (Ausschreibungen, die sich wegen hoher Teilnahmeantragshürden nur an die bekannten, eingeführten und für den Auftraggeber berechenbaren Bieter wenden).

2. Auslagerung von innerbehördlichen Aufgaben auf Dritte:

➢ Bei jeder Behörden-Aufgabe sollte in regelmäßigen Abständen geprüft werden, ob sie innerhalb einer Behörde oder durch Dritte wahrgenommen wird. Das gilt auch für Aufgaben, die „traditionell" innerbehördlich wahrgenommen werden.

➢ In deutschen Behörden sollten regelmäßig **„Reallabor-Projekte"** durchgeführt werden, in denen damit experimentiert wird, Behördenaufgaben auf Dritte auszulagern. Ergeben diese Projekte, dass eine solche Auslagerung Effizienzvorteile verspricht, sollte die Auslagerung dauerhaft durchgeführt werden.

➢ Diese Dritten könnten sein: privatwirtschaftliche Unternehmen; nicht-kommerzielle, gemeinnützige Institutionen; Dienstleistungs-Institutionen der öffentlichen Hand (Unternehmen im Eigentum der öffentlichen Hand, Anstalten des öffentlichen Rechts u. a.).

➢ Wirkungsbasiertes Dienstleister-Management: Die Leistungen dieser Dritten müssen kontinuierlich auf der Basis von Zielen/KPIs gemessen und beurteilt werden. Diese Beurteilung muss folgenreich sein (Incentives, Sanktionen).

Reformprojekt 3: Wettbewerb als Funktionsprinzip (2/2)

Der unternehmerische Staat:

Auf allen Ebenen der staatlichen Verwaltung wird Wettbewerb als Funktionsprinzip implementiert

3. Institutionalisierung von Wettbewerb innerhalb der öffentlichen Verwaltung:

➢ Für jede Behörde und für jeden Dritten (s. o.) wird ein kontinuierliches Leistungs-Monitoring (auf der Basis von Zielen/KPIs) aufgesetzt. Dazu wird die Leistung der Behörde/des Dritten mit Leistungen vergleichbarer Behörden/Dritten verglichen. Beispiele für diese **wettbewerblichen Leistungsvergleiche**:
  ➢ Wie lange dauert ein bestimmtes Verfahren in der Stadt X verglichen mit anderen Städten?
  ➢ Wie effektiv und effizient ist die Arbeit einer Schule verglichen mit anderen Schulen?
  ➢ Wie effektiv und effizient ist die Arbeit einer Polizeiorganisation in einer Stadt/einer Region verglichen mit anderen Städten/Regionen etc.)?
  ➢ Wie effektiv und effizient ist die Leistung eines Gerichts bei bestimmten Verfahren verglichen mit anderen Gerichten und vergleichbaren Verfahren?
  ➢ Wie effektiv und effizient sind die Maßnahmen in einer Regierung zur Digitalisierung von Prozessen verglichen mit anderen Regierungen des In- und Auslands?

➢ **Diese wettbewerblichen Leistungsvergleiche sind folgenreich:**
  ➢ Sie werden veröffentlicht und damit für die öffentliche Meinungsbildung transparent gemacht.
  ➢ Es werden vielfältige **Incentives** festgelegt, die auf der Grundlage dieser Leistungsvergleiche vergeben werden: Budgets, Boni, Personalstellen, Preise, Freiräume, Erleichterungen bei der Regulierung etc.
  ➢ Bei chronischen Schlechtleistungen bzw. Zielverfehlungen können verschiedene **Maßnahmen** implementiert werden:
    ➢ Durchführung eines Beratungsprojektes zur Verbesserung der Leistungsfähigkeit der jeweiligen Institution,
    ➢ Einsetzung eines „Restrukturierungs-Verantwortlichen" in der Institution zur Leistungsverbesserung,
    ➢ Veränderung von finanziellen/regulatorischen Rahmenbedingungen zur Unterstützung von Veränderungsprozessen in der Institution,
    ➢ Auslagerung von Aufgaben auf Dritte.

Im Reformprojekt 2 habe ich dargelegt, dass sich die deutsche Verwaltung hin zu einer **"dualen/bimodalen Organisation"** fortentwickeln muss. Hier dazu noch einige Erläuterungen:

> „Was im 21. Jahrhundert verstärkt gebraucht wird, ist eine öffentliche Verwaltung, die bimodal operiert und bimodal organisiert ist. Stabil und fest, agil und beweglich. [...]
>
> Wir verstehen unter dem Begriff „Bimodalität" Folgendes: Neben der klassischen Verwaltungsorganisation, die mit ihrer hierarchischen Struktur und ihren Zuständigkeits-Silos Stabilität und Kontinuität sichert, muss mehr und mehr eine zweite, eine agile Organisationsstruktur treten, komplementär zu der klassischen Organisation.
>
> Diese zweite Organisationsstruktur besteht aus einer heterarchischen Netzwerkorganisation, das heißt einer Organisation, in der Gleichgestellte miteinander kooperieren, interdisziplinäres und silo- beziehungsweise grenzüberschreitendes Arbeiten vorherrscht und in der die Koordination und Kooperation nicht über Machtausübung, sondern über kompetenzbasierten Einfluss geschehen.
>
> In Netzwerkorganisationen bilden sich temporäre Arbeitseinheiten, die für bestimmte Projekte eingerichtet werden und fluide Organisationsstrukturen haben, das heißt Strukturen, die schnell und flexibel verändert und an neue Gegebenheiten angepasst werden können. Diese Arbeitseinheiten operieren mit agilen Methoden, fokussieren auf schnelle Ergebnisse und fortlaufendes Lernen. Sie arbeiten nicht einen vorgegebenen Plan ab, sondern verändern diesen Plan stetig aufgrund ihrer Lernerfahrungen und sind immer darauf fokussiert, den bestmöglichen nächsten Lösungsschritt zu gehen. Sie agieren nicht auf einem vorbestimmten Weg und in fixierter Zielperspektive, sondern gestalten ihren Weg, indem sie ihn gehen, und finden ihre Ziele, indem sie den adaptiven Prozess des Suchens voranbringen." (Prodoehl und Olbert 2019a, S. 24–26)

7

Die Arteriosklerose im politischen System der Bundesrepublik Deutschland

Agilität ist die Fähigkeit einer Organisation, sich beweglich anzupassen, flexibel zu verändern und schnell Neues aufzugreifen und zu integrieren. Es ist diese Fähigkeit, die Organisationen im 21. Jahrhundert benötigen, um zu überleben und zu reüssieren. Denn im 21. Jahrhundert bewegen sich alle Organisationen in einer Umwelt, die volatil, unsicher, unberechenbar und unstet ist. In dieser Umwelt benötigen Organisationen jene Agilität, um auf die Fluktuationen in ihrer Umwelt adäquat reagieren zu können.

Das politische System in Deutschland ist gegenteilig organisiert. Es ist so gebaut, dass seine Beweglichkeit chronisch eingeschränkt ist, seine Flexibilität chronisch eingedämmt wird. Es basiert auf Strukturen, die Agilität be- und verhindern und die Anpassung an neue Umweltkonstellationen erschweren. Es ist in ein Korsett hineingepresst, das Erstarrung begünstigt und Langsamkeit prämiert. Es ist nicht darauf ausgerichtet, sich flexibel zu verändern, sondern statisch zu dauern.

Die Blutgefäße dieses politischen Systems sind chronisch verhärtet, verengt, verkalkt, verbarrikadiert. Diese **chronische Arteriosklerose** behindert den Blutfluss, die Vitalität, die Innovationsoffenheit und die Anpassungsfähigkeit des politischen Systems. Sie gefährdet ständig seine Fähigkeit, neue Anforderungen schnell aufzugreifen, neue Entwicklungen in seiner Umwelt zu integrieren und unerwartete Herausforderungen zu managen.

Viele Probleme, die heute auf der Agenda der deutschen Politik stehen und die die deutsche Medienöffentlichkeit bewegen, hängen mit dieser Arteriosklerose zusammen.

Ich will hier zunächst einige Streiflichter auf die Erscheinungsformen der Arteriosklerose des deutschen politischen Systems werfen. Die Gründe für diese Arteriosklerose werde ich in diesem Kapitel kurz beleuchten und sie später, in den kommenden Kapiteln, näher analysieren.

In diesem Kapitel gehe ich also folgenden Fragen nach:

- Wie zeigt sich diese Arteriosklerose in der Praxis des staatlichen Systems und der öffentlichen Verwaltungen in Deutschland?
- Was sind die Beschwerden und Probleme für Wirtschaft und Gesellschaft, die durch diese Arteriosklerose erzeugt bzw. verschärft werden?
- Woran kann man diese Arteriosklerose des politischen Systems in Deutschland erkennen?
- Was sind die Krankheitssymptome, die darauf schließen lassen, dass der Befund „Arteriosklerose" realistisch ist?

7.1 Die Versteinerung dysfunktionaler Strukturen

Im deutschen öffentlichen Sektor gibt es eine Vielzahl an Strukturen, Zuständigkeitsabgrenzungen und Verfahren, die seit Jahrzehnten bestehen und die nun, in den 20er Jahren des 21. Jahrhunderts, längst das Ende ihrer „Haltbarkeitsdauer" überschritten haben. Sie sind damit dysfunktional geworden, passen nicht mehr zu den Anforderungen des 21. Jahrhunderts, schaffen vielfältige Folgeprobleme. Sie tragen so zur Arteriosklerose des deutschen politischen Systems bei.

Gleichwohl werden sie bewahrt. Denn sie sind offenbar in Granit gemeißelt und damit zu Stein geworden. Sie sind versteinert, weil ihr Bestand und ihr Fortbestehen mit einer Vielzahl von Rechtsnormen und Konventionen, Besitzstandswahrungsinteressen und Verwaltungsroutinen abgesichert ist.

Weil sie also versteinert sind, ist es mit enormen Anstrengungen und Risiken verbunden, sie zu verändern. Sie zu konservieren und so zu lassen, wie sie sind, ist deshalb für das politische System in der Regel risikoärmer und weniger aufwändig als den mühsamen Versuch zu unternehmen, sie evolutionär oder disruptiv zu verändern.

Man nimmt dann lieber in Kauf, dass diese längst anachronistischen Strukturen, Verfahren und Verhältnisse vielfältige Probleme und Funktionsdefizite verursachen. Diese Probleme und Funktionsdefizite sind häufig für das deutsche politische System das „kleinere Übel", verglichen mit der gewaltigen Mühe, die es kostet, hunderte von Rechtsnormen, Konventionen, Besitzstandswahrungsinteressen und Verwaltungsroutinen anzupassen.

Beispiel: Der Anachronismus der Schulfinanzierung in Deutschland

Das System der Schulfinanzierung besteht in Deutschland unverändert seit Jahrzehnten. Danach finanzieren die Länder die Lehrer*innen und sind für die Unterrichtsinhalte zuständig. Die Kommunen haben die Zuständigkeit für die „Hardware", also für die Schulgebäude, für die Ausstattung der Schulräume (Kreide, Stühle, Tische, Tafeln etc.) und für Hausmeister*innen. Dieses System der Schulfinanzierung war schon immer kritisch. Denn nach diesem System hängt der Zustand der Schulen von der Finanzlage der jeweiligen Kommune ab. Gleichheit der Bildungschancen in Deutschland ist mit diesem System nicht gesichert.

Im 21. Jahrhundert aber wird dieses System der Schulfinanzierung in Deutschland vollends dysfunktional. Der Grund, warum dieses System im 21. Jahrhundert sein Haltbarkeitsdatum drastisch überschreitet, lässt sich mit einem Wort beschreiben: Digitalisierung.

Die Digitalisierung, das Voranschreiten der digitalen Bildung, macht dieses System anachronistisch. Warum ist das so?

Mit der Digitalisierung der Schulen haben die Kommunen plötzlich grundlegenden Einfluss auf die Qualität des Unterrichts und auf die Art und Weise des Unterrichtens bekommen. Denn sie schaffen für die Schulen die gesamte Informations- und Kommunikationstechnik an (PCs, Tablets, interaktive Displays, die dazugehörige Software, Netzwerktechnik, Router, Server, Peripheriegeräte u. a.) und sind auch für den IT-Support an den Schulen zuständig.

Damit wird zum einen die Zuständigkeitsabgrenzung zwischen Ländern und Kommunen verwischt. Denn die Länder sind ja für die Unterrichtsgestaltung zuständig. Die Kommunen aber bestimmen mit ihren Beschaffungsentscheidungen bei der Informations- und Kommunikationstechnik (ITK) maßgeblich die Unterrichtsgestaltung mit.

Hinzu kommt: Mit der Zuständigkeit der 11.000 Kommunen für die Digitalisierung der Schulen ist ein „chaotischer Flickenteppich" (Rolf Hartmann, ehem. Bürgermeister der Stadt Blankenheim) aus ITK-Systemen, ITK-Lösungen und ITK-Serviceniveaus entstanden. Die Länder scheuen davor zurück, Standards vorzugeben, weil sie befürchten, die so standardisierten IT-Systeme wegen des Konnexitätsprinzips finanzieren zu müssen.

> Diese fragmentierte kommunale Bildungs-IT-Landschaft behindert Interoperabilität, Vernetzung und Kooperation. Sie treibt die Kosten für die digitale Bildung.
>
> Ferner sind die meisten Kommunen mit der Aufgabe, die Digitalisierung der Schulen zu managen, überfordert. Zum einen finanziell, zum anderen personell (es fehlen häufig IT-Fachkräfte). Förderprogramme des Bundes wie der Digitalpakt Schule ändern daran nichts: Denn sie sind nur eine temporäre, befristete, keine dauerhafte Lösung für die Schulfinanzierung und für die Finanzierung der digitalen Bildung.
>
> Siehe dazu folgenden Stoßseufzer kommunaler Spitzenverbände: „2023 finanzieren wir unsere Schulen noch immer nach einer Logik aus den 50er Jahren. Bei der Systematik der Schulfinanzierung herrscht […] seit Jahrzehnten Stillstand." (Gemeinsame Pressemitteilung von Städtetag NRW, Landkreistag NRW und Städte- und Gemeindebund NRW vom 10.2.2023)

7.2. Das Drama des deutschen Korporativismus

Der deutsche Korporativismus ist ein wesentlicher Treiber für die Arteriosklerose des deutschen politischen Systems.

Ich verstehe unter Korporativismus Folgendes: Das deutsche politische System hat gesellschaftlichen Organisationen (Interessenverbänden, NGOs, Stiftungen u. a.) umfangreiche Rechte eingeräumt, in politische Prozesse einzugreifen, an politischen Prozessen mitzuwirken, gegen Entscheidungen des politischen Systems zu klagen und bestimmte gesellschaftlich-politische Bereiche selbstverwaltend zu gestalten.

Für diese korporativistische Verflechtung zwischen gesellschaftlichen Organisationen und dem politischen System gibt es viele gute Gründe (Einbindung gesellschaftlicher Gruppen in die Arbeit des politischen Systems, Ermöglichung der Selbstorganisation gesellschaftlicher Gruppen in bestimmten Bereichen des Gemeinwesens etc.). Das ändert aber nichts daran, dass diese korporativistische Verflechtung arteriosklerotisch wirkt.[18]

Beispiele für diese korporativistische Verflechtung:

---

18 Siehe dazu auch: Lehmbruch und Schmitter 1982

- das System der Selbstverwaltung im deutschen Gesundheitswesen, bei dem Kassenärztliche Vereinigungen, der GKV-Spitzenverband der Krankenkassen, die Deutsche Krankenhausgesellschaft und andere Verbände das Gesundheitswesen selbst organisieren,
- das System der Sozialpartnerschaft von Gewerkschaften und Unternehmensverbänden (mit den institutionellen Absicherungen durch die Mitbestimmung und die Tarifautonomie),
- die weitreichenden Einflussmöglichkeiten von Umweltverbänden auf Aktionen des politischen Systems (Klagerechte, Beteiligungsrechte etc.),
- die umfangreichen Befugnisse, die privaten und behördlichen Datenschutzbeauftragten durch Gesetz zuerkannt wurden,
- institutionalisierte Einwirkungschancen von NGOs auf politische Prozesse.

Die arteriosklerotische Wirkung des Korporativismus hat der US-amerikanische Ökonom und Politikwissenschaftler Mancur Olson in seinem Buch „The Rise and Decline of Nations" beschrieben. Er weist in seinem Buch nach, dass „distributional coalitions", also Organisationen, die orientiert sind auf „struggles over the distribution of income and wealth", und „special interest groups" (Olson 2022, S. 44) lähmend auf das politische System wirken.

Zum einen führe die Ausbreitung solcher Interessengruppen zur Vergrößerung der „complexity of regulation" (Olson 2022, S. 69), z. B. durch gesetzliche Sonderregelungen und Ausnahme-Regulierungen, die diese Gruppen erwirken, oder dadurch, dass diese Gruppen in Gesetzen „Loopholes", also Gesetzeslücken, ausfindig machen und damit detailreiche Gesetzesnovellierungen bewirken.[19]

Zum anderen, so Olson, behindere die Dominanz von Interessengruppen die Agilität von politischen Organisationen und Prozessen, verlangsame Entscheidungsprozesse und erschwere die Anpassung an neue Entwicklungen:

> *„Distributional coalitions slow down a society's*
> *capacity to adopt new technologies and to reallocate*
> *resources in response to changing conditions, and thereby*
> *reduce the rate of economic growth." (Olson 2022, S. 65)*

---

19 „There can be an unending process of loophole discoveries and closures with the complexity and cost of regulation continually increasing." (Olson 2022, S. 70)

Es gibt eine Vielzahl an Indizien und Testaten dafür, dass der deutsche Korporativismus die Arteriosklerose im deutschen politischen System befördert hat und befördert. Einige seien hier genannt:

- Die Tatsache, dass wesentliche Innovationen im deutschen Gesundheitswesen (elektronische Patientenakte, elektronisches Rezept u. a.) über Jahrzehnte hinweg nicht vorankamen, ist auch und gerade auf die Vetomacht und Blockadekraft der Institutionen der Selbstverwaltung im deutschen Gesundheitswesen zurückzuführen.
- Das Umweltverbandsklagerecht ist ein wesentlicher Faktor für die Lähmung, Verlangsamung und Verkomplizierung von Prozessen der öffentlichen Hand (siehe dazu näher Abschn. 13.3). Die Beispiele dafür sind Legion: Am Flughafen BER können weite Flächen, die die Flughafengesellschaft besitzt und die sich für eine Solaranlage gut eignen, nicht für Erneuerbare Energien genutzt werden, weil die Flughafengesellschaft davon ausgeht, dass Planungen für den Aufbau von Solaranlagen auf diesen Flächen durch langwierige und kostspielige Interventionen und Klagen von Naturschutzverbänden blockiert und verhindert werden, weil auf diesen Flächen eine bestimmte Vogelart brütet.
- Planungen der Länder, im Bereich des Schienennahverkehrs die Leistungen zur Instandhaltung von Schienenfahrzeugen gesondert auszuschreiben (so dass z. B. auch Schienenfahrzeughersteller für die Instandhaltung dieser Züge bieten können), wurden von der Eisenbahn- und Verkehrsgewerkschaft EVG über viele Jahre hinweg bekämpft und blockiert. Der Grund: Würden Züge nicht mehr von den Eisenbahnverkehrsunternehmen instandgehalten, sondern von den Zugherstellern, dann würden die Mitarbeitenden in den Instandhaltungswerken nicht mehr bei der EVG organisiert, sondern bei der IG Metall. Damit würde die EVG also Mitglieder verlieren. Die Stimulation von Wettbewerb um diese Instandhaltungsleistungen, die durchaus im Interesse der öffentlichen Hand ist, wurde also von der EVG aus gewerkschaftsegoistischen Motiven heraus bekämpft.

7.3 Die Langwierigkeit von Planungs- und Genehmigungsprozessen

„Planung und Bau von Infrastruktur wollen wir erleichtern und beschleunigen. Mit einem Planungsbeschleunigungsgesetz werden wir die Voraussetzung für eine bundesweit einheitliche Straffung, Vereinfachung und Verkürzung der Planungsprozesse schaffen." (Koalitionsvertrag von CDU, CSU und SPD **aus dem Jahr 2005** *für die 16. Wahlperiode des Deutschen Bundestages)*

„Wir prüfen, wo Initiativen ergriffen werden können, um Genehmigungsverfahren, die bundesgesetzlich geregelt sind, zu verkürzen und zu beschleunigen. Genehmigungsverfahren sind, wenn möglich, inhaltlich zu reduzieren und verfahrens- und kompetenzmäßig zu konzentrieren. Dabei ist dem Anzeigeverfahren ein größeres Gewicht einzuräumen. Insbesondere streben wir an, in Abstimmung mit den Ländern Genehmigungsverfahren im Baurecht zu straffen. Außerdem werden wir Umfang und Breite der gerichtlichen Überprüfungskompetenz untersuchen und wo möglich auf das notwendige rechtliche Maß zurückführen." (Koalitionsvertrag von CDU, CSU und FDP **aus dem Jahr 2009** *für die 17. Wahlperiode des Deutschen Bundestages)*

Die Koalition setzt sich für die „zügige Umsetzung von Planungsvorhaben" ein (Koalitionsvertrag **aus dem Jahr 2013** *zwischen CDU, CSU und SPD für die 18. Legislaturperiode des Deutschen Bundestages).*

„Langwierige und bürokratische Planungs- und Genehmigungsverfahren sind ein massives Hindernis für neue Investitionen in Betriebe und neue Infrastrukturen. Dies wirkt sich nachteilig auf die Wettbewerbsfähigkeit des Wirtschaftsstandorts Deutschland aus, gerade auch

*für kleinere und mittlere Unternehmen." (Koalitionsvertrag von CDU, CSU und SPD **aus dem Jahr 2017** für die 19. Legislaturperiode des Deutschen Bundestages)*

*„Für die vor uns liegenden Aufgaben braucht es Tempo beim Infrastrukturausbau. Die Verfahren, Entscheidungen und Umsetzungen müssen deutlich schneller werden. Wir werden deshalb Planungs- und Genehmigungsverfahren modernisieren, entbürokratisieren und digitalisieren sowie die Personalkapazitäten verbessern. Indem wir Bürgerinnen und Bürger früher beteiligen, machen wir die Planungen schneller und effektiver." (Koalitionsvertrag zwischen SPD, Bündnis 90/Die Grünen und FDP **aus dem Jahr 2021** für die Jahre 2021 – 2025)*

Die vorstehenden Zitate zeigen: Immer wieder haben sich verschiedene Bundesregierungen am Anfang einer Legislaturperiode vorgenommen, Planungs- und Genehmigungsverfahren zu beschleunigen. Und immer wieder war am Ende der jeweiligen Legislaturperiode kein nennenswerter Fortschritt erzielt worden. Mit dem Ergebnis, dass der Vorsatz, diesmal endlich Planungs- und Genehmigungsverfahren zu beschleunigen, dann wieder erneuert und bekräftigt wurde, – ohne dass die Gründe für die lange Dauer dieser Verfahren analysiert und auf dieser Grundlage Strategien für eine nachhaltige Überwindung dieser Gründe ausgearbeitet worden wären.

Das deutsche politische System ähnelte damit in den vergangenen Jahren und Jahrzehnten dem Sisyphos in der griechischen Mythologie, der es unternahm, einen Felsen einen Berg hinaufzuwälzen, und dann immer wieder erfahren musste, dass der Felsen zurück ins Tal rollte.

Die **„neue Deutschland-Geschwindigkeit"** (Bundeskanzler Olaf Scholz) bei der schnellen Planung und Genehmigung eines LNG-Terminals in Wilhelmshaven war eine einsame Ausnahme, mitnichten die Regel. Sie war ein Ausreißer in einem weiterhin bestehenden Planungs- und Genehmigungsdrama des öffentlichen Sektors in Deutschland.

Die Reformen, die die Ampel-Bundesregierung in 2022/2023 zur Beschleunigung von Planungs- und Genehmigungsverfahren umgesetzt hat, sind Mikro-Reformen, mitnichten Quantensprünge. Dazu zwei Testate:

„Mit allen Gesetzgebungen der letzten Jahre haben wir sechs bis 12 Monate Beschleunigung bei Verfahren, die in der Regel 10 Jahre dauern. Das reicht nicht. Mit Ausnahmen für ein LNG-Terminal hier oder ein Windrad da ist es nicht getan. Und mit mehr Personal auch nicht. Es braucht viel schnellere und viel einfachere Verfahren – und zwar überall. Sonst fährt die Energiewende gegen die Wand." (Leonhard Birnbaum, CEO der E.ON SE, im Handelsblatt vom 31.3./1.4./2.4.2023)

„Ein wenig Verbessern der bestehenden Prozesse reicht nicht. Im Ergebnis brauchen wir einen fundamentalen Wandel. Zum Beispiel reden wir auf 110kV Ebene von Genehmigungsdauern von über 10 Jahren. Da ist 2030 schon vorbei! Wir brauchen nicht Erleichterungen von ein paar Prozent, um auf 8-9 Jahre zu kommen. Wir brauchen einen Schnitt, der uns auf 2-3 Jahre bringt!" (Birnbaum 2023, S. 126)

Die Langwierigkeit und Komplexität deutscher Planungs- und Genehmigungsverfahren ist legendär und bietet auch dem Ausland immer wieder Anlass für Spott und Kopfschütteln. Sie ist mittlerweile nicht nur zu einem Investitionshindernis und Standortnachteil geworden, sondern behindert auch massiv notwenige Maßnahmen zur Renovierung der Infrastruktur.

Sie bürdet Unternehmen hohe Kostenlasten auf, schafft für Unternehmen, die in Deutschland agieren, gegenüber ausländischen Wettbewerbern Konkurrenznachteile, behindert und verlangsamt notwendige Transformationsprozesse – und ist ein Eldorado für Rechtsanwaltskanzleien, Gutachter und Berater.

Damit wird in Deutschland mehr und mehr ein vitales „Ökosystem für Komplexitätsmaximierung" geschaffen. In diesem Ökosystem leben all diejenigen, die ein Interesse daran haben, Komplexität zu steigern. Und damit die Arteriosklerose des politischen Systems zu befestigen. Das sind nicht nur, wie ich in Kapitel 9 darlegen werde, die Akteure in der staatlichen Verwaltung und in den Gerichten, sondern auch und gerade Rechtsanwälte, Gutachter und Berater. Denn deren Honorarvolumen und damit Gewinnmargen hängen direkt vom Grad der Komplexität eines Verfahrens ab. Je komplexer ein Verfahren ist, desto mehr Arbeitstage können Rechtsanwälte und Sachverständige veranschlagen. Diese Bewohner des „Ökosystems für Komplexitätsmaximierung" haben also ein unmittelbares ökonomisches Interesse daran, Sachverhalte und Verfahren möglichst zu komplizieren und in die Länge zu ziehen. Nichts ist schlimmer für eine Rechtsanwaltskanzlei in einem Genehmigungsverfahren als ein kurzer Schriftsatz, mit dem ein Problem klar und eindeutig gelöst werden und ein Rechtsstreit vermieden werden kann.

Dieses „Ökosystem für Komplexitätsmaximierung" hat eine Eigenwelt geschaffen, mit hohen Hürden und Zutrittsbarrieren für Dritte. In dieser Eigenwelt verfügen die Akteure über vielfältige Methoden, um Komplexität zu steigern: Gutachten erzeugen Gutachten, juristische Schriftsätze erzeugen juristische Schriftsätze, Problemlösungen schaffen Folgeprobleme, lange Verfahren führen zu einer selbstgeschaffenen Verfahrensverlängerung, weil sich während der langen Verfahrensdauer die Rahmenbedingungen für das jeweilige Projekt verändern. Zutritt in diese Eigenwelt erlangen nur die, die in der hyperkomplexen Materie bewandert, also in die Eigenwelt einsozialisiert sind. Nach dem Motto: „Nur der kommt rein, der schon drin ist."[20]

Was sind die Ausprägungsformen und die Hintergründe für diese „typisch deutsche" Hyper-Komplexität und Langwierigkeit von Planungs- und Genehmigungsverfahren?

Deutsche Sonderwege bei EU-Regelungen

- Viele EU-Regelungen lassen Spielräume/Freiheitsräume für die nationale Umsetzung, indem sie z. B. mit auslegbaren Begriffen wie „angemessen", „erheblich" u. a. operieren, Ausnahmen zulassen oder schärfere nationale Regelungen erlauben. In Deutschland werden diese Spielräume in der Regel so genutzt, dass Planungs- und Genehmigungsverfahren deutlich kompliziert und verlängert werden. So werden unklare EU-Begriffe restriktiv ausgelegt, werden Ausnahmen nicht zugelassen oder schärfere nationale Regelungen festgelegt. Mit dem Ergebnis, dass die Komplexität und Dauer von Planungs- und Genehmigungsverfahren in Deutschland deutlich höher ist als in anderen EU-Staaten.
  - Dort, wo EU-Regelungen einen Raum eröffnen, der im nationalen Rahmen ausgefüllt werden kann, wird dieser Raum in Deutschland zuverlässig mit Detailregelungen auszementiert.

---

20 „Wenn die Aufstellung eines Planfeststellungsbeschlusses nur noch von einer Handvoll Fachleuten rechtssicher durchgeführt werden kann, dann erodiert das Vertrauen in die Funktionsfähigkeit des Rechtsstaats." (Andreas Voßkuhle, Präsident des Bundesverfassungsgerichts, in DIE ZEIT, 29. September 2018)

- Dort, wo EU-Recht nationale Verschärfungen zulässt, kann mit an Sicherheit grenzender Wahrscheinlichkeit davon ausgegangen werden, dass Italien diese Verschärfungen nicht einführt, Deutschland aber doch (*Beispiel:* Regelungen in Deutschland zum Sicherheitsabstand zwischen Industrieanlagen und Wohn- oder Naturschutzgebieten).

Warum erfolgt die Umsetzung von EU-Regelungen durch die deutsche Staatsbürokratie in der Regel äußerst restriktiv? Weil eine solche restriktive Auslegung die behördeninternen Interessen an Risikoeliminierung und Komplexitätssteigerung bedient (siehe dazu näher Kapitel 9).

Im Zweifel für mehr Komplexität
- Um „auf der sicheren Seite zu sein", alle Eventualitäten abzudecken, selbst „Worst-Case-Szenarien" zu umgreifen, jegliche „Fehlerquellen" und „Regelungslücken" zu eliminieren, tendieren deutsche Behörden dazu, bei verschiedenen Regelungs-Optionen in der Regel die komplexeste, detaillierteste und restriktivste Option auszuwählen.

„Mikromanagement" ist hier die Devise: Regelungen werden bis ins Kleinste ausgetüftelt, umfassende Nachweise mit detaillierten Darlegungen werden verlangt, Berge von Gutachten werden angefordert, Gutachten über Gutachten werden in Auftrag gegeben etc.

Beispiele dafür in der chemischen Industrie: Anforderung nach umfassenden Bodenzustandsberichten bei Anlagengenehmigungen; umfassende, mehrfach verschärfte Sicherheitsabstandsregelungen im Bundesemissionsschutzgesetz; detaillierte, auch im internationalen Vergleich äußerst restriktive Regelungen zum Natur- und Artenschutz.

Formalisierung von Kommunikation
In einer agilen Organisation ist eine agile Kommunikation ein Schlüsselfaktor für die Beschleunigung von Prozessen und für die Optimierung von Kooperation. Was bedeutet agile Kommunikation in einer agilen Organisation?

- Offenheit für Kommunikation über Hierarchiestufen hinweg, Abbau jeglicher Kommunikationsbarrieren,
- Schaffung von Gelegenheiten für stetige interdisziplinäre, grenzüberschreitende, siloübergreifende Kommunikation,
- Offenheit für informelle Kommunikation neben formellen Kommunikationssituationen,

- Schaffung von Räumen für Ad-hoc-Kommunikation: schnelles Aufsetzen und Umsetzen von Besprechungen, regelmäßige und häufige (in der Regel tägliche) Abstimmungen, Problemlösungen im stetigen Dialog,
- Feedback-Kultur: stetige Reviews und Rückkopplungen mit Beteiligten und Betroffenen, kontinuierliches Lernen durch kontinuierliche Kommunikation.

Die Kommunikation in deutschen Planungs- und Genehmigungsverfahren ist in der Regel das genaue Gegenteil einer agilen Kommunikation. Sie ist dediziert unagil. Was sind ihre Merkmale?

- Behörden kultivieren in Planungs- und Genehmigungsverfahren häufig den Habitus einer hoheitlichen Instanz. Das verbietet es für sie, informelle Gespräche mit Antragstellern zu führen, „auf gleicher Ebene" mit Dritten in einen Dialog zu treten, Planspiele mit Antragstellern durchzuführen, mit dem Ziel einer schnellen Problemlösung zu verhandeln, Klärungsbedarf durch schnellen Dialog auszuräumen, Workshops zur Problemklärung und -lösung mit Betroffenen aufzusetzen etc.
- Planungs- und Genehmigungsverfahren sind in der Regel umfassend durchformalisiert. Da sind Abkürzungen und Seitenwege ausgeschlossen, da verhindern Formerfordernisse schnelle Klärungen. In deutschen Verwaltungen dominiert ein juristisches Absicherungs- und Risikovermeidungsverhalten, bei dem alle Formen agiler Kommunikation als riskant, rechtlich fragwürdig und politisch heikel angesehen werden.
- Die umfassende Verrechtlichung von Planungs- und Genehmigungsverfahren (siehe dazu Kap. 13) macht agile Kommunikation nahezu unmöglich. Da gibt es dann keine schnellen informellen Verständigungen, keine Sprints (als agile Kommunikationsform), keine Dialoge zur zügigen Problemlösung, sondern: Rechtsgutachten, Klagen vor Gericht, formstrenge Gerichtsverfahren, gerichtliche Fristen, Schriftsätze, Schriftsätze, die auf Schriftsätze antworten, Schriftsätze, die auf Schriftsätze antworten, die auf Schriftsätze antworten etc.

Fehlende Incentives für Prozessoptimierung
Eine Prozessoptimierung mit dem Ziel der Beschleunigung von Verfahren scheitert in deutschen Verwaltungen nicht nur an überkommenem Zuständigkeitsdenken und Silohandeln.

Hinzu kommt: Es gibt in der öffentlichen Verwaltung keinerlei Incentives für eine Prozessoptimierung und keine Sanktionen für Prozesse, die schwerfällig, langwierig und ineffizient sind.

Im Gegenteil: Führt Prozessoptimierung (z. B. durch agile Kommunikations- und Kooperationsformen) zu einer Beschleunigung von Verfahren, wächst häufig der Arbeitsdruck und die Arbeitsverdichtung, werden häufig Räume, in denen früher behäbig und langsam gearbeitet werden konnte, verschlossen. Ohne dass diese Arbeitsintensivierung mit entsprechenden Belohnungen einherginge (Gehaltssteigerungen, Beförderungen, mehr Verantwortung und Freiräume etc.). Entsprechend fehlt in der deutschen öffentlichen Verwaltung ein objektives Interesse daran, Prozessoptimierung und agile Kommunikation zu planen und durchzusetzen.

Es fehlt in der öffentlichen Verwaltung in der Regel eine Leistungskultur, bei der besseres (effizienteres, effektiveres, schnelleres, zeit- und kostenoptimiertes) Arbeiten belohnt und schlechteres Arbeiten bestraft wird.

Entsprechend bleibt es in der öffentlichen Verwaltung häufig folgenlos, wenn Planungs- und Genehmigungsverfahren langwierig sind. Und in der Regel hat niemand in der öffentlichen Verwaltung einen Nachteil, wenn sich Planungs- und Genehmigungsverfahren verzögern und über einen langen Zeitraum hinweg erstrecken.

Vielfach fehlen kurze Fristen in diesen Verfahren, weil niemand ein Interesse an kurzer Fristsetzung hat. Vielfach werden Doppelarbeiten durchgeführt, weil es keine Instanz gibt, die Doppelarbeit sanktioniert. Vielfach werden Arbeitsvorhaben im Rahmen dieser Verfahren zeitlich ausgedehnt, weil niemand schnelles Arbeiten einfordert. Vielfach werden Arbeitsprojekte, die gebündelt werden könnten, nicht gebündelt, sondern nacheinander durchgeführt, weil niemand eine Bündelung prämiert. Vielfach fehlt es an einer digitalen Verfügbarkeit von Antragsunterlagen, Gutachten, planungsrelevanten Daten und Plänen, weil niemand in der öffentlichen Verwaltung für sich einen Vorteil darin sieht, durch Digitalisierung schneller arbeiten und Verfahren beschleunigt abwickeln zu können.

Es gibt eine Vielzahl an Maßnahmen, mit denen Planungs- und Genehmigungsverfahren beschleunigt werden könnten, die deshalb nicht umgesetzt werden, weil sie den Akteuren in der öffentlichen Verwaltung keinen Vorteil bringen und mit möglichen Nachteilen einhergehen können. *Beispiele dafür:* der Verzicht auf die vollständige Einreichung aller Nachweise und die Erlaubnis zum vorzeitigen Maßnahmenbeginn (erhöht das Risikoniveau, bringt dem Bearbeiter in der öffentlichen Verwaltung aber keinen Vorteil).

> **Beispiel „Abladeoptimierung der Fahrrinnen am Mittelrhein"**
>
> Der Rhein gehört zu den wichtigsten Wasserstraßen in Europa. Der Mittelrhein in Rheinland-Pfalz wird jährlich von ca. 50.000 Güterschiffen befahren (2021). Dieser Güterverkehrsträger ist für die Versorgung einer Vielzahl deutscher Unternehmen von herausragender Bedeutung (z. B. für die BASF). Damit diese Wasserstraße leistungsfähig bleibt, ist es zwingend erforderlich, auf der Strecke zwischen Budenheim und St. Goar die Fahrrinne tiefer zu legen. Denn bei Niedrigwasser kann diese Strecke von vielen Schiffen entweder gar nicht mehr oder nur mit erheblich verringerter Beladung befahren werden, mit erheblichen Folgen für die Versorgung von Unternehmen und Menschen in der Region (Unterbrechung von Lieferketten etc.). Dieses Vorhaben, den Rhein auf dieser Strecke zu vertiefen („Abladeoptimierung der Fahrrinnen am Mittelrhein") ist auch deshalb besonders dringlich, weil sich nach allen Prognosen das Güterverkehrsaufkommen auf dieser Strecke in den kommenden Jahren deutlich erhöhen und zugleich die Wahrscheinlichkeit von dürrebedingten Niedrigwassersituationen ansteigen wird.
>
> Entsprechend hat die Bundesregierung dieses Vorhaben im Bundesverkehrswegeplan 2030 hoch priorisiert. Seit dem Jahr 2010 wird das Vorhaben geplant. Aufgrund der hochkomplexen rechtlichen Rahmenbedingungen, die für ein solches Vorhaben in Deutschland gelten (Einbeziehung von Dutzenden von Behörden, Partizipation von Bürger*innen, Umweltverträglichkeitsprüfung, Einbeziehung von Naturschutzverbänden etc.) ist heute, im Jahr 2023, absehbar, dass dieses Projekt nicht vor 2035 wird abgeschlossen werden können. Unter anderem gibt es bei diesem Projekt, auch und gerade wegen des gesetzlich verankerten Umweltschutzverbandsklagerechts (siehe Abschn. 13.3) erhebliche Verzögerungen wegen der Einsprüche von Naturschutzverbänden (z. B. im Blick auf die Fischfauna, die Avifauna, die Kormoranschlafplätze, die Ruhezonen für Zugvögel, die Lebensräume für Biber und Amphibien, den Silberweidenauwald etc.).

Die folgenden Charts skizzieren ein Reformprojekt, das darauf abzielt, mit disruptiven Maßnahmen wirksam die deutsche Arteriosklerose bei Planungs- und Genehmigungsverfahren zu kurieren.

Reformprojekt 4: Disruptive Verfahrens-Innovationen (1/4)

Der unternehmerische Staat:

Zur drastischen Beschleunigung von Planungs- und Genehmigungsverfahren wird ein Programm „Disruptive Verfahrens-Innovationen" aufgesetzt.

Wie können Planungs- und Genehmigungsverfahren in Deutschland tatsächlich drastisch beschleunigt und effizienter umgesetzt werden?

Dazu wird in einer konzertierten Aktion von Bund und Ländern ein

**Nationales Programm
„Disruptive Verfahrens-Innovationen"**

aufgesetzt. Es wird wie folgt ausgestaltet:

- Bund und Länder gründen einen **Expertenrat für das Programm „Disruptive Verfahrens-Innovationen"**. Der Expertenrat wird vergleichbar mit den Expertengruppen zum Programm „Komplexitätsreduktion" ausgestaltet. Der Expertenrat arbeitet eng mit den Expertengruppen des Programms „Komplexitätsreduktion" zusammen.
- Gegenstand der Arbeit des Expertenrates ist es, Vorschläge dazu zu unterbreiten, wie das nationale Ziel

  sicherzustellen, dass jedes Planungs- und Genehmigungsverfahren in Deutschland höchstens ein Jahr lang dauert,

  nachhaltig und effektiv erreicht werden kann.
- Diese Vorschläge werden von Bund und Ländern in der Zielperspektive geprüft, das genannte Ziel spätestens zwei Jahre nach dem Start des Nationalen Programms zu erreichen.

Reformprojekt 4: Disruptive Verfahrens-Innovationen (2/4)

Der unternehmerische Staat:

Zur drastischen Beschleunigung von Planungs- und Genehmigungsverfahren wird ein Programm „Disruptive Verfahrens-Innovationen" aufgesetzt.

Zur Erreichung dieses Ziels werden in diesem nationalen Programm „Disruptive Verfahrens-Innovationen" z. B. die folgenden Maßnahmen geprüft:

- Schaffung von **„Public Shared Services Centers (PSSC)" für das Management von Planungs- und Genehmigungsverfahren in Deutschland"** mit dem Ziel, die öffentliche Verwaltung bei der beschleunigten und effizienten Abwicklung der Verfahren zu unterstützen:
  - Diese PSSC sollten von Bund und Ländern getragen werden. Ggf. in der Rechtsform der Anstalt des öffentlichen Rechts. Dabei könnten gesetzlich bestimmte Regeln für den Einsatz von PSSC-Fachkräften in Planungs- und Genehmigungsverfahren getroffen werden. Und **Regelungen dazu, dass die Verantwortung für die Durchführung bestimmter Verfahren auf ein PSSC übertragen werden kann.**
  - In diesen PSSC werden vor allem **Juristen**, die auf Planungs- und Genehmigungsverfahren spezialisiert sind, **und Projektmanager** tätig.
  - Die Projektmanager*innen werden eingesetzt, um die Verfahren mit **Methoden des agilen Projektmanagements** möglichst effizient, kundenfreundlich und schnell durchzuführen (kundenzentriertes Verfahrens-Projektmanagement durch agile Kommunikation und partnerschaftlichen Dialog mit allen Verfahrensbeteiligten). Siehe zum Institut des Projektmanagers auch § 43g EnWG, § 29 NABEG; § 17 h FStrG.
  - Aus diesem Pool von Expert*innen können sich öffentliche Verwaltungen für die effiziente und schnelle Abwicklung von (in der Regel) großvolumigen Planungs- und Genehmigungsverfahren bedienen.
  - **Ziel:** Sicherung von Know-how-Akkumulation für die öffentliche Verwaltung in diesen PSSC für die zügige Durchführung der Verfahren; Vorhalten von Spezial-Know-how im PSSC für bestimmte Planungs- und Genehmigungsverfahren; Bereitstellung von flexibel einsetzbaren Task Forces, die zur „Amtshilfe" bzw. zur eigenverantwortlichen Durchführung von Verfahren bereitstehen.

Reformprojekt 4: Disruptive Verfahrens-Innovationen (3/4)

Der unternehmerische Staat:

Zur drastischen Beschleunigung von Planungs- und Genehmigungsverfahren wird ein Programm „Disruptive Verfahrens-Innovationen" aufgesetzt.

Zur Erreichung dieses Ziels werden in diesem nationalen Programm „Disruptive Verfahrens-Innovationen" z. B. die folgenden Maßnahmen geprüft:

- **Grundlegende Reform des deutschen Rechtssystems zu Planungs- und Genehmigungsverfahren** mit dem Ziel einer drastischen Vereinfachung und Verkürzung von Verwaltungsverfahren:
  - **Beseitigung der verschiedenen Planungs- und Genehmigungsstufen durch Festlegung eines integrierten Hauptsacheverfahrens**, Sicherung eines einstufigen Planungs- und Zulassungsprozesses, dadurch Vermeidung von Mehrfachprüfungen und Mehrfach-Öffentlichkeitsbeteiligungen; Beispiele:
    - bei Bundesfernstraßen: Integration der Stufen Bundesverkehrswegeplanung, Linienbestimmung, Raumordnungsverfahren, Planfeststellung durch Streichung des Raumordnungsverfahrens und der Linienbestimmung;
    - Wegfall der Bundesfachplanung bei NABEG-Vorhaben;
    - Zusammenfassung von Bebauungsplanaufstellung und Genehmigungsverfahren bei Gewerbe- und Industrievorhaben;
  - **Transformation der Öffentlichkeitsbeteiligung:** Sie soll künftig nur einmal, im integrierten Hauptsacheverfahren, stattfinden; ferner soll sie ausschließlich elektronisch durchgeführt werden (mit Bürgerportalen, durch elektronische Auslegung von Planunterlagen etc.); Auslegungsfristen bei Öffentlichkeitsbeteiligung und Beteiligungsfristen sind zu verkürzen; Erörterungstermine sollten wegfallen; auch die Beteiligung der Träger öffentlicher Belange sollte künftig ausschließlich elektronisch erfolgen.
  - **Abschaffung der Umweltverbandsklagen;** Befreiung bestimmter Verfahren von Umweltverträglichkeitsprüfungen (Sanierung, Erneuerung, Ersatz etc.)
- Dabei sollten Bund und Länder in der EU auf eine **Änderung entsprechender unionsrechtlicher Anforderungen bzw. auf Sonderregelungen für Deutschland** hinwirken.

Reformprojekt 4: Disruptive Verfahrens-Innovationen (4/4)

Der unternehmerische Staat:

Zur drastischen Beschleunigung von Planungs- und Genehmigungsverfahren wird ein Programm „Disruptive Verfahrens-Innovationen" aufgesetzt.

Zur Erreichung dieses Ziels werden in diesem nationalen Programm „Disruptive Verfahrens-Innovationen" z. B. die folgenden Maßnahmen geprüft:

- **Weitere regulatorische Maßnahmen zur Entkomplizierung von Planungs- und Genehmigungsverfahren der öffentlichen Hand:**
  - Festlegung bestimmter Fristen für Stellungnahmen bzw. Entscheidungen von Behörden in diesen Verfahren, z. B. auch für die Bescheidung von Anträgen (wird die Frist überschritten, gilt der Antrag als genehmigt),
  - Vorgaben für agile, kundenzentrierte Kommunikation zwischen Behörden und Verfahrensbeteiligten (weg von der hoheitlichen, Superioritäts-Verwaltung; hin zur kundenzentriert und partnerschaftlich handelnden Verwaltung),
  - Vorgaben für die maximale Dauer von Verfahrensschritten,
  - Beschränkung von Gutachten nach Zahl und Umfang,
  - Digitalisierung der gesamten Verfahren (digitale Bereitstellung von Antragsunterlagen, Plänen und Gutachten etc.),
  - damit Schaffung der Voraussetzungen für synchrone und nicht konsekutive Arbeit von verschiedenen Behörden in den Verfahren,
  - Reduzierung der Prüftiefe durch Typengenehmigungen, Standardisierungen etc.
- **drastische Vereinfachung und Entkomplizierung von gerichtlichen Verfahren**: z. B. durch Verkürzung des Instanzenzugs (nur eine gerichtliche Instanz in Planungs- und Genehmigungsverfahren, keine Revisionsinstanz), durch Entkomplizierung des Prozessrechts, durch Einführung verbindlicher gerichtlicher Entscheidungsfristen, durch Festlegung einer Stichtagsregelung zur Sach- und Rechtslage etc.

7.4 Die Unfähigkeit des deutschen politischen Systems, zügig, effektiv und effizient ins digitale Zeitalter zu migrieren

Deutschlands Abstand zu den internationalen digitalen „First Movern" in der Digitalisierung ist im 21. Jahrhundert eher größer als kleiner geworden. Bei zentralen internationalen Vergleichsmetriken zum Stand der Digitalisierung in verschiedenen Ausprägungen ist Deutschland nicht an der Spitze oder häufig sogar nur im Mittelfeld oder noch darunter positioniert: Beim DESI-Konnektivitätsindikator rangiert Deutschland unter den EU-Staaten auf Rang 8, bei der Nutzung des Internets auf Rang 9, bei der Integration digitaler Technologien in Geschäftsprozesse auf Rang 19. Beim World Digital Competitiveness Ranking des Institute for Management Development (IMD) belegt Deutschland nur Rang 18, ebenso wie beim Digital Intelligence Index der Tufts University. Beim Digital Riser Report des European Center for Digital Competitiveness ist es Rang 16. Bei keinem der Indikatoren kommt Deutschland in die Nähe des jeweiligen Spitzenreiters, und bei fünf der sieben genannten Indikatoren ist Deutschland sogar zurückgefallen.

Die Corona-Krise hat zudem große Mängel in der staatlichen Ablauforganisation verdeutlicht. Defizite in der Digitalisierung tangieren nicht nur Schulen, Gesundheitsämter, Krankenhäuser und Pflegeheime, sondern auch die staatliche Verwaltung in ihrer gesamten föderalen Struktur. In der Corona-Krise, aber auch in der Flutkatastrophe im Sommer 2021 zeigte sich, dass Verwaltungen zum Teil überfordert waren und die Geschwindigkeit von Entscheidungen und ihrer Umsetzung unangemessen lang sind.

Die Strukturen der öffentlichen Verwaltung haben sich bereits vor der Pandemie als wesentliche Hemmnisse für eine effektive Digitalisierung erwiesen: „Das Bild eines gut organisierten und gut regierten Landes hat sichtbar Risse bekommen" (Nationaler Normenkontrollrat 2021, 1). „Das Koordinations- und Organisationsversagen der öffentlichen Hand in Deutschland ist mehrfach in internationalen Vergleichen aufgezeigt worden" (Wissenschaftlicher Beirat des BMWI 2021, 20).

Ein empirischer Vergleich bestätigt diese Einschätzung: Trotz des Potenzials von E-Government liegt Deutschland im europaweiten Vergleich bei der Digitalisierung der Verwaltung und der Einführung von E-Government-Angeboten nach dem Digital Economy and Society Index 2019 (DESI) der EU nur auf Platz 21 beim E-Government und bei der Nutzung von E-Health-Diensten auf dem vorletzten Platz in Europa (European Commission, 2021). Nach dem D21-Monitor 2020/21 hat zuletzt erst etwa jeder zweite Befragte bisher E-Government-Angebote genutzt (Initiative D21, 2021).[21]

In Sachen Digitalisierung kann man dem deutschen politischen System ein eindrucksvolles Zeugnis ausstellen: Bei nahezu allen großen Digitalisierungsprojekten der letzten 20 Jahren gelang es nicht, sie „in time, in budget, in quality" abzuwickeln. Ziele wurden chronisch verfehlt: Zeitpläne wurden überschritten, Kosten potenzierten sich, Umsetzungskonflikte programmierten Qualitätseinbußen. Dafür hier nur einige ausgewählte Beispiele:

- **Beispiel Einführung einer einheitlichen Steuersoftware für die deutsche Finanzverwaltung:** Seit dem Jahr 1991 bemühen sich die Finanzverwaltungen von Bund und Ländern, eine bundeseinheitliche Steuersoftware zu entwickeln. Für die Umsetzung dieses Großprojektes wurden zwei Programme aufgesetzt: Fiscus und Konsens. Das Projekt Fiscus verursachte Kosten von ca. 900 Mio. Euro (!) und wurde wegen völliger Erfolglosigkeit im Jahr 2007 eingestellt. Zu dem Folgeprojekt Konsens stellte der Oberste Bayerische Rechnungshof Ende 2020 fest: Die Kosten seien explodiert und würden bis 2024 zwei Milliarden Euro betragen. Das Ziel, eine bundeseinheitliche Steuersoftware zu entwickeln und zu implementieren, sei Ende 2020 aber noch in weiter Ferne. Wegen gravierender Mängel im Projektmanagement und wegen chronischer Abstimmungsprobleme zwischen den Ländern sei es nicht gelungen, die Ziele, die man im Jahr 2007 für Konsens gesetzt habe, auch nur annähernd zu erreichen.
- **Beispiel elektronische Patientenakte im deutschen Gesundheitswesen:** Bereits Mitte der 90er Jahre des 20. Jahrhunderts war der Nutzen einer solchen ePatientenakte vielfach dokumentiert. Technische Lösungen für die ePatientenakte gibt es seit mehr als 20 Jahren. Im August 1997 legte die damalige Bundesgesundheitsministerin Ulla Schmidt dazu ein Konzept vor. Ende 2003 beschloss die damalige Bundesregierung die zügige Einführung der elektronischen Gesundheitskarte und Patientenakte. Auf der CeBIT 2004 sagte der damalige Bundeskanzler Gerhard Schröder dazu: „Die Gesundheitskarte ist ein Vorhaben, das von Anfang an funktionieren muss." Bis zum Jahr 2023 gibt es sie in Deutschland nicht. Das liegt zum einen an der Zersplitterung von

---

21 Siehe dazu: Klös 2021

Zuständigkeiten zwischen Bund und Ländern. Zum anderen daran, dass viele Verbände und Institutionen des Gesundheitswesens (Krankenkassen, kassenärztliche Vereinigungen, Leistungserbringer etc.) in einem „korporativistischen Politikansatz" einbezogen werden mussten (siehe Abschn. 7.2). Zum dritten an rechtlichen Fallstricken (Datenschutz u. a.). Mit dem Ergebnis, dass diese gesundheitspolitische Innovation von der Konzeption bis zur Verwirklichung in Deutschland einen Prozess von mehr als 30 Jahren erforderte. In der Digitalstrategie des Bundesministeriums für Digitales und Verkehr vom September 2022 heißt es immerhin nun dazu, die elektronische Patientenakte solle bis 2025 für 80 Prozent der Patienten verfügbar sein. In anderen Staaten (z. B. in den USA und in Dänemark) gibt es sie bereits seit vielen Jahren.

- **Beispiel De-Mail:** Mit diesem E-Mail-Dienst wollte die Bundesregierung einen sicheren, vertraulichen und nachweisbaren Geschäftsverkehr im Internet sicherstellen. Dazu wurde eigens ein „De-Mail-Gesetz" verabschiedet. Dieser bundeseigene E-Mail-Dienst sollte Behördengänge einfacher machen. Das Gegenteil war der Fall. Der De-Mail-Dienst war so hyperkompliziert gestaltet, dass er kaum genutzt wurde und deshalb im Jahr 2021 wegen völliger Erfolglosigkeit wieder eingestellt wurde.
- **Beispiel Onlinezugangsgesetz:** Häufig ist der Bundesrepublik Deutschland von Dritten bescheinigt worden, dass die Bundesrepublik in Sachen E-Government auf dem Status eines Entwicklungslandes ist.
Siehe z. B. der „eGovernment Benchmark 2021" der EU-Kommission vom September 2021: Hier stellt die EU-Kommission einen eGovernment Maturity Score vor, der den Reifegrad des eGovernments in 36 europäischen Ländern analysiert (nach den Kriterien: User Centricity, Transparency, Technically Enabled and Open to Users). Bei diesem Rating der EU-Kommission belegt Deutschland unter diesen 36 europäischen Ländern den Rang 24. Das Onlinezugangsgesetz aus dem Jahr 2017 sollte einen Quantensprung in Sachen E-Government-Evolution bringen. Das Ziel war es, bis Ende 2022 575 Verwaltungsverfahren online zur Verfügung zu stellen. Dieses Ziel wurde krachend verfehlt. In seinem Jahresbericht 2022 schreibt der Nationale Normenkontrollrat dazu:

> *„Nachdem Deutschland der Entwicklung in anderen Ländern jahrelang hinterhergelaufen war, sollte das 2017 beschlossene Onlinezugangsgesetz (OZG) die Wende bringen. Diese Hoffnung hat sich nicht erfüllt. Trotz gewis-*

> ser Erfolge und einem großen Engagement der Beteiligten in Bund, Ländern und Kommunen sind zwei Monate vor Ende der Umsetzungsfrist erst 33 von 575 Verwaltungsleistungen flächendeckend verfügbar. Grund hierfür sind strukturelle Herausforderungen im Zusammenwirken der Ebenen, die bisher nicht gelöst worden sind, etwa komplizierte Koordinierungsstrukturen, fehlende Standardisierung und mangelnde Verbindlichkeit."

Zu dem Änderungsgesetz zum Onlinezugangsgesetz („OZG 2.0"), das im Jahr 2023 im Bundestag beraten wurde, merkt der Präsident des Verbandes Bitkom, Achim Berg, am 24. Mai 2023 an:

> „Das digitale Deutschland ist ein Failed State. Das OZG zur Digitalisierung der Verwaltung in Bund und Ländern ist krachend gescheitert, und die Nachfolgeregelung eines OZG 2.0 verheißt keine wirkliche Besserung."

Und das, wo der damalige Bundeskanzler Gerhard Schröder bereits zur Eröffnung der CeBIT 2001 gesagt hatte:

> „Wir werden deshalb bis 2005 alle internetfähigen Dienstleistungen der Bundesverwaltung [...] online bereitstellen. In ein paar Jahren wird kein Student mehr vor dem BAföG-Amt Schlange stehen müssen und es wird sich niemand mehr einen Tag Urlaub nehmen müssen, um beim Straßenverkehrsamt sein Auto anzumelden."

20 Jahre nach dieser Aussage waren analoge Behördengänge bei Dienstleistungen der Bundesverwaltung immer noch die Regel.

Der CIO und CDO der Stadt Stuttgart, Thomas Bönig, fällt zur Umsetzung des OZG ein vernichtendes Urteil: „Aktuell kann man der Politik beim OZG leider nur ein Zeugnis ausstellen: ungenügend, Thema nicht verstanden sowie Ziele vollständig verfehlt." Mit dem OZG wurde, so Bönig, mit „enormen Investitionen nur eine Pseudodigitalisierung erreicht."[22]

---

22 Bönig 2023, S. 24

Die Abb. 1 gibt einen Überblick darüber, wie die OZG-Umsetzung in einem Komplexitäts-Wirrwarr von Institutionen und Beteiligten behindert, erschwert und sabotiert wurde:[23]

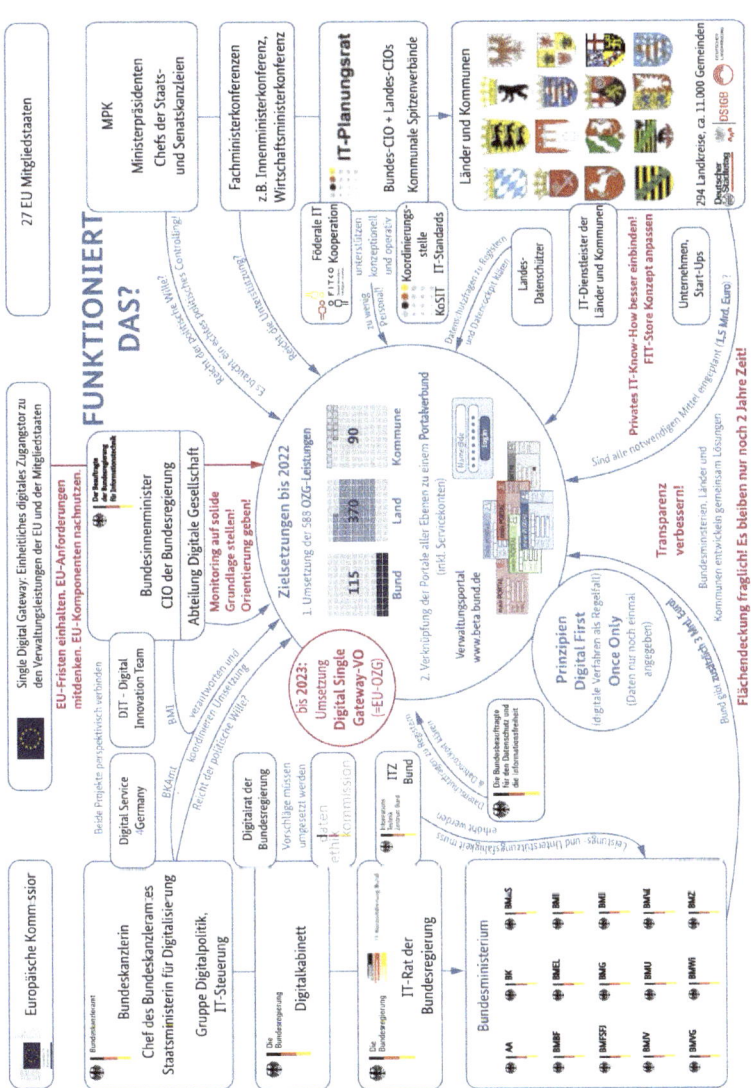

Abb. 1. Onlinezugangsgesetz – Umsetzungsstrukturen und Digitalisierungsverantwortliche. Quelle: Nationaler Normenkontrollrat 2020, S. 31

23 Nationaler Normenkontrollrat 2020, S. 31

Die chronische Rückständigkeit der deutschen öffentlichen Verwaltung in Sachen Digitalisierung ist, wie oben schon dargelegt wurde, auf strukturelle Ursachen zurückzuführen. Sie ist nicht zufällig, sondern hat Methode.

Martin Schallbruch führt in seinem Buch „Schwacher Staat im Netz" (Schallbruch 2018) die „Trostlosigkeit" der deutschen digitalen Verwaltung auf zwei Ursachen zurück: auf „eine komplexe mehrdimensionale Verantwortungsverteilung innerhalb der deutschen Verwaltung" (Verteilung von Zuständigkeiten in Bund, Ländern und Kommunen, Ressortpartikularismus und Silodenken in den einzelnen Ministerien und Behörden) und auf das „kulturelle und strukturelle Prinzip der Vermeidung von Risiken, das der deutschen Verwaltung innewohnt".[24] Er erläutert das letztere Prinzip wie folgt:

> *„Die Apparate sind so aufgestellt, dass sie die hohen Entscheidungsträger vor Risiken bewahren, dass sie bei der Vorbereitung von Entscheidung systematisch Risiken ausschließen. Die deutsche Verwaltung traut sich nichts Umstürzendes, sie hält eher an Bewährtem fest. Hinzu kommt eine Art ‚kulturelle Risikovermeidung'. Deutsche Beamte gehen nicht gerne Risiken ein, weil Fehler nicht vorkommen dürfen. Das Motto ‚Versuch macht klug' gilt nicht in den Amtsstuben zwischen Flensburg und Garmisch."*[25]

Wir werden die strukturellen Ursachen für die chronische Digitalisierungs-Aversität in der deutschen öffentlichen Verwaltung in den folgenden Kapiteln noch näher betrachten. Hier sei vorab nur Folgendes festgehalten:

Eines der Kernprobleme in der deutschen öffentlichen Verwaltung, das Optimierungsprojekte wie die Digitalisierung chronisch behindert, ist die spezifische Incentivierungsstruktur, die in der öffentlichen Verwaltung besteht. Sie lässt sich wie folgt charakterisieren:

- Niemand muss in der öffentlichen Verwaltung Nachteile für sich befürchten, wenn er am Status quo, also am Bewährten und Gewohnten, festhält.
- Jedes Digitalisierungsprojekt birgt für die öffentliche Verwaltung Risiken in sich:

---

24 Schallbruch 2018, S. 143 und 149
25 Schallbruch 2018, S. 152

- rechtliche Risiken, z. B. beim Datenschutz;
- Sicherheitsrisiken im Blick auf IT-Sicherheit;
- finanzielle Risiken im Blick auf unabsehbare Kosten und Folgekosten für das Digitalisierungsprojekt;
- kompetenzielle Risiken, im Hinblick darauf, dass durch Digitalisierung bestehende Kompetenzen entwertet werden und neue Kompetenzen angeeignet werden müssen;
- Zuständigkeitsrisiken, weil Digitalisierungsprojekte häufig bestehende Zuständigkeitssilos überschreiten und damit in Frage stellen;
- Innovationsrisiken, weil ein Digitalisierungsprojekt das Potenzial hat, bestehende Organisationsstrukturen und Verwaltungsprozesse in Frage zu stellen und zu renovieren; Neuland zu betreten ist aber stets risikogeneigt;
- institutionelle Risiken, weil Digitalisierung einen Sog hin zur Standardisierung, Vereinheitlichung und Zentralisierung erzeugt und damit die verfassungsrechtlich verankerte Autonomie von Ländern und Kommunen untergraben kann.

Für das Eingehen dieser Risiken gibt es aber in deutschen öffentlichen Verwaltungen kein etabliertes und institutionalisiertes Belohnungssystem. Es gibt für „Risk Taker" in der öffentlichen Verwaltung keine Incentives. Im Gegenteil.

- Das bedeutet dann in der Regel, wenn eine öffentliche Verwaltung nicht umhinkommt, ein Digitalisierungsprojekt zu implementieren: Zur Risikominimierung wird dann möglichst das Unbekannte auf Bekanntes reduziert. Konkret: Das Digitale wird analogisiert. Analoge Prozesse werden möglichst beibehalten und mit digitalen Tools unterlegt. Auf diese Weise bleibt das Potenzial der Digitalisierung, eine Effizienzsteigerung zu ermöglichen, zwar weitgehend ungenutzt. Aber dafür wird das Risiko des Neuen gemildert, indem es in das Alte eingebettet wird.
- Digitalisierung entfacht, wie oben gesagt, einen Sog zur Standardisierung, Vereinheitlichung und Zentralisierung von IT-Infrastrukturen, IT-Lösungen und Verfahren. Dieser Defragmentierungs-Sog der Digitalisierung trifft in Ländern und Kommunen auf fragmentierte politische Strukturen. Diese öffentlich-rechtlichen Parzellen (Länder, Kommunen, einzelne Behörden von Ländern und Kommunen etc.) erfahren diesen Sog in der Regel als Bedrohung für ihre Eigenständigkeit und Autonomie. Sie können sich diesem Sog entgegenstemmen, indem sie Digitalisierungsprojekte entweder gänzlich

verzögern und hintertreiben oder sie mit allerlei Sonderinteressen überladen, – und damit den Sog zur Standardisierung, Interoperabilität und Zentralisierung konterkarieren.
- Risk Taking wird in der öffentlichen Verwaltung gerade deshalb nicht gefördert und gefordert, weil es keine Prämien für gelingende Innovationen gibt. Wenn ein Digitalisierungsprojekt zu mehr Prozess-Effizienz führt, wenn es positive Effekte auf das Verwaltungshandeln hat, gibt es gleichwohl für die Akteure, die dieses Projekt vorangetrieben haben, keine etablierten Belohnungen. Zugespitzt gesagt: Es gibt in der deutschen öffentlichen Verwaltung keine systematischen Belohnungen für eine Prozessoptimierung. Es gibt aber durchaus Sanktionen für Fehler. Und weil jedes Optimierungs- und Digitalisierungsprojekt mit Risiken verbunden ist, ergo Fehler mit sich bringen kann, gelingende Optimierung aber keine Belohnung verspricht, macht es für die Akteure in der öffentlichen Verwaltung keinen Sinn, Digitalisierungsprojekte voranzutreiben.

Es sei denn, es wird „von oben" (z. B. von der politischen Spitze einer Verwaltungseinheit) befohlen, ein Digitalisierungsprojekt durchzuführen. Dann muss die Verwaltung nolens volens mitziehen.

Aber: Eine Maßnahme zur Verwaltungsdigitalisierung, die auf einem Befehl „von oben" beruht, die die Strukturen des öffentlichen Sektors unberührt lässt und die von den Verwaltungsmitarbeiter*innen im „Dienst-nach-Vorschrift-Modus" abgewickelt wird, kann nicht gelingen. Sie kann weder effizient und effektiv umgesetzt werden noch das Potenzial, das in der Digitalisierung für die Prozessoptimierung liegt, voll ausschöpfen.

7.5 Die Langwierigkeit und Komplexität von Beschaffungsverfahren

Ich werde im Kap. 13 darstellen, wie das öffentliche Vergaberecht in Deutschland die Arteriosklerose des politischen Systems drastisch verschärft und befördert. Und wie die deutsche öffentliche Verwaltung das hyperkomplexe Vergaberecht als Fundament nutzt, um darauf ein hyperkomplexes Gebäude aus großvolumigen Lastenheften, detailreichen Leistungsanforderungen und komplexitätstreibenden Verfahrensritualen zu errichten.

Hier sei nur kurz ein Schlaglicht auf eine Ausprägungsform der deutschen „Komplexitätsmaximierung in der Beschaffung" geworfen:

Das **Beschaffungsamt der Bundeswehr in Koblenz** liefert eindrucksvolle Beispiele dafür, wie die öffentliche Verwaltung in Deutschland es schafft, das komplexe deutsche Vergaberecht zu nutzen, um Beschaffungsprozesse auf monströse Weise zu verkomplizieren und zu verlängern.

Tausende Mitarbeiter*innen sind in diesem Koblenzer Amt damit beschäftigt, umfangreiche Regelwerke und Lastenhefte zu erarbeiten, mit denen jeder Beschaffungsvorgang hyperkomplex überfrachtet wird. Sie haben für die Umsetzung von Beschaffungsvorhaben interne Prozesse geschaffen, mit Dutzenden von Mitzeichnungserfordernissen und strikt formalisierten Abstimmungsritualen, die Agilität bestrafen und schnelles Handeln unmöglich machen.

So wurde dann die Bundeswehr zu einer Armee verbürokratisiert, die sich im Jahr 2022, dem Jahr des Angriffs Russlands auf die Ukraine, in einem beklagenswerten Zustand befand. Und das, obwohl im Bundeshaushalt des Jahres 2021 38,7 Mrd. Euro für die Bundeswehr ausgegeben wurden.

Bemerkenswert ist vor allem: **Es bedurfte eines Krieges in Europa**, damit das Bundesverteidigungsministerium diese chronische Arteriosklerose im Bundeswehr-Beschaffungssystem im April 2023 zum Anlass nahm, einen umfassenden „Paradigmenwechsel" im militärischen Beschaffungswesen einzuleiten.

Das führt zu der Frage: Ist das politische System der Bundesrepublik nur dann in der Lage, einschneidende Reformen umzusetzen, wenn eine Katastrophe eingetreten ist, die zum Handeln zwingt?

Drei Beispiele von vielen zum Drama von Beschaffungsverfahren für die Bundeswehr:

Beispiel 1: ThyssenKrupp hat für die deutsche Marine mehrere Kriegsschiffe gebaut, die Korvette K130. Dabei wurde ThyssenKrupp vom Beschaffungsamt der Bundeswehr mit tausenden von detaillierten Vorgaben und Vorschriften überschüttet. Diese Vorgaben und Vorschriften waren allesamt in ihrer Hyper-Komplexität „typisch deutsch". Das heißt: In den Ländern des europäischen und des außereuropäischen Auslands gibt es für den Bau von Kriegsschiffen deutlich weniger komplexe Vorgaben. Die Folge: ThyssenKrupp kann keines dieser K130-Schiffe im Ausland verkaufen. Diese Schiffe sind wegen der verschrobenen deutschen Spezialanforderungen im Ausland unverkäuflich. Deshalb kann ThyssenKrupp auch seine Entwicklungsaufwendungen für die K130-Schiffe nur auf die wenigen Schiffe umlegen, die für die deutsche Marine produziert wurden. Mit der Folge, dass ThyssenKrupp keinen signifikanten Gewinn mit diesen Schiffen erwirtschaften konnte, ergo auch kein Budget für Zukunftsinvestitionen. Faktisch bedeutete diese deutsche Hyper-Komplexität damit für ThyssenKrupp einen drastischen Wettbewerbsnachteil gegenüber der ausländischen Konkurrenz, die ihre Schiffe auf dem Weltmarkt anbieten kann.

Beispiel 2: Seit dem Jahr 2015 planten das Bundesverteidigungsministerium und das Beschaffungsamt der Bundeswehr in Koblenz die Beschaffung von Einsatzbooten für das Kommando Spezialkräfte der Marine. Ministerium und Beschaffungsamt konstruierten dann in einem mehrjährigen Verfahren einen hochkomplexen Anforderungskatalog für die Einsatzboote. In diesem Anforderungskatalog wurden weltweit einzigartige Anforderungen an die Boote festgelegt (z. B. zur Geschwindigkeit, zum Gewicht der Boote etc.). Warnungen von deutschen Werften, dass diese Anforderungen technisch nicht umsetzbar sind, wurden ignoriert. Als dann die Ausschreibung für die Boote durchgeführt wurde, erwies sich, dass kein Hersteller in der Lage war, diese hochkomplexen und weltweit einzigartigen Anforderungen zu erfüllen. Das Beschaffungsvorhaben wurde eingestellt. Sieben Jahre Planungen und Vorbereitungen waren verloren. Der neue Bundesverteidigungsminister Boris Pistorius erkannte dieses selbstgeschaffene Dilemma und ordnete an, dass „normale" Einsatzboote vom Markt beschafft werden sollten. Das geschah dann auch ...

Beispiel 3: Die Beschaffung von Dienstkleidung für die Fluggerätemechaniker der Luftwaffe dauerte wegen einer Hyperkomplexität, mit der das Koblenzer Beschaffungsamt dieses Verfahren überfrachtete, acht Jahre lang.

7.6 Die dramatischen Zielverfehlungen bei Großprojekten

Beispiel Großprojekte

Beispiel: Flughafen Berlin-Brandenburg (geplante Kosten: 1,9 Mrd. Euro, tatsächliche Kosten: mehr als 7 Mrd. Euro; geplante Eröffnung: 2011, tatsächlicher Eröffnungstermin: Ende 2020);

> **Beispiel Bahnprojekt „Stuttgart 21"** (geplante Kosten 1995: 2,6 Mrd. Euro, geschätzte Kosten bei Baubeginn 2010 4,5 Mrd. Euro, geschätzte Kosten im Jahr 2022: mehr als 9 Mrd. Euro; ursprünglich geplanter Fertigstellungstermin: 2019; Prognose zum Fertigstellungstermin im Jahr 2022 vom baden-württembergischen Verkehrsminister Hermann: frühestens 2027).
>
> **Die Hertie School of Governance hat im Jahr 2015 eine Analyse von 170 Infrastruktur-Großprojekten des öffentlichen Sektors in Deutschland durchgeführt. Im Ergebnis dieser Studie wird festgestellt, dass es bei nahezu allen diesen Projekten gravierende Plan-Ist-Abweichungen gibt:** Bei den 119 abgeschlossenen Großprojekten wurde eine durchschnittliche Kostensteigerung pro Projekt von 73 Prozent ermittelt. Bei den 51 unvollendeten Großprojekten betrug die durchschnittliche Kostensteigerung pro Projekt 41 Prozent, ein Prozentsatz, der bis zum Projektabschluss, so die Studie, deutlich weiter ansteigen wird.

Diese Zielverfehlungen bei Großprojekten des öffentlichen Sektors sind struktur- und systembedingt. Es sind notwendig aus der Verfassung des deutschen öffentlichen Sektors resultierende Zielverfehlungen.

Welche Strukturen und Systemeigenschaften im öffentlichen Sektor der Bundesrepublik führen dazu, dass solche Zielverfehlungen **regelmäßig und notwendig** geschehen?

Die öffentliche Verwaltung führt ihre Prozesse in einem festen Korsett von formellen Anforderungen und normativen Vorgaben durch. Dieses feste Korsett ermöglicht in der Projektdurchführung Stabilität und Beständigkeit, Berechenbarkeit und Rechtssicherheit. Es erzwingt die strikt formalisierte Abfolge von Maßnahmen, eine Projektdurchführung nach der Wasserfallmethode (Anforderungsfeststellung, Planung, Auftragsvergabe, Umsetzung, Kontrolle) und eine starre Hierarchie bei allen beteiligten Institutionen (weisungsbefugter Auftraggeber und weisungsunterworfener Auftragnehmer, Befehlshaber und Untergebene, superiore Entscheider und inferiore Durchführende etc.).

Diese formstrenge, normativ festgelegte, hierarchisch geordnete Projektarbeit ist aber immer dann dysfunktional, führt immer dann zu langwierigen Verzögerungen, Plan-Ist-Abweichungen, zeitaufwändigen Komplexitätssteigerungen, wenn sich das Projekt und die Projekt-Rahmenbedingungen im Zeitablauf verändern. Bei Großprojekten, die sich über mehrere Jahre hin erstrecken, ist das regelmäßig der Fall.

Das starre Korsett von Normen, fest fixierten Abläufen, Budgetvorgaben, in dem die öffentlich-rechtliche Auftraggeberseite handeln muss, bricht sich bei langdauernden Großprojekten ständig an dem Erfordernis flexibler Anpassungen.

Wenn in solchen Großprojekten im Zeitablauf neue Erkenntnisse gewonnen werden, Lernerfahrungen eintreten, sich Rahmenbedingungen verändern, Optimierungspotenziale neu entdeckt werden, dann müsste eigentlich eine flexible, agile Anpassung erfolgen: Lernen müsste möglich sein, Testen und Experimentieren müssten geschehen können, das Projektdesign müsste an neue Erkenntnisse angepasst werden können, im stetigen Dialog mit allen Beteiligten, auf der Grundlage kontinuierlicher Reviews und Feedbacks müssten die Parameter von Kooperation und Leistungserbringung flüssig nachgeführt werden können.

Diesem Erfordernis einer agilen, wandlungsoffenen Projektplanung und Projektdurchführung steht aber jenes starre Korsett entgegen. So führt z. B. die Starrheit des öffentlichen Vergaberechts dazu, dass ein agiles Projektmanagement verunmöglicht wird. Neue Erkenntnisse und neue Rahmenbedingungen, die während der Projektplanung oder der Projektumsetzung auftauchen, können wegen der starren Vorgaben des Vergaberechts nicht zu einer flexiblen, agilen Anpassung der Projektparameter führen.

Vielmehr lässt das Vergaberecht bei solchen neuen Entwicklungen lediglich zwei Handlungsvarianten zu:

- Zum einen das Ignorieren neuer Erkenntnisse und das starre Beibehalten des vergaberechtlich fixierten Projektdesigns („Augen zu und durch.").
- Zum anderen das Aufsetzen eines neuen Vergabeverfahrens, bei dem die neuen Entwicklungen zugrunde gelegt werden, – mit der Folge einer monatelangen oder jahrelangen Verzögerung bei der Projektdurchführung und dem Risiko langwieriger rechtlicher Auseinandersetzungen mit alten Auftragnehmern und neuen Bietern.

Hier ersetzt dann die Formstrenge eines durchregelten Vergabeverfahrens eine zügige, informelle, dialogische, agile Verständigung mit den beteiligten Partnern.

Plan-Ist-Abweichungen bei Großprojekten der öffentlichen Hand sind also kein Zufall und kein Ausnahmefall, sondern die Regel. Sie werden von dem arteriosklerotischen Korsett erzwungen, in dem sich die öffentliche Verwaltung bewegen muss.

7.7 „Non-Anticipatory Government": Das dramatische Versäumnis, strukturelle Probleme vorausschauend zu entdecken und langfristig zu bearbeiten

Eine wesentliche Schwäche unseres politischen Systems kann wie folgt charakterisiert werden: Das deutsche politische System ist auf die reaktive Behandlung von Problemen ausgelegt, nicht aber auf die präventive, prädiktive, vorausschauende Vermeidung von Problemen. Die Anreize und Incentives, die es in diesem politischen System gibt, belohnen kurzfristige operative Reparaturen und Problembearbeitungen. Sie vernachlässigen bzw. bestrafen langfristiges, vorbeugendes Handeln.

Warum ist das so? Viele Gründe lassen sich anführen. Dazu hier nur einige Stichworte:

- Politiker brauchen für ihr Kernziel, wiedergewählt zu werden bzw. Wahlen zu gewinnen, „Quick-Wins". Also Erfolge, die sich zügig, innerhalb einer Wahlperiode, einstellen. Das führt sie dazu, sich auf Probleme zu fokussieren, die innerhalb einer Legislaturperiode gelöst werden können. Oder auf Probleme, die kurzfristig so bearbeitet werden können, dass sie gelöst zu sein scheinen (auch wenn faktisch nur die Symptome dieser Probleme behandelt bzw. zugedeckt wurden). Mit einer langfristig ausgerichteten Politik zur Prävention von Problemen, die künftig virulent werden könnten, gewinnt ein Politiker keine Wahl.
- Die jährlichen Rituale der Haushaltsaufstellung begünstigen reaktive Politik und diskriminieren antizipatorische Politik: Für die Bearbeitung von Problemen, die offen zutage liegen, kann ein Politiker bzw. eine politische Institution viel leichter Haushaltsmittel reklamieren als für die präventive Vermeidung von Problemen, die möglicherweise in vielen Jahren auftreten könnten. Bei der Priorisierung von Haushaltsbudgets regiert das Prinzip des „Sense of Urgency": Was dringlich angepackt werden muss, weil eine aktuelle Krise vorliegt oder ein drängendes Problem vorliegt, wird im Haushaltsaufstellungsverfahren eher priorisiert als ein antizipatorisches Handeln, das darauf abzielt, Vorsorge für künftig möglicherweise auftretende Krisen und Probleme zu treffen.

- Der Haushaltsgrundsatz der Jährlichkeit, der in der Bundeshaushaltsordnung und in den Landeshaushaltsordnungen eingraviert ist, befördert diese Kurzfristorientierung des politischen Systems. Daran ändern auch Haushaltsvorkehrungen wie Ausgabenreste und Verpflichtungsermächtigungen nichts. Denn dieser Grundsatz der Jährlichkeit bringt es mit sich, dass sich die Politiker mit den kurzfristigen, ein oder zwei Jahre betreffenden Kostenwirkungen ihrer Entscheidungen befassen. Aus dem Blick geraten dabei notwendig langfristige Wirkungen der jeweiligen Ausgaben, langfristige Kostenfolgen einer Ausgabe, langfristige Folgen der Unterlassung einer Ausgabe, langfristige Entwicklungen, die für künftige Haushaltsjahre, nicht aber für das aktuelle Haushaltsjahr relevant sind.

Diese **strukturelle Aversion der deutschen Politik gegen antizipatorisches Handeln und präventive Problemvermeidung** lässt sich sehr gut an einem Phänomen veranschaulichen, das in den 20er Jahren des 21. Jahrhunderts besonders im Zustand der deutschen Verkehrsinfrastruktur aufscheint: der Instandsetzung und Sanierung.

Vorausschauende, präventive und prädiktive Instandhaltung ist eines der markanten Strukturdefizite der deutschen Politik.

Denn die Eröffnung einer neu gebauten Brücke bringt für Politik und Verwaltung gute Pressefotos und Meriten in der Öffentlichkeit. Die Instandsetzung einer maroden Brücke hingegen bringt nur Ärger (weil eine Baustelle den Verkehrsfluss behindert und Bürger*innen und Unternehmen Nachteile bringt etc.).

David Osborne und Ted Gaebler haben diese Aversion des politischen Systems gegen „Anticipatory Government" in ihrem Buch „Reinventing Government" eindrücklich beschrieben:

> *„Public accounting reinforces the politician's natural preference for building impressive new structures that will win votes, rather than spending money on maintaining existing structures. […] ‚Have you ever seen a politician presiding over a ribbon-cutting for an old sewer line that was repaired?'"*[26]

---

26 Osborne und Gaebler 1993, S. 244

> „*Strategic planning is the antithesis of politics. [...] Even in the best of times, few politicians look beyond the next election. As a mayoral assistant in New York City once said, ‚Short-term planning is this afternoon's New York Post. Long-term planning is tomorrow morning's New York Times.' [...] ‚The reasoning is that legislator' lives revolve around the election cycles. Politics forces them [...] to go for fast, short-term payoffs instead of thinking and acting long-term.' [...] Prevention is a hard sell in a political environment.*"[27]

Nehmen wir an, eine Brücke werde erst in fünf Jahren marode und reparaturbedürftig. Nehmen wir weiter an, eine zügige Instandsetzung dieser Brücke in der Gegenwart sei mit deutlich geringeren Kosten verbunden als die Instandsetzung der Brücke erst in fünf Jahren. Dann ist es gleichwohl naheliegend, dass Politiker im Haushaltsaufstellungsverfahren bei chronisch knappen Budgets und heftiger Konkurrenz zwischen Ausgabenblöcken im aktuellen Haushalt keine Mittel für die Instandsetzung dieser Brücke vorsehen. Für Politiker, die in jedem Jahr mit Wahlen konfrontiert sind, ist es rationaler, diese Mittel für „Quick-Wins" einsetzen, also für Vorhaben, bei denen mit der jeweiligen Ausgabe ein kurzfristiger Erfolg erzielt werden kann.

Befestigt wird dieses „Dilemma der vorausschauenden Instandhaltung" durch das kameralistische Prinzip der Buchführung, das die Bundesregierung bis heute praktiziert.

Denn dieses Buchführungssystem der Kameralistik berücksichtigt nur Einnahmen und Ausgaben, die in einem Haushaltsjahr anfallen. Es berücksichtigt nicht, wie es die doppelte Buchführung in Wirtschaftsunternehmen tut, den Werteverzehr bei Vermögensgütern, also die Abschreibungen.

Deshalb ignoriert dieses kameralistische System den Instandhaltungsbedarf bei staatlichen Infrastrukturen. Es behandelt diese Infrastrukturen so, als koste ihre Benutzung nichts. Entsprechend ist es nach der kameralistischen Rationalität vorteilhafter, die Infrastruktur so lange wie möglich zu nutzen und dabei jegliche Instandhaltungskosten einzusparen, als kontinuierlich in die Instandhaltung der Infrastruktur zu investieren.

---

27 Osborne und Gaebler 1993, S. 235

Die beiden Bundestagsabgeordneten Thomas Heilmann und Nadine Schön schreiben in ihrem Buch „Neustaat" dazu:

> „Deshalb trägt die Kameralistik dazu bei, dass wesentliche Investitionsprojekte nicht angepackt werden. Um es praktisch zu sagen: Repariere ich verschlissene Fenster an einem öffentlichen Gebäude nicht, habe ich vielleicht durch die gesparte Ausgabe einen besser aussehenden Haushalt. Dass die Schäden dadurch größer und später umso teurer werden können, sieht man in der Kameralistik schlicht nicht. Der Haushalt ist blind für die Zukunft."[28]

Beispiele für diese Aversion gegen „Anticipatory Government"

Beispiel Verkehrs- und Telekommunikationsinfrastruktur: Der miserable Zustand der deutschen Infrastruktur bei Schienen, Autobahnen, Wasserstraßen und Telekommunikationsnetzen ist seit den 90er Jahren des 20. Jahrhunderts bekannt und wird seit mehr als zwei Jahrzehnten immer wieder von Politikern, Verbandsvertretern und Wissenschaftlern beklagt, ohne dass es dem politischen System in den letzten Jahren und Jahrzehnten gelang, vorausschauend, strategisch geplant, effizient und effektiv diese Infrastruktur instandzuhalten und zu renovieren.

Beispiel soziodemographische Entwicklung und Fachkräftemangel: Bereits seit mehr als 20 Jahren ist vorhersehbar, dass die soziodemographische Entwicklung in Deutschland gravierende Probleme aufwerfen wird. Eines dieser Probleme ist ein dramatischer Fachkräftemangel. Und obwohl dieses Fachkräfteproblem seit vielen Jahren bekannt und vorhersehbar ist, geschah in der deutschen Politik nichts Nennenswertes: Das am 1. März 2020 in Kraft getretene Fachkräfteeinwanderungsgesetz hat sich in der Praxis als wenig wirksam erwiesen. Zwischen dem 1. März 2020 und dem 30. April 2022 wurde lediglich 44.351 Personen nach diesem Gesetz ein Aufenthaltstitel erteilt. Um das Erwerbspersonenpotenzial in Deutschland konstant zu halten, wäre aber eine Nettoeinwanderung von mindestens 400 000 Fachkräften pro Jahr erforderlich. Das Fachkräfteeinwanderungsgesetz war in der Praxis überbürokratisiert, zu kompliziert und führte deshalb zu äußerst langwierigen Verfahren.

Das Einwanderungsgesetz, das die Ampel-Koalition im Jahr 2023 auf den Weg gebracht hat, operiert nach dem kanadischen Vorbild mit einem Punktesystem.

---

28 Heilmann und Schön 2020, S. 275

Es gab aber bereits 20 Jahre vorher Konzepte und Studien dazu, dass dieses kanadische Punktesystem auch für Deutschland genutzt werden könnte/sollte. 20 verlorene Jahre ...

Es kommt hinzu: Dieses Einwanderungsgesetz des Jahres 2023 basiert nicht auf einer strategischen Reflexion darüber, warum denn ein indischer Informatiker entscheiden soll, nach Deutschland und nicht in die USA zu gehen. Wo ihn doch in Deutschland ein Bürokratie-Overload erwartet. Und eine der höchsten Steuer- und Abgabenlasten weltweit. Und eine marode Verkehrsinfrastruktur. Und eine Sprache, die nirgendwo in Indien gesprochen wird ...

Der Fachkräftemangel ist auch und gerade für die öffentliche Verwaltung ein Schlüsselproblem: Nach vorliegenden Analysen[29] werden in der deutschen öffentlichen Verwaltung im Jahr 2030 mehr als eine Million Fachkräfte fehlen. Bisher, im Jahr 2023, gibt es in Deutschland keine wirksamen Gegenmaßnahmen, die dieses Problem drastisch vermindern bzw. lösen könnten.

Beispiel Lehrermangel: Der dramatische Lehrermangel, der im deutschen Bildungswesen der 20er Jahre des 21. Jahrhunderts besteht, war bereits um die Jahrtausendwende herum absehbar. Damals war zwar nicht exakt prognostizierbar, wie sich die Migration nach Deutschland entwickeln würde. Auch war nicht exakt vorhersehbar, wie viele Student*innen eine Hochschulausbildung für den Lehrerberuf wählen würden. Aber andere Parameter waren damals bereits deutlich vorhersehbar: soziodemographische Parameter (Alter der Lehrerschaft etc.), erhöhter Lehrerbedarf durch Inklusion und Migration, hohe „attrition rate" (Ausstieg von Lehramtsstudenten aus dem Studium, Ausstieg von Lehrern aus dem Beruf, Anstieg der Zahl der Lehrer, die nur Teilzeit arbeiten etc.). Trotz all dieser Indikatoren, die eine neuerliche deutsche „Bildungskatastrophe" indizierten, war die deutsche Kultusministerkonferenz bzw. der deutsche Bildungsföderalismus nicht in der Lage, vorausschauend, strategisch, bundesweit einheitlich und präventiv zu handeln.

Beispiel Clankriminalität: Bereits seit den 90er Jahren des 20. Jahrhunderts ist das Phänomen der Clankriminalität in Deutschland bekannt. So verfasste der Migrationsforscher Ralph Ghadban ab dem Jahr 2003 zahlreiche Aufsätze und Bücher zu diesem Typ einer organisierten Kriminalität in Deutschland. Aber erst etwa 20 Jahre später, in den 20er Jahren des 21. Jahrhunderts, begannen einzelne Landesregierungen damit, konzentriert gegen die Clankriminalität vorzugehen. Wegen der Unfähigkeit früherer Regierungen, strategisch vorausschauend und langfristig geplant gegen diesen Kriminalitätstyp vorzugehen, sind heute aber die Strukturen krimineller Clans umfassend ausgebildet und verfestigt, – mit der Folge, dass eine Bekämpfung dieser Clankriminalität heute ungleich aufwändiger ist als sie es gewesen wäre, wenn die deutsche Politik vor 20 Jahren gehandelt hätte.

---

29 Vgl.: https://www.youtube.com/watch?v=4PZO0r5202s

7.8 Aversion des deutschen politischen Systems gegen agile, strategische Planung

Mit dem in Abschn. 7.7 Gesagten hängt eng zusammen, was ich eine „Aversion des deutschen politischen Systems gegen strategische Planung" nennen würde.

Was strategische Planung bedeutet, wissen wir aus vielen Jahrzehnten Erfahrungen, die in Wirtschaftsunternehmen mit strategischer Planung gewonnen wurden, und aus hunderten von Publikationen. Diese Erkenntnisse und Erfahrungen seien hier nur kurz in Stichworten zusammengefasst.[30]

Ein **strategischer Planungsprozess** hat, wenn er agil durchgeführt wird, folgende Merkmale:

- Analyse der Umwelt, in der ein bestimmtes System agieren muss und die für das Handeln des Systems von Bedeutung ist;
- Analyse von kurz-, mittel- und langfristigen Entwicklungstrends und Problemkonstellationen in dieser Systemumwelt, die für das System relevant sind;
- bei dieser Analyse: enge Vernetzung der Akteure im System mit relevanten Akteuren in der Systemumwelt, stetiges Einholen von Feedback aus der Systemumwelt zu den Erkenntnissen, die die System-Akteure gewonnen haben, stetige Weiterentwicklung dieser Erkenntnisse aufgrund dieses Feedbacks;
- bei dieser Analyse: ganzheitliche, siloübergreifende, interdisziplinäre Sicht auf die Systemumwelt und auf die Funktionsweise des Systems in dieser Umwelt; dabei Abbildung der vielfältigen Interdependenzen und Abhängigkeiten zwischen Ereignissen und Entwicklungen in verschiedenen Bereichen der Systemumwelt; entsprechend diverse Zusammensetzung des Strategie-Teams;
- Analyse der Ist-Situation im System: finanzielle, personelle und sächliche Ressourcen, Kulturen, Regeln und Incentives etc.; dazu Vernetzung des Strategie-Teams mit allen relevanten Einheiten im System;
- Herunterbrechen der Analyseergebnisse auf die Mission und die Ziele, die das System verfolgen soll (kurz-, mittel- und langfristig);

---

30 Siehe dazu näher mein Buch „Synaptisches Management. Strategische Unternehmensführung im 21. Jahrhundert." (Prodoehl 2014)

- Ableitung einer Roadmap zur Zielerreichung: Maßnahmenplan, Zeitplan, KPI's zur Messung der Zielerreichung, kontinuierliche Messung und Evaluation des Status der Umsetzung der Maßnahmen, Definition von Konsequenzen bei Soll-Ist-Abweichungen, Messung der Wirkungen dieser Konsequenzen;
- kontinuierliche Veränderung und Anpassung dieser Strategie in einem permanenten, niemals fertigen Strategieprozess: Organisieren von Lernen zur stetigen Weiterentwicklung der Strategie, zur Anpassung der Strategie an neue Entwicklungen und Erkenntnisse, zur Flexibilisierung der Strategie im Hinblick auf unvorhersehbare, unerwartete Ereignisse, zur Ausschöpfung von Optimierungspotenzialen (kontinuierliche Verbesserung) etc.;
- Einbeziehung einer möglichst großen und möglichst diversen Gruppe von Stakeholdern im System in den gesamten Prozess der Strategiefindung und Strategieweiterentwicklung;
- kontinuierliche Kommunikation dieser Strategie mit allen relevanten Stakeholdern im System und in der Systemumwelt mit dem Ziel, einen möglichst breiten Konsens und eine möglichst breite Akzeptanz für die Strategie zu erreichen.

Das politische System in Deutschland operiert in aller Regel nicht mit diesen Elementen einer agilen, strategischen Planung. Es ist im Kern „strategie-agnostisch".

Die Akteure in den 17 deutschen Staaten und in den tausenden von öffentlich-rechtlichen Behörden handeln in der Regel in einem „Ad-hoc-Handlungsmodus": orientiert an den aktuell und kurzfristig anstehenden und dringend zu erledigenden Aufgaben („Pflichtprogramm"), geleitet von aktuellen Entwicklungen in der Systemumwelt (Medien, andere Parteien, andere Regierungen, aktuelle Trends in Wirtschaft, Gesellschaft, Wissenschaft und Technik etc.), ausgerichtet auf aktuelle Probleme und operative Problembearbeitung, fokussiert auf das eigene Zuständigkeits-Silo.

Dieses Strukturproblem der deutschen Politik beschränkt deren Problemlösungsfähigkeit massiv. Es lässt sich wie folgt zugespitzt beschreiben: Das deutsche politische System vernachlässigt strukturell die Langfrist-Dimension von Problemen, ist nicht zureichend auf Anpassungsfähigkeit an veränderte Umweltkonstellationen ausgerichtet und bildet nicht zuverlässig die Interdependenzen von Problemen in der Umwelt ab. Im Einzelnen:

Die Vernachlässigung der Langfristigkeit

Die Entwicklungen und Probleme in der Umwelt des politischen Systems (in der Gesellschaft, in der Wirtschaft, in natürlichen Ökosystemen, in der Technik etc.) haben in der Regel eine diverse Zeitstruktur. Das meint: Sie haben eine kurzfristige, mittelfristige und langfristige Dimension. Strategische Planung bildet alle diese Zeit-Dimensionen ab.

Das politische System krankt strukturell daran, sich an dieser vielfältigen Zeitstruktur zu orientieren und sie in politische Entscheidungsprozesse einzubinden. Denn in einem politischen System, in dem alle Akteure auf die nächsten Wahlen fokussiert sein müssen, in dem es nicht darum geht, optimal Probleme zu managen, sondern wiedergewählt zu werden, muss notwendig die Langfrist-Dimension von Problemen und Entwicklungen in der Systemumwelt vernachlässigt werden. Denn die Bearbeitung langfristiger Problem-Dimensionen bringt keine kurzfristigen Quick-Wins, hat also für die nächsten Wahlen keine Relevanz. Zumal es im deutschen politischen System, bei 17 Staaten, permanent, in jedem Jahr, mehrere Wahlen gibt.

Diese Kurzfrist-Orientierung strahlt auch auf die öffentliche Verwaltung ab: Ihr Pflichtprogramm ist es, die aktuell anliegenden Aufgaben des Tages abzuarbeiten („Must-have"). Wenn es daneben noch ein Kürprogramm geben sollte, das langfristig zu erledigende Aufgaben betrifft, dann ist das allenfalls „Nice to have" oder es wird mit dem allseits bekannten Verwaltungsvermerk „kw – kann wegfallen" versehen.

Die Vernachlässigung der Anpassungsfähigkeit

Strategische Planung macht eine Organisation fit dafür, stetig im Hinblick auf erwartete und unerwartete, vorhersehbare und unvorhersehbare Umweltentwicklungen anpassungsbereit und anpassungsfähig zu sein.

Die deutsche öffentliche Verwaltung ist, wie oben schon dargelegt, darauf ausgerichtet, sich streng und präzise an Regeln, Normen, Formvorschriften, Verfahrensroutinen und Hierarchie-Strukturen zu orientieren und dabei Risiken möglichst zu vermeiden.

> Der Kulturanthropologe Geert Hofstede hat mit einem **„Uncertainty Avoidance Index Score"** (UAI) den Versuch unternommen, Länder danach zu beurteilen, wie sie mit Unsicherheit umgehen. Länder mit einem hohen UAI tendieren dazu, auf Unsicherheit durch rigide Regulierung, Formalisierung,

> Kontrolle und durch Vermeidung von Reformen, deren Ergebnisse unsicher sind, zu reagieren. Länder mit einem niedrigen UAI haben eine höhere Unsicherheits-Toleranz und eine ausgeprägtere Bereitschaft, Anpassungen vorzunehmen, Risiken einzugehen und Innovationen zu wagen.
> Nach Hofstede gehört Deutschland zu den Ländern mit einem hohen UAI (vgl. Hofstede 2001).

Eine agile Organisation ist hingegen darauf ausgerichtet, ihre Strukturen und Prozesse stetig flüssig, beweglich und anpassungsfähig zu halten, – um auf die Bewegungen in ihrer Systemumwelt flexibel eingehen zu können.

Das „stahlharte Gehäuse" (Max Weber), in dem sich die deutsche öffentliche Verwaltung bewegt, liegt quer zu einer solch fluiden, agilen Organisation.

Die Vernachlässigung von Ganzheitlichkeit
Strategische Planung muss immer systemische Planung sein. Das meint: Sie muss die vielfältigen Interdependenzen, wechselseitigen Abhängigkeiten und Einflüsse, die es zwischen den Elementen ihrer Systemumwelt gibt, einbeziehen. Sie muss entsprechend ganzheitlich und integrativ auf die Analyse und Bearbeitung der vielfältigen Beziehungen fokussiert sein, die es zwischen den Elementen ihrer Systemumwelt gibt.

Die öffentlichen Verwaltungseinheiten sind gegenteilig ausgerichtet. Ihr Funktionsprinzip ist das der „selektiven Perzeption":

> *„Jede einzelne spezialisierte Einheit tendiert dazu, ihre Aufmerksamkeit auf den eigenen Zuständigkeitsbereich zu beschränken und Probleme jenseits seiner Grenzen weniger deutlich wahrzunehmen und zugleich auch für weniger wichtig zu halten." (Scharpf 2017, S. 103)*

In der politikwissenschaftlichen Literatur wurde dieses Strukturproblem vielfach beschrieben. So schreibt Fritz W. Scharpf von der „Diskrepanz zwischen interdependenter Problemstruktur und segmentierter Verarbeitungs- und Entscheidungsstruktur" in der öffentlichen Verwaltung (Scharpf 2017, S. 104). Und er beschreibt weiter eine „Aporie der zugleich gesellschaftlich notwendigen und notwendigerweise an der eigenen Komplexität scheiternden integrierenden

Politikplanung" (Scharpf 2017, S. 113). Aus seiner Sicht muss in der öffentlichen Verwaltung wegen ihrer fragmentierten, selektiven Silo-Sicht „das Innovationsniveau von Initiativen immer weiter ‚heruntekoordiniert' werden". Daraus folge dann für das deutsche politische System ...

> *„eine in seiner Struktur begründete Tendenz zum Inkrementalismus, zu einer Politik der kleinen Schritte und der halben Maßnahmen, die jedenfalls dann gefährlich sein muss, wenn gesellschaftliche Teilprobleme sich zu Krisenlagen kumulieren, die nur durch weitreichende und umfassende Veränderungsstrategien vermieden oder bewältigt werden können." (Scharpf 2017, S. 109 f.)*

Beispiele für die Vernachlässigung von strategischer Planung im deutschen politischen System

Beispiel Migrationskrise 2015/2016 und Pandemie-Krise 2020 ff.: Beide Krisen trafen das deutsche politische System nicht „aus heiterem Himmel". Es gab bei beiden Krisen vielfältige Vorerfahrungen, Vorwarnzeichen und Warnhinweise von Expert*innen: z. B. die Flüchtlingswellen Anfang der 90er Jahre, das Vorausschau-Szenario des Robert-Koch-Instituts zur Pandemie aus dem Jahr 2012. All diese Frühindikatoren und Vorerfahrungen hätten die deutsche Politik befähigen können, strategisch vorausschauend zu handeln und präventiv Maßnahmen zur Krisenvorbeugung bzw. zum Krisenmanagement zu ergreifen. Das geschah aber nicht.[31]

Mehr noch: **Die Migrationskrise der Jahre 2015/2016** war kein einmaliges Sonderereignis, sondern ein Indiz dafür, dass das 21. Jahrhundert ein Zeitalter eines chronischen Migrationsdrucks auf Europa und auf Deutschland werden würde. Dafür gab es vielfältige wissenschaftlich abgesicherte Erkenntnisse.[32] Entsprechend hätte das deutsche politische System diese Migrationswelle der Jahre 2015/2016 dazu nutzen müssen, eine deutsche und EU-Strategie für die systematische und dauerhafte, effektive und effiziente Bewältigung dieses Migrationsdrucks zu erarbeiten und umzusetzen.

Im Rahmen einer solchen Strategie hätte dann auch die Frage beantwortet werden müssen, ob die Regeln des 20. Jahrhunderts (Artikel 16a des Grundgesetzes zum Asylrecht, Europäische Menschenrechtskonvention von 1950, Genfer Flüchtlingskonvention von 1951) noch zur Lösung der Probleme

---

31 Das betont auch der Nationale Normenkontrollrat in seinem Positionspapier vom Juni 2021, S. 4
32 Vgl. Bade und Oltmer 2004.

des 21. Jahrhunderts passen. Und es hätten im Rahmen dieser Strategie wirksame Maßnahmen zur Begrenzung des Zuzugs von Flüchtenden und zur Kontrolle der deutschen Grenzen und der EU-Grenzen ausgearbeitet und umgesetzt werden müssen. All dies wurde nach 2015 versäumt. Mit der Folge einer neuerlichen Migrationskrise in den 20er Jahren des 21. Jahrhunderts, die der Bewältigung harrt.

Beispiel Afghanistan-Politik: Der Afghanistan-Einsatz der Bundeswehr war in einem illusionären Politikprogramm erstarrt und musste deshalb scheitern. Ihm lag weder eine konsistente Strategie zugrunde noch gab es in der deutschen Politik einen Reflexionsprozess über die Ziele dieses Einsatzes, über seine Sinnhaftigkeit und über die Bedingungen der Zielerreichung. Es gab vor allem keine strategische Reflexion über die folgende Schlüsselfrage: „Kann in einem Land wie Afghanistan, das eine jahrhundertealte Stammesstruktur hat, durch Intervention ausländischer Staaten ein demokratisches politisches System implementiert werden?" Wegen des Verzichts auf eine strategische Reflexion über das gesellschaftlich-politische System Afghanistans war eine agile Anpassung des politischen Handelns an neue Erkenntnisse bzw. an neue Umweltentwicklungen im deutschen politischen System nicht möglich. Das Ergebnis ist bekannt.

Beispiel Industriepolitik: Um die wirtschaftliche Wettbewerbsfähigkeit Deutschlands zu steigern und um die technologische Souveränität Deutschlands zu sichern, benötigt Deutschland eine strategische Industriepolitik (siehe Kap. 2). Sie gibt es in Deutschland im Jahr 2023 noch nicht. Es gab sie in den vergangenen Jahrzehnten auch noch nie. Beispiel Gesundheitswirtschaft: Länder wie China und die USA haben in den vergangenen Jahren mit einer umfassenden Strategie die einheimische Gesundheitswirtschaft gefördert. In Deutschland fehlt eine solche systematische, strategisch fundierte Politik zur Stärkung der Innovationskultur und der internationalen Wettbewerbsfähigkeit der deutschen Gesundheitswirtschaft. Der Vorstandsvorsitzende des Gesundheitskonzerns Fresenius, Michael Sen, merkt dazu an: „Was hierzulande fehlt, ist eine ganzheitliche Strategie für die Gesundheitswirtschaft, die wirtschafts-, wissenschafts-, handels – und steuerpolitische Maßnahmen ebenso umfasst wie gesundheitspolitische." (Sen 2023, S. 18)

Beispiel Energiepolitik: Obwohl es spätestens seit dem Jahr 2014 (dem Jahr der Annexion der Krim durch Russland) erkennbar war, dass Deutschland durch seine Abhängigkeit von russischen Erdgas-Lieferungen erhebliche Risiken für seine Energieversorgung vorprogrammieren würde, hat die deutsche Politik erst zu handeln begonnen, als mit dem Beginn des Ukraine-Krieges am 24.2.2022 der Handlungsdruck unabweisbar wurde. Es fehlte in der deutschen Energiepolitik also spätestens seit 2014 völlig an einem vorausschauenden, präventiven strategischen Planen und Handeln, mit dem diese Abhängigkeit frühzeitig hätte gemindert werden können. Es gab keine evidenzbasierte Energiepolitik, die mit Szenarien operierte und neben dem Plan A auch einen Plan B entwickelte.

Beispiel Informations- und Kommunikationstechnologie (ITK) und ITK-Politik: Die Bundesregierung hatte sich im Jahr 2000 innerhalb der EU für eine ambitionierte Strategie zur Stärkung der Wettbewerbsfähigkeit der EU eingesetzt. Entsprechend beschloss der Europäische Rat am 23./24. März 2000 in Lissabon ein „strategisches Ziel für das kommende Jahrzehnt", – „das Ziel, die Union zum wettbewerbsfähigsten und dynamischsten wissensbasierten Wirtschaftsraum in der Welt zu machen". Nach der Strategie der EU, die in Lissabon beschlossen wurde, sollte die EU vor allem im Bereich der Informationstechnologie zum führenden Wirtschaftsraum der Welt werden.

Diese Strategie ist vollends gescheitert. In den ersten beiden Jahrzehnten fiel Europa gegenüber den USA und Ostasien drastisch in der Informationstechnologie zurück. Das auch in Deutschland immer wieder beschworene Ziel, die „digitale Souveränität" Deutschlands zu sichern, konnte nie eingelöst werden.

So setzte z. B. der damalige Bundesinnenminister Thomas de Maizière im November 2010 eine Arbeitsgruppe „Clusterpolitik für strategische IKT in Deutschland und Europa" ein, um eine drohende „Kolonialisierung" Deutschlands in der Informations- und Kommunikationstechnologie abzuwehren. Dieser Arbeitsgruppe, der Vertreter von SAP, Deutscher Telekom, Siemens, Bosch und Software AG angehörten, lag ein (nicht veröffentlichtes) Papier des BMI vom November 2010 zugrunde, in dem die Bedrohungslage drastisch dargestellt und eine neue deutsche IKT-Strategie gefordert wurde.

In dem Papier heißt es, im Bereich der Informations- und Kommunikationstechnologien (IKT) seien US-amerikanische und asiatische/chinesische Unternehmen trendbildend und technologietreibend. Mit wenigen Ausnahmen spielten deutsche und europäische Unternehmen auf den weltweiten IKT-Märkten keine technologieführende Rolle mehr. Weiter heißt es in diesem Papier:

> „Stehen jedoch immer weniger technologische Kernkompetenzen und innovative IKT-Produkte in Deutschland (und Europa) zur Verfügung, müssen ausländische Produkte eingesetzt werden. Dies geht ggf. mit erheblichen Gefahren für die Sicherheit und Verfügbarkeit der Systeme einher [...] Deutschland muss wieder in zentralen IKT vom Verbraucher zum Entwickler und Hersteller werden [...]. Ohne eine eigene starke IKT-Industrie in Deutschland geraten wir in Abhängigkeiten, die unsere Freiheit und staatliche Souveränität gefährden können. Für die Wahrung und Stärkung der technologischen Souveränität sind der Erhalt und die Förderung von nationalen IKT-Kompetenzen erforderlich."

Diese Initiative des damaligen Bundesinnenministers hatte ein strategisches Ziel und arbeitete mit Instrumenten der strategischen Planung. Im Rahmen dieser Initiative wurde eine Reihe von Vorschlägen zur Sicherung der digitalen Souveränität Deutschlands und Europas erarbeitet. Sie wurde mit Ablauf der Legislaturperiode im Jahr 2013 ohne Ergebnis schlicht eingestellt ...

Die Arteriosklerose im politischen System der Bundesrepublik Deutschland 117

Die folgenden Charts skizzieren ein Reformprojekt zur Integration strategischer Planung in die Arbeit des deutschen politischen Systems:

Reformprojekt 5: Strategische Planung (1/3)

Der unternehmerische Staat:

Das deutsche politische System und die deutsche öffentliche Verwaltung können nur dann unternehmerisch, agil und effizient handeln, wenn sie mit Instrumenten der strategischen Planung operieren.

Die Integration strategischer Planung in die Arbeit jeder politischer Institution und jeder Verwaltungseinheit in Deutschland ist ein Schlüsselfaktor für die Effizienzsteigerung im staatlichen System der Bundesrepublik.

Folgende **Maßnahmen** sollten dazu ergriffen werden:

- In jeder öffentlich-rechtlichen Organisation wird ein **Querschnittsprojekt** (Stabsstelle) „strategische Planung und Entwicklung" aufgesetzt. Das Projekt ist an die Behördenleitung angebunden. Es ist mit allen Einheiten der Organisation vernetzt.
- Ziel der Arbeit in diesem Querschnittsprojekt ist es,
  - das wirkungsbasierte Management (Reformprojekt 1) in jeder Verwaltungseinheit durch Bereitstellung und Analyse von Daten zu unterstützen,
  - Methoden und Instrumente für eine datenbasierte Steuerung des Handelns der Behörde bereitzustellen (Data Driven Government),
  - Antworten auf folgende Schlüsselfragen aufzubereiten: Woran misst die Organisation den Erfolg ihrer Arbeit? Welche strategischen Ziele sind für die Arbeit der Organisation kurz-, mittel- und langfristig handlungsleitend?
  - die Umweltvernetzung der Organisation (siehe mein Buch „Synaptisches Management", Prodoehl 2014, S. 96–130) stetig aufrechtzuerhalten und zu optimieren,
  - Veränderungen in der Systemumwelt der Organisation aufzuspüren und diese Veränderungen in eine Anpassung der Strategie zu übersetzen,
  - den strategischen Planungsprozess (siehe folgendes Chart) kontinuierlich durchzuführen und stetig zu optimieren.

Reformprojekt 5: Strategische Planung (2/3)

Der unternehmerische Staat:

Das deutsche politische System und die deutsche öffentliche Verwaltung können nur dann unternehmerisch, agil und effizient handeln, wenn sie mit Instrumenten der strategischen Planung operieren.

Ein strategischer Planungsprozess hat, wenn er agil durchgeführt wird, folgende Merkmale:

- Analyse der Umwelt, in der ein bestimmtes System agieren muss und die für das Handeln des Systems von Bedeutung ist;
- Analyse von kurz-, mittel- und langfristigen Entwicklungstrends und Problemkonstellationen in dieser Systemumwelt, die für das System relevant sind;
- bei dieser Analyse: enge Vernetzung der Akteure im System mit relevanten Akteuren in der Systemumwelt, stetiges Einholen von Feedback aus der Systemumwelt zu den Erkenntnissen, die die System-Akteure gewonnen haben, stetige Weiterentwicklung dieser Erkenntnisse aufgrund dieses Feedbacks;
- bei dieser Analyse: ganzheitliche, siloübergreifende, interdisziplinäre Sicht auf die Systemumwelt und die Funktionsweise des Systems in dieser Umwelt; dabei Abbildung der vielfältigen Interdependenzen und Abhängigkeiten zwischen Ereignissen und Entwicklungen in verschiedenen Bereichen der Systemumwelt; entsprechend diverse Zusammensetzung des Strategie-Teams;
- Analyse der Ist-Situation im System („Systemdiagnose"):
  - finanzielle, personelle und sächliche Ressourcen,
  - Strukturen und Prozesse,
  - rechtliche Rahmenbedingungen, relevante Regeln und Normen,
  - Formen der Kooperation und Kommunikation,
  - Kultur der Organisation, Führungskultur;
- Herunterbrechen der Analyseergebnisse auf die Mission und die Ziele, die das System verfolgen soll (kurz-, mittel- und langfristig): Output und Outcome, Effektivität und Effizienz;

Reformprojekt 5: Strategische Planung (3/3)

Der unternehmerische Staat:

Das deutsche politische System und die deutsche öffentliche Verwaltung können nur dann unternehmerisch, agil und effizient handeln, wenn sie mit Instrumenten der strategischen Planung operieren.

➢ Ableitung einer Roadmap zur Zielerreichung: Maßnahmenplan, Zeitplan, KPIs zur Messung der Zielerreichung, kontinuierliche Messung und Evaluation des Status der Umsetzung der Maßnahmen, Definition von Konsequenzen bei Soll-Ist-Abweichungen, Messung der Wirkungen dieser Konsequenzen;

➢ kontinuierliche Veränderung und Anpassung dieser Strategie in einem permanenten, niemals fertigen Strategieprozess: Organisieren von Lernen zur stetigen Weiterentwicklung der Strategie, zur Anpassung der Strategie an neue Entwicklungen und Erkenntnisse, zur Flexibilisierung der Strategie im Hinblick auf unvorhersehbare, unerwartete Ereignisse, zur Ausschöpfung von Optimierungspotenzialen (kontinuierliche Verbesserung) etc.;

➢ Einbeziehung einer möglichst großen und möglichst diversen Gruppe von Stakeholdern im System und in der relevanten Systemumwelt in den gesamten Prozess der Strategiefindung und Strategieweiterentwicklung; kontinuierliche Vernetzung des Strategie-Teams mit allen Einheiten der Organisation;

➢ kontinuierliche Kommunikation dieser Strategie mit allen relevanten Stakeholdern im System und in der Systemumwelt mit dem Ziel, einen möglichst breiten Konsens und eine möglichst breite Akzeptanz für die Strategie zu erreichen.

„To build entrepreneurial management into the existing public-service institution may thus be the foremost political task of this generation."
(Peter Drucker, Innovation and Entrepreneurship)

Wie ist diese Arteriosklerose des deutschen politischen Systems und der deutschen öffentlichen Verwaltung entstanden?

Was sind die Gründe dafür, dass diese Arteriosklerose auch in den 20er Jahren des 21. Jahrhunderts noch besteht?

Ich will auf diese Fragen in den folgenden Kapiteln eingehen. Und in den Reformprojekten, die ich bisher eingefügt habe und weiter einfügen werde, will ich darlegen, wie diese Arteriosklerose behandelt und therapiert werden kann.

8

Die Selbst-Fesselung des deutschen politischen Systems durch Politikverflechtung

Das deutsche politische System hat sich selbst so sorgsam und so wirksam in Fesseln gelegt, dass es nur bedingt handlungsfähig, steuerungsfähig und problemlösungsfähig ist. Diese Fesseln strangulieren die Bewegungs- und Gestaltungsräume des deutschen politischen Systems so umfassend, dass sie zuverlässig den Fortbestand seiner Arteriosklerose verbürgen.

Es gibt viele Gründe für diese Selbst-Fesselung des deutschen politischen Systems. In den Kap. 9 bis Kap. 13 werde ich einige dieser Gründe beschreiben. In diesem Kapitel will ich einen dieser Gründe, die strukturelle deutsche Politikverflechtung, näher beleuchten.

> *„Die Misere, die wir erleben und erleiden, ist der Verlust an Entscheidungsfähigkeit des Staates. Das ist das Problem." (Dr. Norbert Röttgen im Deutschen Bundestag am 10. März 2006, bei der Debatte über die Föderalismusreform I)*

Nahezu alle politischen Parteien teilten Anfang dieses Jahrtausends die Einschätzung, dass die Verflechtung zwischen Bund und Ländern, die deutsche Politikverflechtung, zu einer drastischen Selbst-Fesselung des deutschen politischen Systems führt. Entsprechend wurden von Bund und Ländern die beiden Föderalismusreformen I (2006) und II (2009) auf den Weg gebracht.

Es gibt vielfältige Testate dafür, dass diese beiden Föderalismusreformen an dem Grundproblem der deutschen Selbst-Fesselung durch Politikverflechtung nichts Grundlegendes geändert haben (vgl. dazu Scharpf 2009 und 2017; Scheller 2015). Sie dauert fort. Eine dritte Föderalismusreform tut deshalb Not, ist aber im Jahr 2023 nicht auf der Agenda der deutschen Politik.

Diese deutsche Politikverflechtung lässt sich wie folgt charakterisieren:
Eine Vielzahl von Gesetzen des Bundes erfordert die Zustimmung des Bundesrates. Konkret: Etwa 40 Prozent aller Gesetzentwürfe, die im Bundestag behandelt werden, sind Zustimmungsgesetze, bedürfen also zu ihrem Inkrafttreten der Zustimmung des Bundesrates. Das bedeutet in der deutschen Politikpraxis, dass bei diesen Gesetzgebungsaktivitäten viele Parteien und mit Parteien verbundene Verbände einbezogen und bedient werden müssen. Nicht nur im Bund, sondern auch in den Ländern bestehen in der Regeln Regierungskoalitionen aus mehreren Parteien. In den Länder-Koalitionsverträgen wird in der Regel festgelegt, dass eine Koalitionspartei erzwingen kann, dass sich das Land im Bundesrat der Stimme enthält und damit faktisch ein Zustimmungsgesetz ablehnt. So können auch kleinere Koalitionsparteien eine beträchtliche Vetomacht erhalten.

Ein Gesetz, das den Bundestag und den Bundesrat passieren soll, muss entsprechend mit Rücksichtnahme auf vielfältige Positionen und Sonderinteressen konzipiert werden: auf Positionen und Sonderinteressen

- der Parteien im Bund und in den Ländern, die die jeweiligen Regierungen tragen, und ihrer parlamentarischen Fraktionen,
- einzelner Ressorts in der Bundesregierung und in den Landesregierungen, die im jeweiligen Gesetzgebungsprozess mitwirken,
- der Verbände und Lobbyingorganisationen, die mit den jeweiligen Parteien/Fraktionen/Ressorts verbunden sind bzw. auf diese Parteien/Fraktionen/Ressorts maßgeblichen Einfluss ausüben und
- der Gebietskörperschaften (im Hinblick darauf, dass die Sonder-Interessen eines Landes nicht identisch sein müssen mit den Interessen von Parteien, die die Regierung des Landes tragen).

Diese Politikverflechtung führt dazu, dass in Deutschland permanent eine Große Koalition aus CDU, CSU, SPD, Grünen (und akzessorisch auch FDP und Linke) regiert. Die Politikverflechtung sorgt dafür, dass die Opposition im Bundestag auf dem Weg des Bundesratsvetos faktisch an der Bundesregierung beteiligt ist. Das Gegeneinander von Regierungsfraktionen und Oppositionsfraktionen im Deutschen Bundestag, das die parlamentarische Demokratie kennzeichnet, wird durch die Politikverflechtung in ein Miteinander von Regierung und Opposition transformiert.[33]

Diese strukturelle Politikverflechtung wird in Deutschland noch dadurch vertieft, dass sich die deutschen Parteien und Regierungen im Zustand eines nahezu permanenten Wahlkampfs befinden (bei durchschnittlich vier Landtagswahlen pro Jahr). In diesem chronischen Wahlkampfmodus müssen die Parteien ihre jeweiligen Positionen und Sonderinteressen offensiv verfechten, um ihre Legitimation zu wahren und ihre Klientel zu bedienen.

Jede Partei ist gezwungen, sich von den jeweils anderen Parteien zu differenzieren und die Unterschiede zwischen ihren Positionen und den Positionen der anderen Parteien zu konturieren. Die strukturelle Politikverflechtung führt nun dazu, dass sich das deutsche politische System in einem permanenten Spannungszustand zwischen dem Zwang zum Konsens und dem Zwang zur Differenzierung (und damit zum Nicht-Konsens) befindet.

Dass diese Politikverflechtung im föderalen Staat zu einer Selbst-Fesselung des politischen Systems führt, ist in der Politikwissenschaft vielfach nachgewiesen worden. Der Politikwissenschaftler Fritz W. Scharpf merkt dazu an:

> *„Die Malaise der deutschen Politik, in der keine Seite in der Lage ist, ein Reformkonzept zu verwirklichen und dann auch zu verantworten, hat ihren wesentlichen Grund in der Möglichkeit parteipolitischer [...] Blockaden im Bundesrat." (Scharpf 2017, S. 261)*

Er betont „die strukturelle Steuerungsschwäche der staatlichen Politik unter den Bedingungen der Politikverflechtung. Wenn der institutionalisierte Konsensbedarf hoch und die in der Sache erreichbare Konsensfähigkeit gering ist, verliert die Politik die Möglichkeit, anspruchsvolle Ziele anzustreben und auf neue Herausforderungen flexibel und wirksam zu reagieren." Diese strukturelle Fesselung der Problemlösungsfähigkeit der deutschen Politik ist, so Scharpf, vor allem in Krisen zu erkennen:

---

33 „Die Regierung wird ausgebremst durch die Opposition. Ihr haben die Wählenden bei den Bundestagswahlen zwar keine Macht übertragen, die beschriebene Realität im Bundesrat beschert der Opposition jedoch so viel Einfluss, dass sie der Gestaltungskraft der Regierung messbare Grenzen setzen kann." (Banse und Buermeyer 2023, S. 301)

> *„Schon unter den vom ersten Ölpreisschock der frühen Siebzigerjahre veränderten ökonomischen Bedingungen tendierte der kooperative Föderalismus zum politischen Immobilismus." (Scharpf 2009, S. 41 f. und 43)*

> *„Die deutsche Politikverflechtung hat mit ihren Konsenserfordernissen die wechselseitige Fesselung institutionalisiert, anstatt fallweise notwendige Korrekturen zu ermöglichen." (Scharpf 2009, S. 157)*

Die deutsche Politikverflechtung führt zu einer Reihe von Aporien, die bis heute, trotz vielfältiger Bemühungen um eine Reform des gebrechlichen föderalen Systems, nicht aufgelöst wurden:

- Es gibt im deutschen politischen System einen wachsenden Zwang dazu, bundeseinheitliche Lösungen zu finden (*Beispiele:* Sicherung von Interoperabilität bei IT-Systemen, Schaffung von Durchlässigkeit im Schulsystem, Bewältigung des Lehrermangels, Schaffung von einheitlichen IKT-Grundlagen für die Kooperation der Polizeibehörden). Dem aber steht der im föderalen System eingravierte Zwang der Länder gegenüber, sich von den anderen Ländern zu differenzieren (siehe zu diesem Differenzierungszwang näher: Abschn. 13.5). Das deutsche politische System bewegt sich ständig in diesem Widerspruch, einerseits Vereinheitlichung, andererseits Nicht-Vereinheitlichung zu erfordern.
- Eine umfassende Verlagerung von Gesetzgebungszuständigkeiten auf die Länder scheitert nicht nur an dem wachsenden Erfordernis zu bundeseinheitlichen Regulierungen, sondern auch an der drastischen Länder-Asymmetrie: Weil die Länder äußerst unterschiedliche wirtschaftliche, finanzielle und administrative Leistungsfähigkeiten haben (z. B. Bremen und Saarland versus Bayern und Nordrhein-Westfalen), ist eine umfassende Verlagerung von Gesetzgebungszuständigkeiten auf die Länder nicht umsetzbar. Zugleich ist eine umfassende Verlagerung von Gesetzgebungszuständigkeiten auf den Bund für die Länder nicht akzeptabel, weil dies die Legitimation ihrer Existenz unterminieren würde. Im Ergebnis dieser Aporie werden dann umfangreiche Mischzuständigkeiten und Zustimmungsrechte des Bundesrates fixiert. Die wiederum verdichtet die Verflechtung und Selbst-Fesselung des deutschen politischen Systems.

Es gibt drei verschiedene Erscheinungsformen dieser Selbst-Fesselung des deutschen politischen Systems:

Erstens: drastische Steigerung der Komplexität von Rechtsnormen[34]

Wegen des „Zwangs zum lagerübergreifenden Kompromiss" (Scharpf 2009, S. 55), wegen des Zwangs zur Konsensfindung mit verschiedenen Parteien, Institutionen und Personen, wegen der Notwendigkeit, vielfältige Klientel-Interessen und Sonderfälle zu berücksichtigen, kann häufig in dieser Arena der Politikverflechtung nur dann ein Kompromiss erzielt werden, wenn Komplexität massiv potenziert wird.

Das Ergebnis, das in diesem multiplen Aushandlungsprozess erzielt wird, ist häufig nicht nur deshalb überkomplex, weil vielfältige Interessen integriert werden müssen. Sondern auch deshalb, weil die Bedienung vielfältiger Klientel-Interessen häufig nur dann gelingt, wenn man detailtiefe Einzelfallregelungen vornimmt („Ich setze für meine Klientel eine Sonderregelung durch, wenn auch du für deine Klientel eine Sonderregelung durchsetzt."). Diese Einzelfallregelungen treiben stets Komplexität.

Zweitens: kleinster gemeinsamer Nenner

In diesem System der Politikverflechtung ist es ein gängiger Konfliktregelungsmechanismus, Reformprojekte so lange kleinzuarbeiten, dass am Ende nur das normiert wird, was von allen beteiligten Parteien, Institutionen und Personen akzeptiert werden kann. Dann kommt es lediglich zu einer Verständigung auf den kleinsten gemeinsamen Nenner.

Eine solche Verständigung macht große Reform-Würfe nahezu unmöglich. Sie legt Trippelschritt-Regulierungen nahe und verhindert Quantensprünge. Und sie führt häufig dazu, dass zwar alle Beteiligten bedient werden, zugleich aber eine wirksame Problemlösung auf der Strecke bleibt. In der Regel leidet bei einer solchen Verständigung auf den kleinsten gemeinsamen Nenner die „Problemlösungseffektivität" (Scharpf 2009, S. 45) der deutschen Politik.

Die Folge ist nicht nur eine chronische Unfähigkeit des politischen Systems, flexibel und schnell auf veränderte Problemlagen zu reagieren. Sondern auch eine „systematische Privilegierung von Status-quo-Interessen auf Kosten der auf Veränderung gerichteten Interessen." (Scharpf 2009, S. 38)

---

34 Dies wurde in der politikwissenschaftlichen Forschung häufig nachgewiesen. Vgl. Scharpf 2009, S. 54 f.

Drittens: Nicht-Entscheidung und Behandlung durch Verfahren[35]

Eine dritte Variante im deutschen Politikbetrieb, die Probleme der Politikverflechtung zu lösen, besteht darin, eine politische Gestaltungsaufgabe entweder aus der politischen Agenda auszublenden oder sie durch Verfahren zu „behandeln". Für beide Handlungsweisen gibt es in der Praxis der deutschen Politik vielfältige Beispiele.

Ausblendung: So wurde z. B. das Problem des gravierenden Fachkräftemangels in der deutschen Politik der ersten 20 Jahre des 21. Jahrhunderts konsequent dethematisiert (vertagt, aus dem politischen Diskurs entfernt, nicht als vordringlich eingestuft etc.).

Ein weiteres Beispiel: Eine langfristige Sicherung der Rentenfinanzierung wurde in den ersten beiden Jahrzehnten des 21. Jahrhunderts ebenfalls auf die lange Bank geschoben. Und das, obwohl der Problemdruck unabweisbar ist (erheblicher Anstieg der Zahl der Rentner, wachsende Rentenbezugsjahre wegen steigender Lebenserwartung, voraussichtlich drastische Abnahme der Zahl der Erwerbstätigen).

„Behandlung durch Verfahren": Damit ist gemeint, dass das politische System eine bestimmte Gestaltungsaufgabe nicht wahrnimmt und erfüllt, ein bestimmtes Problem nicht löst, sondern für diese Aufgabe und dieses Problem Verfahren aufsetzt, mit denen diese Aufgabe/dieses Problem behandelt wird. Damit gibt die Politik einen Nachweis für ein Tätigwerden ab, legitimiert dadurch ihr Handeln und schiebt die Aufgabenerfüllung und Problemlösung zugleich auf die lange Bank eines Verfahrens.

Sie schlägt auf diese Weise den gordischen Knoten nicht durch, sondern behandelt die Natur des Knotens. Sie lichtet damit keinen Regulierungsdschungel, sondern sondiert mit vielen Gutachten die Natur der Dschungel-Fauna und -Flora. Sie löst damit kein Problem, sondern simuliert ein problemlösungsorientiertes Verhalten. Sie tut so, als ob.

Diese Problem- und Aufgabenbehandlung durch Verfahren findet sich auf vielen Politikfeldern, z. B. bei der „Finanzverfassung im deutschen föderalen System nach der Föderalismusreform II (2009)" und bei der „Digitalisierung des öffentlichen Sektors in Deutschland".

Vielfältige Verfahrensformen können hier zum Einsatz kommen: Schaffung von Gremien und Arbeitsgruppen, Einsetzen von Kommissionen und Beiräten, Vergabe von Studien und Gutachten, rechtliche Auseinandersetzungen etc.

---

35 Siehe dazu den Klassiker: Luhmann 1983

9

Das Funktionsprinzip der staatlichen Bürokratie: Maximierung von Komplexität

„Deutschland ist unzufrieden mit sich selbst, mit komplizierten Abstimmungs- und Entscheidungsstrukturen, mit aufwändigen Lösungen und bürokratischen Abläufen. In der Krise wird deutlich, was auch in ‚normalen' Zeiten immer öfter Sorge bereitet: Deutschland ist, denkt und handelt zu kompliziert. Diese Komplexität aufzulösen, muss das langfristige Ziel jeder Digitalisierungs- und Modernisierungsstrategie sein." (Nationaler Normenkontrollrat, Mai 2021, zitiert nach Ludewig 2021, S. 8)

„Wir sitzen in der Komplexitätsfalle. Wir sind zu bürokratisch, zu starr und zu langsam." (Heilmann und Schön 2020, S. 12)

„Die Bedingungen in Deutschland haben sich deutlich verschlechtert. Wir sind mit allem unglaublich kompliziert und langsam geworden. Das wird international immer mehr zu einem Wettbewerbsnachteil." (Roland Busch, CEO der Siemens AG, in: Handelsblatt vom 14./15./16.7.2023, S. 20)

„Der Standort Deutschland muss einfacher werden. Es ist einfach unerträglich, wie kompliziert uns allen das Leben gemacht wird. Während die Amerikaner im Inflation Reduction Act ohne größere Auflagen versuchen, wirt-

> *schaftliche Aktivitäten zu stimulieren, plant der deutsche Bürokrat Vergleichbares mit einem Katalog von teils unerfüllbaren, umfassenden Auflagen." (Rede des Präsidenten der Bundesvereinigung der Deutschen Arbeitgeberverbände, Rainer Dulger, am 24. Mai 2023 in Berlin zum Thema „Strategische Wettbewerbsfähigkeit ins Zentrum stellen")*

Wir leben in einer Zeit steigender Komplexität in Wirtschaft und Gesellschaft (siehe dazu Kap. 6). Diese Komplexität wird in Deutschland noch potenziert durch das politische System und durch die öffentliche Verwaltung. Die staatliche Bürokratie und das deutsche politische System sind ein stetiger Treiber und Motor für ein Anwachsen der Komplexität von Gesetzen, Rechtsverordnungen, Richtlinien, Gerichtsurteilen und Verfahren.

Deutschland ist durch das Wirken der Staatsbürokratie und des politischen Systems in den vergangenen Jahren und Jahrzehnten zu einem weltweiten Avantgarde-Standort für hochkomplexe rechtliche Regelungen, für eine umfassende Verrechtlichung und Durchregulierung von Wirtschaft und Gesellschaft und für eine zeitraubende Verkomplizierung von Verfahren und Prozessen geworden.

Jeder, der sich mit dem hyperkomplexen deutschen Baurecht, Umwelt- oder Steuerrecht befasst, jeder, der die langjährige Leidensgeschichte mit dem Projekt einer elektronischen Patientenakte im deutschen Gesundheitswesen miterlebt hat, jeder, der die langwierigen Planungs- und Genehmigungsverfahren bei öffentlichen Großprojekten erfahren hat, jeder, der jahrelang auf eine Genehmigung zum Bau einer Industrieanlage gewartet hat, wird es bestätigen können: Wir sind in Deutschland Weltmeister bei der komplexen Durchregulierung von Lebenssphären und der Verlangsamung von Verwaltungsprozessen.

Und, noch besser: Das politische System in Deutschland ist nicht auf dem Weg, diese dramatische Komplexität sukzessive zu vermindern, sondern im Gegenteil sie weiter zuverlässig zu steigern. Sie wächst stetig weiter, diese deutsche Komplexität.[36]

Diese Komplexität behindert Agilität. Sie verhindert schnelles Handeln. Sie treibt Kosten. Sie mindert Qualität. Sie programmiert Fehlleistungen und Zielverfehlungen. Sie fördert und fordert Behäbigkeit und Ineffizienz. Sie entmutigt

---

36 Ein Beispiel: Erhebungen zur Steuerkomplexität der Universitäten Paderborn und München in den Jahren 2016 bis 2020 führten zu dem Ergebnis, „dass die Steuerkomplexität in Deutschland in den vergangenen Jahren gestiegen ist." (Sureth-Sloane 2023, S. 2).

Menschen, die Reformen und Innovationen treiben wollen. Sie führt im Blutkreislauf der öffentlichen Verwaltung in Deutschland zu einer fortschreitenden Arteriosklerose. Sie wird damit zu einer chronischen Gefährdung der Wettbewerbsfähigkeit der deutschen Wirtschaft und damit der Qualität des Standorts Deutschland.

Hinzu kommt: Diese Hyper-Komplexität, die das deutsche politische System geschaffen hat und stetig weiter steigert, führt sich selbst ad absurdum. Denn sie hat sich in Deutschland zu einer solchen Monstrosität ausgewachsen, dass sie immer weniger bewältigbar ist. Wolfgang Schön, der Direktor des Max-Planck-Instituts für Steuerrecht und Öffentliche Finanzen, sieht Deutschland wegen der wachsenden „Normenflut" vor einem „Regulierungsbankrott":

> *„Die Schere zwischen dem Ausmaß der durch staatliche Rechtsvorschriften angeordneten Pflichten und dem zur Bewältigung dieser Pflichten verfügbaren – angemessen ausgebildeten – Personal öffnet sich mehr und mehr. [...] So legt sich mit den Jahren Normenschicht auf Normenschicht, ohne dass alle Kontrollräte und Bürokratieabbaukommissionen der vergangenen Jahre dem Einhalt geboten hätten. [...] Staat, Wirtschaft und Gesellschaft in Deutschland verfügen schlicht über zu wenig qualifizierte Menschen, um normgerechtes Verhalten sichern zu können." (Schön 2023, S. 18)*

Diese Komplexitätssteigerung ist kein Zufall. Sie ist auch keine konjunkturelle Erscheinung, die kommt und geht. Vielmehr ist sie fest eingraviert in den Strukturen des deutschen politischen Systems, in den Strukturen der deutschen öffentlichen Verwaltung. Sie ist strukturbedingt. Das bedeutet: Das deutsche politische System ist darauf ausgelegt, Komplexität zu steigern. Seine Strukturen erzwingen hohe, höchste, wachsende Komplexität. Sein Funktionsprinzip ist die Maximierung von Komplexität.

Das bedeutet auch: Diese arteriosklerotische Komplexität kann nur dadurch gemindert werden, dass die Strukturen des deutschen politischen Systems und des deutschen öffentlichen Sektors grundlegend verändert werden.

Das wachsende Dickicht der deutschen Kompliziertheit kann nicht dadurch gelichtet werden, dass einige Blätter und Zweige durch Minimalreformen ein wenig beschnitten werden. Sondern nur dadurch, dass eine Schneise durch das Dickicht geschlagen wird. Disruptiv eben. Radikal. Einschneidend.

Warum ist die Maximierung der Komplexität ein Funktionsprinzip des staatlichen Systems und der öffentlichen Verwaltung in Deutschland? Dafür gibt es mehrere Gründe. Einen dieser Gründe habe ich in Kap. 8, beschrieben: Komplexitätssteigerung ist ein wesentliches Konfliktregelungsprinzip in der Politikverflechtung. Hier einige weitere Gründe für die deutsche Hyperkomplexität:

9.1 Das Sonderinteresse der staatlichen Bürokratie

In der Privatwirtschaft können die Menschen ihre persönlichen Interessen (an Vermögenssteigerung, Vergrößerung von Einfluss und Macht) in der Regel dadurch bedienen, dass sie gute Zahlen bewirken (Umsatzzahlen, Profitabilitätsmargen, Marktanteile etc.).

In der öffentlichen Verwaltung können die Beschäftigten ihre persönlichen Interessen (an gehaltssteigernden Beförderungen, am Erhalt und an der Erweiterung ihres Besitzstandes, am Erhalt und an der Vergrößerung ihrer Macht und ihres Einflusses) vor allem dadurch bedienen, dass sie Komplexität steigern. Komplexitätssteigerung bedeutet hier, in der regelbasierten öffentlichen Verwaltung und im normsetzenden politischen System, stets: Steigerung der Komplexität von Regelwerken und von Verfahren.

Warum ist das so? Aus drei Gründen:

- **Macht- und Einflussinteresse der Staatsbürokratie:** Macht und Einfluss der Akteure in der öffentlichen Verwaltung hängen von zwei Faktoren ab: von der Zahl der Beschäftigten in der jeweiligen Verwaltungseinheit und von dem Haushaltsbudget, auf das die Verwaltungseinheit zugreifen kann. Beides hängt eng von der Komplexität der von dieser Einheit zu erfüllenden Aufgaben ab. Je komplexer das Regelungsdickicht ist, das für die Erfüllung der Aufgabe geschaffen ist, desto mehr Mitarbeiter*innen benötigt die Einheit zur Aufgabenerledigung und desto mehr Haushaltsmittel müssen für diese Einheit veranschlagt werden. Entsprechend gilt: Je komplexer das Regelungsdickicht, um so mehr Gewicht hat die jeweilige Verwaltungseinheit, um so mehr Möglichkeiten zur Ausübung von Macht und Einfluss verleiht die Einheit ihren Akteuren. Das gilt nach innen und nach außen: Innerhalb einer Behörde können die Führungskräfte in dem Maße Macht und Einfluss ausüben, wie die Behörde über Stellen und Budget verfügt. Außerhalb der

Behörde können die Mitarbeiter*innen in dem Maße über ein Segment der Wirtschaft oder Gesellschaft Macht und Einfluss ausüben, je komplexer dieses Segment durchreguliert ist.

Das Funktionsprinzip einer Staatsbehörde lautet also: Es gilt, durch Maximierung von Komplexität möglichst viel Budget und möglichst viele Mitarbeiter*innen für die Behörde zu gewinnen.[37]

- **Freiheitsraum-Interesse der Staatsbürokratie:** Je komplexer die Regelungsmaterie ist, die eine Behörde bearbeitet, um so größere Freiräume bekommen die Akteure in dieser Behörde gegenüber Kontrollinstanzen. Denn es gilt hier der Grundsatz: Je dichter der Regelungsdschungel, desto geringer sind die Chancen für Kontrollinstanzen, wirksam zu kontrollieren. Die Beamtenschaft in den öffentlichen Verwaltungen weiß aus vielfältigen Erfahrungen: Sie wird dann von Abgeordneten, Oppositionsparteien, Rechnungshöfen, Verbänden, Lobbyisten, Investigativjournalisten etc. wenig behelligt, wenn sie diesen „Laien" deutlich machen kann, wie hyperkomplex die Materie ist, um die es in den Verwaltungen geht, und wie undurchdringlich dicht der Regelungsdschungel ist, durch den diese Laien durchzublicken versuchen.

- **Erhabenheits-Interesse der Staatsbürokratie:** Die Mitarbeiter*innen in der öffentlichen Verwaltung können ihr Interesse an Bestandssicherung, an Beförderungen und an der Absicherung und Vergrößerung von Macht und Einfluss in dem Maße bedienen, wie es ihnen gelingt, die politische Spitze (Minister, Staatssekretäre, Bürgermeister, Beigeordnete, Abgeordnete) zu regieren, anstatt von der politischen Spitze regiert zu werden.

Ich nenne dies das „Erhabenheits-Interesse" der staatlichen Bürokratie. Es drückt sich in den bekannten Sprüchen aus: „Wer unter mir Minister ist, ist mir egal." „Was die Politik will, hängt davon ab, dass wir ihr sagen, was sie wollen kann und darf."

Man könnte dies auch, in Anlehnung an die bekannte britische Fernsehserie, das „Yes, Minister!"-Syndrom nennen.

---

[37] Siehe dazu auch den US-amerikanischen Ökonomen William A. Niskanen, der dieses Funktionsprinzip der staatlichen Bürokratie in seinen Arbeiten zur „Ökonomischen Theorie der Bürokratie" bestätigt. So schreibt Niskanen in seinem Buch „Bureaucracy & Representative Government" zur Funktionsweise von „bureaus", also staatlichen Verwaltungen: „A bureau acts to maximize its budget and here is not motivated to be efficient." (Niskanen 2017, S. 159)

Renate Mayntz hat dieses Phänomen die „Eigenmacht der Verwaltung" genannt (Mayntz 1978).
Max Weber hat dieses Phänomen wie folgt beschrieben:

> *„Stets ist die Frage: wer beherrscht den bestehenden bürokratischen Apparat? Und stets ist seine Beherrschung dem Nicht-Fachmann nur begrenzt möglich: der Fach-Geheimrat ist dem Nichtfachmann als Minister auf die Dauer meist überlegen in der Durchsetzung seines Willens." (Max Weber 1980, S. 128 f.)*

Dieses Interesse der staatlichen Bürokratie an einer Erhabenheit gegenüber der Politik kann dann optimal bedient werden, wenn ein bestimmtes Politikfeld bzw. ein bestimmtes Aufgabenfeld der öffentlichen Verwaltung umfassend und hochkomplex durchreguliert ist. Je komplexer der Dschungel aus Gesetzen, Verordnungen, Richtlinien, Verfahrensschritten, Besitzständen, Sachzwängen und Gerichtsurteilen ist, desto souveräner kann die Beamtenschaft ihre Erhabenheit gegenüber der Laienspielschar der Politiker (und gegenüber den Amateuren in der Medienöffentlichkeit) ausspielen.
Die Akteure in der Staatsbürokratie sind, je komplexer die Regelungsmaterie ist, um so unverzichtbarer und unersetzbarer für die Politik:
- Indem sie der Politik aufzeigen, was geht und was nicht geht.
- Indem sie den Politikern, die sich einbilden, gestalten zu können, Grenzen aufzeigen und Leitplanken vorgeben.
- Indem sie für die Politiker Wegweiser und Fremdenführer durch das Dickicht von Regulierungen sind.
- Indem sie bei der Umsetzung von Gesetzen und Verordnungen ein bestandssicherndes Eigengewicht bzw. Eigenleben entfalten.

9.2 Das „0:0-Prinzip": Nicht arbeiten, um zu gewinnen und zu gestalten, sondern, um Fehler und Konflikte zu vermeiden

In der Privatwirtschaft gilt es, möglichst hohe Gewinne zu erzielen und möglichst gewinnträchtig zu wachsen (um investieren zu können, damit künftige wirtschaftliche Erfolge vorzubereiten, den eigenen Marktanteil zu halten und auszubauen, Angriffe von Wettbewerbern auf das eigene Geschäft abzuwehren etc.). Es geht in der Privatwirtschaft nicht nur darum, den Bestand des bestehenden Geschäfts zu sichern. Wer sich nur auf Bestandsabsicherung beschränkt, der droht, im Wettbewerb mit expandierenden Konkurrenten Marktanteile und Geschäftschancen zu verlieren. Wer nicht wächst und nicht wachsen will, der programmiert seinen Gang zum Amtsgericht oder die Übernahme seines Unternehmens durch einen wachsenden Wettbewerber.

Ähnlich im Fußball: Wer nur darauf setzt, 0:0 zu spielen, wer also nicht darauf abzielt, selbst ein Tor zu schießen, in Führung zu gehen und das Spiel zu gewinnen, der läuft Gefahr, das Spiel gegen einen Gegner, der offensiv und defensiv stark ist, zu verlieren. Es geht also im Geschäftsleben wie im Fußball um Defensive und Offensive, um die Vermeidung von Misserfolg und um die Optimierung des Erfolgs.

Anders in der öffentlichen Verwaltung. Es gibt in der deutschen Staatsverwaltung keine nennenswerten Incentives und Belohnungen für herausragenden Erfolg. Prämiensysteme sind weitgehend unbekannt. Variable Gehaltsbestandteile fehlen meist (siehe dazu das Kap. 11). Sprungbeförderungen sind seltene Ausnahmen. Es regiert bei Beförderungen noch das Ancienitätsprinzip: Das Dienstalter bestimmt in der Regel über die Beförderungschancen.

In diesem System, in dem besondere Erfolge nicht besonders prämiert werden können, wird ein offensives Handeln regelmäßig diskreditiert. Wer in der öffentlichen Verwaltung Risiken nimmt, um 1:0 zu gewinnen, wer dort mit Wagemut die Defensive öffnet und die Offensive stärkt, wer das Abenteuer sucht, um überraschende Erfolge zu erzielen, wird sich schnell auf einem Abstellgleis wiederfinden.

Um hier noch einmal die Fußball-Analogie zu bemühen: Die Kultur der öffentlichen Verwaltung in Deutschland ist keine 1:0-Kultur, keine Kultur, in der mit hoher Risikobereitschaft und Abenteuerlust auf Erfolg gesetzt wird, sondern eine 0:0-Kultur. Diese 0:0-Kultur ist eine Kultur der ständigen Absicherung gegen Misserfolge, eine Kultur der massiven Stärkung der Defensive, um keine Fehler zu machen, um Scheitern auszuschließen und Konflikte zu vermeiden. Um Gegentore zu verhindern, wird in Kauf genommen, dass man selbst kein Tor schießen kann.

Das Credo der öffentlichen Verwaltung lautet also:

- Entscheidend ist nicht, Chancen zu nutzen, sondern Risiken auszuschließen.
- Nicht der Sieg ist das Ziel, sondern die Vermeidung der Niederlage. Es kommt nicht darauf an, Erfolg zu haben, sondern Misserfolg zu vermeiden.
- Wichtig ist, den Ball flachzuhalten und auf ein 0:0 zu spielen, anstatt durch forsches Angriffsspiel das Risiko einzugehen, ein Gegentor zu kassieren.

Was sind nun „Gegentore" für die öffentliche Verwaltung? Was ist ein Misserfolg für die Staatsbürokratie und für die Beschäftigten in der Staatsbürokratie?

Ein „Gegentor" ist in einer regelbasierten öffentlichen Verwaltung, in der vorschriftsmäßiges Handeln gefordert wird und in der nach wie vor Juristen dominieren, ein eskalierender rechtlicher Konflikt. Das ist ein rechtlicher Konflikt, der die Gefahr in sich birgt, zu einem „Skandal" zu werden, also zu einer Auseinandersetzung, die öffentlich wird und von der Öffentlichkeit verfolgt werden kann. Sei es ein rechtlicher Konflikt mit Privatleuten, mit Unternehmen, mit anderen staatlichen Stellen (z. B. mit der EU) oder mit Verbänden und NGOs. Ein solcher Konflikt muss unbedingt vermieden werden. Diskreditiert er doch das Kern-Selbstverständnis der öffentlichen Verwaltung, für eine strikte Beachtung von Vorschriften, Regeln und Normen einzustehen.

Für die Beschäftigten in der öffentlichen Verwaltung ist es von existenzieller Bedeutung, solche „Gegentore" zu verhindern. Denn für sie können solche Konflikte dramatische Konsequenzen haben:

- Für die politische Spitze einer Behörde (Minister*innen, Staatssekretär*innen) ist in der Regel nicht die effiziente und effektive Umsetzung eines Projektes (wahl)entscheidend, sondern eine möglichst konfliktfreie, geräusch- und reibungslose Projektdurchführung. So wird z. B. eine Verkehrsministerin für die Durchführung eines Ausschreibungsverfahrens im Schienenpersonennahverkehr keine öffentlichen Meriten bekommen, wohl aber öffentliche Kritik dann, wenn unterlegene Bieter öffentlichkeitswirksam gegen eine Vergabeentscheidung klagen. Daraus folgt, dass Verwaltungsmitarbeiter*innen

ein bestimmtes „Mindset" internalisiert haben: Es gilt für sie, bei Projekten möglichst rechtliche Auseinandersetzungen zu vermeiden und die Projekte möglichst reibungslos, lautlos und konfliktlos abzuwickeln. Dieses Ziel können sie, wie ich im Kap. 13.2 näher veranschaulichen werde, immer dann mit hoher Wahrscheinlichkeit erreichen, wenn sie die Komplexität bei der Projektdurchführung (z. B. in Vergabeverfahren) drastisch erhöhen.
- Für Mitarbeiter*innen in Behörden, denen solche „Gegentore" als Fehler zugerechnet werden (z. B. eine Überschreitung ihres Ermessensspielraums, ein mutiges Inkaufnehmen von Risiken bei einem innovativen Projekt, ein Tätigwerden außerhalb ihres Zuständigkeitsbereichs, eine Nichtbeachtung einer rechtlichen Restriktion etc.), kann das bedeuten, dass ihr gesamtes Berufsleben beschädigt wird. Sie könnten ein Disziplinarverfahren bekommen, eine dauerhafte Rufschädigung erleiden und damit Beförderungschancen verlieren und in ihrer Behörde auf unliebsame Arbeitsfelder abgeschoben werden.
- Hinzu kommt: Für Verwaltungsmitarbeiter*innen ist in einem solchen Konfliktfall das Risiko einer finanziellen Haftung für Vermögensschäden hoch. Sie werden ja nicht, wie Manager*innen in der Privatwirtschaft, häufig von Unternehmenshaftpflichtversicherungen geschützt.
- Ferner gibt es gesetzliche Vorschriften, die das Risiko für Verwaltungsmitarbeiter*innen, die im Verdacht eines Fehlverhaltens stehen, drastisch erhöhen. Ein Beispiel ist der Untreue-Paragraf im Strafgesetzbuch.[38] Er wird von vielen Gerichten weit ausgelegt. Das führt dann dazu, dass Verwaltungsmitarbeiter*innen z. B. bei Beschaffungsvorhaben alles tun, um „auf der sicheren Seite zu sein" und Risiken für sich zu vermeiden. Das gelingt in der Regel dann, wenn sie minutiös und mikroskopisch alles präventiv regeln, was bei solchen Beschaffungsvorhaben kritisch werden könnte (siehe Kap. 13.2).

---

38 Im § 266 des Strafgesetzbuches heißt es: „Wer die ihm durch Gesetz, behördlichen Auftrag oder Rechtsgeschäft eingeräumte Befugnis, über fremdes Vermögen zu verfügen oder einen anderen zu verpflichten, mißbraucht oder die ihm kraft Gesetzes, behördlichen Auftrags, Rechtsgeschäfts oder eines Treueverhältnisses obliegende Pflicht, fremde Vermögensinteressen wahrzunehmen, verletzt und dadurch dem, dessen Vermögensinteressen er zu betreuen hat, Nachteil zufügt, wird mit Freiheitsstrafe bis zu fünf Jahren oder mit Geldstrafe bestraft."

Wie kann also die öffentliche Verwaltung in Deutschland solche „Gegentore" ausschließen bzw. weitestgehend vermeiden? Durch eine massive Steigerung von Komplexität.

Die von Jurist*innen dominierte öffentliche Verwaltung hat mit der Maximierung von Komplexität ein probates Mittel gefunden, um Gegentore abzuwehren.

Warum ist die Maximierung von Komplexität ein solches probates Mittel? Weil damit der Versuch unternommen werden kann, jeden Zentimeter des eigenen Torraums gegen Angriffe abzudichten. Anders gesagt: Weil damit versucht werden kann, jedes mögliche Risiko, jede eventuelle Gefahr präventiv auszuschließen.

Indem ein komplexer, dichter Regelungsdschungel geschaffen wird, kann jeder Handlungsschritt, den Verwaltungsmitarbeiter*innen tun, normativ abgesichert und damit gegenüber Auseinandersetzungen mit Dritten (die öffentlich Kritik äußern, vor Gericht klagen etc.) immunisiert werden. Indem die öffentliche Verwaltung bei jedem Projekt ein komplexes Geflecht von Regeln, Normen, Schriftsätzen, Gutachten, vertraglichen Detailbestimmungen etc. schafft, kann sie das Risiko von „Gegentoren" minimieren.

Und sei es auf Kosten des Faktors „Zeit": Denn diese Strategie der Maximierung von Komplexität führt regelmäßig dazu, dass Prozesse äußerst langwierig ablaufen. Das aber ist für die öffentliche Verwaltung in der Regel kein Problem: Denn es ist der Normalfall bei Projekten der öffentlichen Verwaltung, dass es entweder keine festfixierten Fristen gibt, die einzuhalten sind, oder keine Nachteile für die öffentliche Verwaltung, wenn Prozesse länger dauern als geplant. Der Faktor „Zeit" ist in der Regel in der öffentlichen Verwaltung nicht kritisch. Wenn es länger dauert, ist das schlicht egal.

Beispiele dafür, dass der Faktor „Zeit" für die öffentliche Verwaltung in Deutschland weitgehend irrelevant ist und dass Zielverfehlungen bei Zeitplänen folgenlos sind

Am 18. Februar 2009 hat die Bundesregierung ihre „Breitbandstrategie" beschlossen. Dieser Strategie liegt das Ziel zugrunde, bis zum Jahr 2014 möglichst 75 Prozent der Haushalte mit 50 Mbit/s anzuschließen. Dieses Ziel war noch im Jahr 2022 nicht erreicht.

Der damalige baden-württembergische Ministerpräsident Späth sagte am 29. April 1981 im baden-württembergischen Landtag: „Mit Erreichen der flächendeckenden Verkabelung der Bundesrepublik Deutschland in Glasfasertechnik ist nach Auffassung der Landesregierung das Monopol der öffent-

> lich-rechtlichen Rundfunkanstalten nicht mehr gerechtfertigt." Damals ging Ministerpräsident Späth davon aus, dass diese „flächendeckende Verkabelung der Bundesrepublik Deutschland in Glasfasertechnik" in wenigen Jahren abgeschlossen sein werde. Im Jahr 1984 wurde das Monopol der öffentlich-rechtlichen Rundfunkanstalten aufgehoben. Jene flächendeckende Verkabelung ist bis heute, dem Jahr 2022, noch nicht abgeschlossen.
>
> Im Berliner Abgeordnetenhaus sagte die damalige Verkehrssenatorin Günther im Jahr 2019, spätestens in 2020 müssten neue S-Bahn-Züge bestellt sein. Tatsächlich beträgt die Verzögerung dieses Vergabeverfahrens zur S-Bahn Berlin mehr als vier Jahre. Die Züge werden voraussichtlich erst Ende 2024 bestellt. Eine Zeitverzögerung ohne Folgen.

Hier einige Beispiele für diese „Strategie der Gegentor-Vermeidung durch Maximierung von Komplexität":

- Bei der Arbeit an Normsetzungen (Ausarbeitung von Gesetzentwürfen, von Förderrichtlinien etc.) tendieren die deutsche öffentliche Verwaltung und das deutsche politische System dazu, möglichst jeden denkbaren Einzelfall normativ abzubilden. Dieser **„Wahnsinn der deutschen Einzelfallgerechtigkeit"** (BDA-Präsident Dulger), diese detailversessene Mikro-Regulierung geschieht, um „Gegentore" zu vermeiden und Risiken für die öffentliche Verwaltung zu minimieren: Wenn alles bis ins Kleinste durchnormiert ist, wenn jeder denkbare Einzelfall normativ durchreguliert ist, kann sich die öffentliche Verwaltung im Umgang mit Privatleuten, Verbänden und Unternehmen an präzise festbetonierten Leitplanken entlang bewegen. Das erhöht zwar drastisch Komplexität, führt zu einer Erstarrung von Prozessen, beseitigt die Chancen für informelle Verständigungen und für agile Kommunikation, betoniert Innovationsräume zu, schafft aber zugleich einen normativ dicht umfriedeten und damit risikoarmen Schutzraum für das Verwaltungshandeln.

Die Schriftstellerin **Juli Zeh** beschreibt einen „Grundirrtum" der deutschen Gesellschaft, der in den vergangenen Jahren eskaliert sei.

> *„Er lautet: Um Gerechtigkeit herzustellen, braucht es immer kleinteiligere Regulierungen für jeden möglichen Einzelfall. Alles muss vorhergesehen, differenziert, spezialisiert, individualisiert und durch Ausnahmen von der Ausnahme von der Ausnahme gesetzlich abgebildet werden."*

> *Durch diesen „Regulierungsüberschuss" werde der „Spielraum, etwas auszuprobieren, extrem gering." Und sie fordert deshalb, dem deutschen „Regulierungsdschungel" mit einer „Machete" zu Leibe zu rücken. (Juli Zeh im Focus vom 1.7.2023, S. 57)*

- Um „auf der sicheren Seite zu sein", dehnt die öffentliche Verwaltung bei Genehmigungsverfahren ihre Prüfungen umfassend aus, um jede Eventualität zu untersuchen und jedes Risiko auszuschließen. Das dauert.
- Um möglichst unangreifbar zu sein, werden Berge von Gutachten und Studien vergeben, die der öffentlichen Verwaltung als Legitimationsausweis für ihr Handeln dienen. Auch das dauert.
- Indem ein hyperkomplexes Verfahren aufgesetzt wird, mit einer Vielzahl von Abstimmungen mit Dritten und Mitzeichnungserfordernissen bei anderen Verwaltungseinheiten, kann eigene Verantwortung und damit eigenes Handlungsrisiko möglichst auf Null reduziert werden.
- Um auf jeden Fall Fehler zu vermeiden, um ein Handeln „unangreifbar" zu machen bzw. das Risiko der Angreifbarkeit zu mindern, wird noch ein Arbeitskreis eingesetzt, noch eine Expertenkommission gebildet, noch eine Beraterfirma und Rechtsanwaltskanzlei beauftragt. Das dauert nicht nur und verlängert nicht nur die Verfahren. Sondern hebt auch die Komplexität. Denn je komplexer eine Materie ist, desto mehr Beratertage bzw. Rechtsanwaltsstunden können abgerechnet werden. Entsprechend sorgen Berater und Rechtsanwälte in ihrem eigenen Honorarmaximierungsinteresse zielgerichtet für eine Komplexitätssteigerung.
- Bei Vergabeverfahren der öffentlichen Hand für Großprojekte werden in langwierigen Prozeduren häufig tausende Seiten Vergabeunterlagen erarbeitet, um jede Eventualität abzudecken, jedes Risiko zu vermeiden und jede mögliche Fallkonstellation zu berücksichtigen. Anstatt funktional auszuschreiben (mit einer Beschreibung des gewünschten Ergebnisses) werden mikroskopisch detaillierte Regelungen für alle denkbaren Entwicklungen und Konstellationen getroffen. Das führt zu hyperkomplexen Vergabeverfahren. Diese Maximierung von Komplexität ist der Weg der öffentlichen Verwaltung, um in diesen Vergabeverfahren subjektive Wertungen möglichst zu eliminieren, Ermessensentscheidungen möglichst zu vermeiden („Ermessensreduktion auf Null") und damit dann „auf der sicheren Seite zu sein", d. h. das Risiko von Bieterklagen und von rechtlichen Auseinandersetzungen nach Zuschlagserteilung zu minimieren (siehe dazu auch Abschn. 13.2).

Wolfgang Schön, der Direktor des Max-Planck-Instituts für Steuerrecht und Öffentliche Finanzen, hat dazu im Blick auf den deutschen öffentlichen Dienst angemerkt:

> *„Wer Fehler und Sanktionen vermeiden will, wird danach streben, immer ‚auf der sicheren Seite' zu verbleiben. Das reduziert Risiken, vermindert aber zugleich Chancen."*

Diese Haltung der Übervorsicht führe dazu, „dass zulässige Spielräume deshalb nicht ausgenutzt werden, weil man einen erheblichen (und bei objektiver Betrachtung zu großen) Sicherheitsabstand zu der Grenze des Unzulässigen hält. Technische Innovation, unternehmerisches Geschick und individueller Freiheitsgenuss werden dadurch gelähmt." (Schön 2023, S. 18)

Das folgende Reformprojekt skizziert ein Programm zur Komplexitätsreduktion im deutschen politischen System:

Reformprojekt 6: Programm zur Komplexitätsreduktion (1/3)　　**6**

Der unternehmerische Staat:

Es wird auf allen Ebenen des politischen Systems und der öffentlichen Verwaltung ein „Nationales Programm zur Komplexitätsreduktion" umgesetzt.

Dieses

„Nationale Programm von Bund und Ländern zur Komplexitätsreduktion"

ist ein epochales Transformationsprogramm zur Steigerung der Effizienz im deutschen politischen System und in der deutschen öffentlichen Verwaltung.

Es wird als eine **„Konzertierte Aktion"** von Bund und Ländern organisiert (mit einem Steuerungsgremium, Facharbeitsgruppen etc.). Dabei werden agile Methoden des Projektmanagements und der Programmorganisation eingesetzt. Die Erfahrungen des Nationalen Normenkontrollrates werden in dieses Programm einbezogen.

Das Programm wird wie folgt ausgestaltet:

➢ Bund und Länder verständigen sich darauf, zur Umsetzung dieses Programms **Expertengruppen** einzusetzen. Die Mitglieder dieser Gruppen werden nicht aus dem Bereich der öffentlichen Verwaltung (Verwaltungsjurist*innen, Ministerialbürokratie etc.), sondern aus der Wirtschaft, der Zivilgesellschaft und der Wissenschaft rekrutiert. Die Gruppen werden divers besetzt (keine Dominanz von Jurist*innen und Verwaltungsjurist*innen). Sie werden vom Steuerungsgremium benannt.

➢ Diese Expertengruppen haben die Aufgabe, zu bestimmten Rechts- und Politikfeldern (z. B. Steuerrecht, Umweltrecht, Baurecht, Vergaberecht, Datenschutzrecht, Prozessrecht etc.) **Vorschläge für radikale Vereinfachungen und Komplexitätsreduktionen bei Prozessen, Regulierungen und Gesetzesnormen** zu unterbreiten.

➢ Bund und Länder verpflichten sich, die Vorschläge der Expertengruppen im Blick auf die Ziele dieses Programms zu prüfen. Dabei **verpflichten sich Bund und Länder**, wirksame Maßnahmen zu ergreifen, um die Ziele dieses Programms umfassend zu erfüllen.

Reformprojekt 6: Programm zur Komplexitätsreduktion (2/3)

Der unternehmerische Staat:

Es wird auf allen Ebenen des politischen Systems und der öffentlichen Verwaltung ein „Nationales Programm zur Komplexitätsreduktion" umgesetzt.

- Im Prozess der Erarbeitung dieser Vorschläge wird ständig das **Feedback von Betroffenen und Beteiligten** eingeholt: von Kunden der öffentlichen Verwaltung (Bürger*innen, Unternehmen), von politischen Parteien, von Verbänden (NGOs, Wirtschaftsverbände, Gewerkschaften etc.), von Vertreter*innen der Ministerialbürokratie etc. Dieses Feedback wird in den Prozess der Erarbeitung der Vorschläge einbezogen.
- Die Expertengruppen beziehen in ihre Arbeit auch **Erfahrungen mit Projekten zur Verwaltungsvereinfachung und Komplexitätsreduktion aus dem Ausland** ein (Best Practices, Benchmarking etc.).
- **Ziel dieses Nationalen Programms zur Komplexitätsreduktion ist es,**
   - die **Zahl der gesetzlichen Regelungen und Verwaltungsnormen** auf den jeweiligen Rechts- und Politikgebieten drastisch und fortlaufend zu reduzieren (erster Schritt: mindestens eine Halbierung der Zahl und des Umfangs der Regelungen)
   - **die Regelungen so zu vereinfachen, dass ihre Beachtung und ihr Vollzug mit drastisch erhöhter Effizienz möglich ist** (mindestens: Halbierung des Aufwands bei Unternehmen und Bürger*innen, Halbierung des Zeitbedarfs in der öffentlichen Verwaltung, Halbierung des Personaleinsatzes),
   - **sicherzustellen, dass jedes Planungs- und Genehmigungsverfahren in Deutschland höchstens ein Jahr lang dauert;**
   - zu erreichen, dass **Deutschland im Vergleich der EU-Staaten Benchmark** in Sachen Komplexitätsreduktion und Verwaltungsvereinfachung wird.
- In dieses Transformationsprogramm wird auch das **Projekt „Föderalismusreform 2030"** einbezogen. Siehe dazu das Reformprojekt 9.

Reformprojekt 6: Programm zur Komplexitätsreduktion (3/3)

Der unternehmerische Staat:

Es wird auf allen Ebenen des politischen Systems und der öffentlichen Verwaltung ein „Nationales Programm zur Komplexitätsreduktion" umgesetzt.

- **Dieses Transformationsprogramm wird als Daueraufgabe des deutschen politischen Systems ausgestaltet: Es endet nie. Es ist nie fertig.** Vielmehr wird es stetig evaluiert: Die mit der Umsetzung des Programms gewonnenen Erfahrungen und das Feedback von Betroffenen werden kontinuierlich aufbereitet und für die Verbesserung der Programmarbeit genutzt.
- **Neue Aktivitäten von Bund und Ländern zur Rechtsetzung** müssen sich an den Zielen dieses Transformationsprogramms orientieren.
- Bei der Ausgestaltung und Umsetzung dieses Programms werden **Hindernisse, die von Dritten geschaffen wurden** und die der Erreichung der Ziele dieses Programms entgegenstehen, nicht einfach hingenommen, sondern zum Gegenstand der Transformationsarbeit gemacht:
   - z. B. **Rechtsnormen, die die EU gesetzt hat** und die einer Komplexitätsreduktion entgegenstehen: zur Abweichung von diesen Rechtsnormen wird die Bundesregierung bei der EU Sonderregelungen für Deutschland erwirken; sie wird sich ferner bei der EU für ein vergleichbares Projekt zur Komplexitätsreduktion und zur Durchsetzung des Subsidiaritätsprinzips einsetzen;
   - z. B. bei **verfassungsrechtlichen Normen** und bei der **Rechtsprechung des Bundesverfassungsgerichts:** Dort, wo das Verfassungsrecht und die Rechtsprechung des Bundesverfassungsgerichts dem Ziel der Komplexitätsreduktion entgegenstehen, wird in diesem Programm auch eine Veränderung von grundgesetzlichen Normen einbezogen.
- Dieses Transformationsprogramm ist auch und gerade ein **Programm zur drastischen Verkürzung und Entkomplizierung von Planungs- und Genehmigungsverfahren** in Deutschland. Es wird, um seine Wirksamkeit sicherzustellen, von dem Programm „Disruptive Verfahrens-Innovationen" ergänzt (siehe Reformprojekt 4).

10

Das deutsche Berufsbeamtentum und der Funktionswandel des Staates im 21. Jahrhundert

Man stelle sich vor, im Jahr 2023 finde in einem international tätigen Konzern ein Vorstellungsgespräch für eine ausgeschriebene Position statt. In diesem Vorstellungsgespräch sagt die Bewerberin, sie orientiere sich in ihrem beruflichen Denken und Handeln an Grundsätzen aus dem Jahr 1919. Diese Grundsätze seien für sie unveränderbar und lebenslang verbindlich. Auch erwarte sie eine lebenslange Arbeitsplatzsicherheit. Und eine Fürsorge des Arbeitgebers für ihr gesamtes Leben. Im Gegenzug sei sie bereit, dem Arbeitgeber lebenslang treu und gehorsam zu dienen.

Wahrscheinlich wird diese Bewerberin schnell und lautlos aus dem Bewerbungsverfahren ausgesondert werden. Die HR-Leute im Konzern, die diese Bewerberin erlebt haben, dürften sich kopfschüttelnd über die Weltfremdheit dieser Bewerberin wundern. Darüber, dass diese Bewerberin offenbar nicht verstanden hat, dass man in der Wirtschaftswelt des 21. Jahrhunderts nur erfolgreich sein kann, wenn man bereit und in der Lage ist, Altgewohntes zu überwinden und Neuland zu betreten.

Das deutsche Berufsbeamtentum gründet bis heute in Strukturprinzipien, die seit mehr als 100 Jahren gelten und die auf die Weimarer Reichsverfassung des Jahres 1919 zurückgehen. Mit der Weimarer Reichsverfassung aus dem Jahr 1919 erhielt das Berufsbeamtentum Verfassungsrang.

> *„Mit den hergebrachten Grundsätzen des Berufsbeamtentums im Sinne des Art. 33 Abs. 5 GG ist der Kernbestand von Strukturprinzipien gemeint, die allgemein oder doch ganz überwiegend während eines längeren, traditionsbil-*

denden Zeitraums, insbesondere unter der Reichsverfassung von Weimar, als verbindlich anerkannt und gewahrt worden sind." (Bundesverfassungsgericht, Beschluss vom 14.1.2020)

Diese „hergebrachten Grundsätze des Berufsbeamtentums", die in Art. 33 Grundgesetz festgelegt sind und die das Bundesverfassungsgericht in vielen Urteilen ausgestaltet hat, gelten bis heute für die deutsche Beamtenschaft. Diese Grundsätze prägen die Berufswelt und die Lebenswelt der Beamten. Sie prägen damit aber nicht nur das Denken und Handeln der 1,735 Mio. Beamten, die es 2021 in Deutschland gab, sondern darüber hinaus den gesamten öffentlichen Dienst in der Bundesrepublik mit seinen 5,096 Mio. Beschäftigen (2021).

> „Nicht jede beamtenrechtliche Besonderheit gehört auch zu den hergebrachten Grundsätzen. Es ist in der Praxis umstritten, was im Einzelnen dazu gehört. Das BVerwG und das Bundesverfassungsgericht (BVerfG) rechnen eine ganze Reihe von Prinzipien dazu. In der Rechtsprechung werden insoweit folgende Grundsätze häufig genannt:
>
> Das Beamtenverhältnis ist ein öffentlich-rechtliches Dienstverhältnis mit beiderseitiger besonderer Treuepflicht
>
> Der Beamte muss jederzeit für den Staat und seine verfassungsmäßige Ordnung eintreten
>
> Der Beamte muss die Interessen der Gesamtheit und die Interessen seines Dienstherrn wahrnehmen.
>
> Der Beamte hat eine besondere öffentlich-rechtliche Dienstleistungspflicht unter dauerndem und vollständigem Einsatz der gesamten Persönlichkeit. Er ist für sein Handeln persönlich verantwortlich, unterliegt aber der Gehorsamspflicht.
>
> Der Beamte darf sich in amtlicher Funktion nicht mit einer politischen Partei oder einem Wahlbewerber identifizieren (Neutralitätsprinzip).
>
> Der Beamte wird grundsätzlich auf Lebenszeit ernannt (Lebenszeitprinzip). Dabei wird ihm ein konkretes Statusamt (Besoldungsgruppe) übertragen, das ihm nicht mehr genommen werden kann, außer aufgrund einer Disziplinarmaßnahme nach einem schweren Dienstvergehen (Ämterstabilität). Er hat das Recht, die Amtsbezeichnung zu führen.
>
> Der Beamte hat ein Recht auf lebenslange Zahlung seiner amtsangemessenen Bezüge, als Ruhestandsbeamter allerdings nur in Form der niedrigeren Ruhestandsbezüge (Alimentationsprinzip).

Der Beamte hat Anspruch auf einen amtsmäßigen Unterhalt für sich und seine Familie und im Falle seines Todes auf amtsmäßige Versorgung seiner hinterbliebenen Familienmitglieder auf der Grundlage der zuletzt innegehabten Amtsbezüge.

Der Beamte hat ein Recht darauf, entsprechend seines Amtes angemessen beschäftigt zu werden.

Der Beamte hat das Recht, sich in Gewerkschaften oder Berufsverbänden zusammenzuschließen und Personalvertretungen zu bilden

Der Beamte unterliegt einem Streikverbot.

Der Dienstherr hat eine besondere Fürsorgepflicht gegenüber dem Beamten.

Es besteht eine einseitige Regelung des Dienstverhältnisses durch den Gesetzgeber. Vertragliche Absprachen als Grundlage des Dienstverhältnisses sind nicht erlaubt.

Der Beamte muss dienstlich und privat ein amtsmäßiges persönliches Verhalten zeigen (Amtsverschwiegenheit und achtungswürdiges Verhalten).

Es besteht ein gesetzlich geregeltes Disziplinarverfahren bei Verletzung von Amtspflichten."

(Quelle: https://bund-laender-nrw.verdi.de/beamte/stichwort-verschiedenes/++co++f504c3dc-2867-11e8-b616-525400f67940)

Die **drei folgenden Charts** zeigen auf, dass sich die Beamtenwelt der öffentlichen Verwaltung dramatisch von der Wirtschaftswelt des 21. Jahrhundert unterscheidet.

Dieser Unterschied hat sich im Zuge der Entwicklung der Marktwirtschaft zu einer VUCA-Restrukturierungs-Ökonomie (siehe Kap. 6) in den vergangenen Jahrzehnten immer weiter vergrößert. Heute, in den 20er Jahren des 21. Jahrhunderts, ist die Kluft zwischen den Lebenswelten des Beamten und des Wirtschaftsmenschen so tief geworden, dass beide auf verschiedenen Planeten leben.

Wirtschaftswelt und Beamtenwelt im 21. Jahrhundert (1/3)

Die Anforderungen, die in der Wirtschaftswelt des 21. Jahrhunderts an die Menschen gestellt sind, unterscheiden sich diametral von den „hergebrachten Grundsätzen des Berufsbeamtentums"

WIRTSCHAFTSWELT DES 21. JH	WELT DES BERUFSBEAMTENTUMS
Ich orientiere mein Denken und Handeln an den sich ständig ändernden Anforderungen der Gesellschaft und Wirtschaft des 21. Jahrhunderts.	Ich gründe mein Denken und Handeln auf Grundsätzen, die in Deutschland seit mehr als 100 Jahren gelten. Die ändern sich nie.
Ich handle nicht nach Befehl und Gehorsam, sondern nach meinem eigenen inneren Kompass. Wenn Berufspflichten meinem Kompass widersprechen, kündige ich.	Ich bin gehorsam. Ich tue meine Pflicht.
Ich bin flexibel, kann leicht Altes überwinden und Neues annehmen. Ich arbeite nur auf Zeit, bin stets wechselbereit, bin offen für berufliche Veränderungen.	Ich bin treu. Meine Beamtenstellung aufzukündigen, ist für mich keine Option. Ich gelobe, meinem Dienstherrn ein Leben lang zu dienen.
Ich arbeite in einem harten Wettbewerb. Der Konkurrenzdruck ist hoch. Meine Arbeitsleistung wird ständig gemessen und mit der Leistung der anderen verglichen.	Mein Beamtenstatus ist Schutz und Schild vor den Unbillen des Wettbewerbs. Denn ein Amt, das mir übertragen wurde, kann mir nicht mehr genommen werden.

Wirtschaftswelt und Beamtenwelt im 21. Jahrhundert (2/3)

Die Anforderungen, die in der Wirtschaftswelt des 21. Jahrhunderts an die Menschen gestellt sind, unterscheiden sich diametral von den „hergebrachten Grundsätzen des Berufsbeamtentums"

WIRTSCHAFTSWELT DES 21. JH	WELT DES BERUFSBEAMTENTUMS
Ich verlasse mich auf niemanden. Nur auf mich selbst. Ich weiß, dass auf niemanden Verlass ist. Meine bestehende Berufssituation ist chronisch fragil.	Ich verlasse mich lebenslang auf die Fürsorgepflicht meines Dienstherrn. Er sorgt für mich mein Leben lang.
In meiner Welt ist nichts sicher. Unsicherheit ist mein Lebenselixier. Sie beflügelt mich. Sie bewirkt, dass ich nicht stehenbleibe, sondern immer in Bewegung bin.	Ich lebe sicher. Lebenslang bin ich abgesichert. Ich kann deshalb so bleiben, wie ich bin.
Passt mir der Beruf, engagiere ich mich gern. Passt er mir nicht, werfe ich ihn weg und suche mir einen anderen.	Wenn mir der Beruf nicht mehr passt, habe ich ihn mit Gleichmut weiter auszuüben und zu ertragen.
Mein Leben ist auf Treibsand gegründet. Stabilität ist eine Illusion. Schnell, abrupt, volatil, unvorhergesehen kann sich das, was ist, wandeln.	Mein Leben ist auf einem stabilen Fundament gegründet. Das schützt mich vor abrupten Veränderungen.

Wirtschaftswelt und Beamtenwelt im 21. Jahrhundert (3/3)

Die Anforderungen, die in der Wirtschaftswelt des 21. Jahrhunderts an die Menschen gestellt sind, unterscheiden sich diametral von den „hergebrachten Grundsätzen des Berufsbeamtentums"

WIRTSCHAFTSWELT DES 21. JH	WELT DES BERUFSBEAMTENTUMS
Ich kann in meinem Berufsleben viel gewinnen und viel verlieren. Ich kann reich werden oder in die Insolvenz hinabstürzen.	Mein Beamtenstatus sichert mir eine lebenslange amtsangemessene Beschäftigung. So kann ich weder tief fallen noch hoch aufsteigen.
Ich muss ständig offen und bereit dafür sein, neue Anforderungen zu erfüllen. Ich muss ständig selbst von mir verlangen, neue Anforderungen zu erfüllen.	Neue Anforderungen meines Dienstherren muss ich nur dann erfüllen, wenn das mit den hergebrachten Rechten, die ich als Beamter habe, vereinbar ist.
Ich trenne strikt zwischen Beruf und Privatleben. Was ich in meinem privaten Bereich tue, geht meinen Arbeitgeber nichts an.	Mein Beamtenstatus prägt auch mein privates Leben. Ich muss mich auch im Privaten amtsangemessen verhalten.
Mein Leben ist allen Krisen, Volatilitäten und Eruptionen in der Außenwelt ausgesetzt. Dagegen kann ich mich nur schützen, indem ich mich ständig neu erfinde.	Krisen in der Welt können mein Leben nicht erschüttern. Denn ich bin ja lebenslang abgesichert. Mein Gehalt wird auch in Weltkrisen weitergezahlt.

Diese Entkopplung der Lebenswelten und Arbeitswelten von Wirtschaftsmenschen und Beamten im 21. Jahrhundert ist nicht nur deshalb kritisch, weil sie zu einer Entfremdung des politischen Systems und des öffentlichen Sektors von Wirtschaft und Gesellschaft führt. Mehr noch. Diese Entkopplung schwächt chronisch die Gestaltungs- und Problemlösungskapazität des politischen Systems.

Warum ist das so? Weil wir in einem Jahrhundert leben, in dem der deutsche Staat einen grundlegenden Funktionswandel vollziehen muss, siehe dazu das Kap. 2.

> Denn, wie in Kap. 2 beschrieben, das 21. Jahrhundert ist nicht nur ein Zeitalter, in dem sich öffentlicher Sektor und privater Sektor mehr und mehr entkoppeln, sondern auch eine Zeit, in der sich die Problemlagen in beiden Sektoren mehr und mehr verkoppeln. Gerade deshalb, weil es diese Verkopplung der Problemlagen gibt, ist die chronische Abkopplung des öffentlichen Sektors von der Wirtschaftswelt im 21. Jahrhundert kritisch.

Wie in Kap. 2 dargelegt, müsste sich der deutsche Staat eigentlich, um jenen Funktionswandel vollziehen zu können, grundlegend erneuern, neu erfinden. Er müsste ein agiler Staat werden, ein unternehmerischer Staat, ein Manager-Staat, ein innovationsaffiner Staat, ein wettbewerbsfähiger und wettbewerbsbereiter Staat.

Dem steht aber diametral das Berufsbeamtentum entgegen. Die hergebrachten Grundsätze des Berufsbeamtentums be- und verhindern eine umfassende Agilisierung staatlicher Organisationen. Sie be- bzw. verhindern damit massiv eine Ertüchtigung staatlicher Organisationen zur Bewältigung der Herausforderungen in der Krisenwelt des 21. Jahrhunderts.

Dies hängt auch und gerade damit zusammen, dass das Berufsbeamtentum Wettbewerb eindämmt. Die hergebrachten Grundsätze des Berufsbeamtentums sind mit einer Freisetzung von Wettbewerb nicht vereinbar. Sie konterkarieren den Leistungs-Stimulus, den der Wettbewerb setzt. Sie be- bzw. verhindern die Ausbildung einer Leistungskultur in der öffentlichen Verwaltung.

Dabei gehe ich davon aus, dass es wesentlich der Wettbewerb ist, der in einer Marktwirtschaft Innovationen bewirkt und kontinuierliche Optimierungen erzwingt. Der Wettbewerb zwischen Individuen und Unternehmen schafft ein Treibhausklima für Neuerungen und nötigt alle Akteure dazu, ständig an Verbesserungen zu arbeiten, Komfortzonen zu überwinden und den Korridor des Gewohnten und Bekannten zu überschreiten. Die Motivation, die der marktwirtschaftliche Wettbewerb den Wirtschaftsakteuren einpflanzt, rührt daher, dass die Wettbewerbs-Gewinner reich werden und die Wettbewerbs-Verlierer in die Insolvenz hinabstürzen können (siehe hierzu exemplarisch: Porter 1990, Schumpeter 2006).

Im Berufsbeamtentum wird dieser Wettbewerb durch viele Vorkehrungen be- bzw. verhindert:

- Es gibt im Berufsbeamtentum weder jenes Upsite noch jenes Downsite: Erfolgreiche Beamt*innen werden nicht reich, erfolglose Beamt*innen fallen nicht ins wirtschaftliche Nichts. Eine Beamtin, die nur „Dienst nach Vorschrift" macht, wird nicht entlassen oder degradiert. Eine Beamtin, die stetig bessere Leistungen erbringt, kann nicht mit stetig verbesserten Gratifikationen rechnen. Das deutsche Berufsbeamtentum erlaubt es nicht, für Spitzenleistungen Spitzengehälter zu zahlen. Es erlaubt es auch nicht, chronische Schlechtleistungen mit einer Kürzung des Gehalts zu sanktionieren.
  *Beispiel Hochschullehrer*innen:* Weil Hochschullehrer*innen in Deutschland in der Regel Beamt*innen sind und damit nach der starren Beamtengesetzgebung entlohnt werden, sind die Gehälter der deutschen Hochschullehrer*in-

nen strikt reglementiert. Entsprechend verdienen deutsche Hochschullehrer*innen nur einen Bruchteil dessen, was Hochschullehrer*innen an US-amerikanischen Spitzenuniversitäten verdienen. Dieses Gehaltsgefälle ist einer der Gründe für einen Brain Drain von Spitzenforschern, die aus Deutschland abwandern (siehe dazu z. B.: Pennekamp 2023, S. 16).

Beispiel Jurist*innen: Nach einer Vergütungsanalyse der Unternehmensberatung Kienbaum aus dem Jahr 2023 liegen die Verdienste von Richter*innen und Staatsanwält*innen erheblich unter den Gehältern, die in Unternehmen und Kanzleien gezahlt werden: Einstiegsgehalt in einer Großkanzlei durchschnittlich 139.000 Euro/Jahr, in einem Unternehmen 98.000 Euro/Jahr, im öffentlichen Dienst nach einigen Jahren Berufserfahrung ca. 60.000 Euro/Jahr. Die Analyse belegt auch, dass diese Kluft im weiteren Berufsleben noch größer wird: „Ein Richter mit langjähriger Berufserfahrung verdient [...] etwa die Hälfte einer juristischen Führungskraft in Unternehmen und kaum mehr als ein Viertel des mittleren Einkommens eines Seniorpartners in Großkanzleien." (Handelsblatt vom 7. Juni 2023)

- Entsprechend sind bei einer Beamtin/einem Beamten in der Regel Leistung und Gratifikation entkoppelt. Die Verkopplung von Leistung und Gratifikation ist aber gerade ein Funktionsprinzip des Wettbewerbs. Siehe dazu auch das Kap. 11.
- Das Lebenszeitprinzip, das Alimentationsprinzip und das Prinzip der Ämterstabilität schaffen eine Hängematte, die Wettbewerb wirksam eindämmt. Denn sie bewirken, dass auch diejenigen, die nicht ständig an einer Verbesserung ihrer Leistungen arbeiten, weiterhin ihre berufliche Stellung behalten und alimentiert werden. Sie bewirken auch, dass diejenigen, die Spitzenleistungen erbringen, keine Spitzen-Gratifikationen erhalten können. Entsprechend mindern diese Prinzipien die Motivation der Beamt*innen, sich einem Leistungswettbewerb auszusetzen, in dem es gilt, stetig an der Verbesserung der eigenen Leistungsfähigkeit zu arbeiten.
- Auch das Ancienitätsprinzip wirkt entsprechend: Dieses im Berufsbeamtentum eingravierte Prinzip bedeutet, dass die Rangordnung der Beamt*innen vom Dienstalter abhängt und dass Beförderungen bei Beamt*innen nach dem Dienstalter vorgenommen werden. Dieses Ancienitätsprinzip widerspricht diametral dem Wettbewerbsprinzip, nach dem derjenige befördert wird, der bessere Leistungen erbringt.

Diese Eindämmung des Wettbewerbs durch die hergebrachten Grundsätze des Berufsbeamtentums ist ein strukturelles Hindernis dafür, dass staatliche Institutionen in Deutschland die Herausforderungen effektiv und effizient bewältigen können, die aus dem beschriebenen Funktionswandel resultieren.

Denn dieser beamtengerecht eingedämmte Wettbewerb hat zur Folge,

- dass in die öffentlichen Verwaltungen eine Kultur der „Folgenlosigkeit von Zielverfehlungen" Einzug halten kann,
- dass Schlechtleistungen nur eingeschränkt geahndet und Spitzenleistungen nur eingeschränkt prämiert werden können,
- dass es nur sehr eingeschränkt möglich ist, in öffentlichen Verwaltungen verlässlich und stetig eine Leistungskultur zu implementieren, die einen „kontinuierlichen Verbesserungsprozess"[39] bewirkt,
- dass es in öffentlichen Verwaltungen an Strukturen fehlt, die agiles Denken und Handeln zu einem Erfordernis der Organisation werden lassen; Agilität wird so in Behörden zu einem Faktor, der sich zufällig einstellen kann, für den es aber keine Notwendigkeit gibt („nice to have but not must have").

Diese Wirkung des Berufsbeamtentums kann exemplarisch veranschaulicht werden, wenn man die **Führungsprinzipien und Führungskulturen** analysiert, die in der Welt des Berufsbeamtentums und in der Welt des agilen Unternehmens dominieren. Sie sind diametral verschieden.

In den folgenden zwei Charts werden diese unterschiedlichen Führungskulturen, die das System des Berufsbeamtentums und das System des agilen Unternehmens prägen, gegenübergestellt:

---

39 Dieser Prozess ist bei Wirtschaftsunternehmen seit Jahrzehnten als KVP, Lean Management, Kaizen, Six Sigma etc. bekannt.

Führungsprinzipien im Beamtentum und in agilen Organisationen (1/2)

Eine agile Organisation hat eine grundlegend andere Führungskultur als ein Beamtenapparat. Das Führungsprinzip im Beamtenapparat ist die Rigidität. In der agilen Organisation ist es die Agilität.

RIGIDITÄT ALS FÜHRUNGSPRINZIP	AGILITÄT ALS FÜHRUNGSPRINZIP
Ich habe Vorgesetzte und Untertanen. Den Vorgesetzten unterwerfe ich mich. Die Untertanen unterwerfe ich.	Meine Aufgabe ist es, andere erfolgreich zu machen. Ich führe, indem ich andere wertschätze und indem andere mich wertschätzen.
Ich entscheide. Ich weise den Kurs. Ich weise an. Ich verlange Gehorsam.	Ich befähige andere zu entscheiden. Ich delegiere.
Ich habe recht. Ich behalte recht. Ich zweifle nicht an meinen Entscheidungen. Ich lasse nicht zu, dass andere an meinen Entscheidungen zweifeln.	Ich habe Zweifel, fördere Zweifel. Ich stelle mich der Kritik. Ich stelle meine Erkenntnisse in Frage.
Ich mache einen Plan und setze ihn um.	Ich probiere aus, lerne und passe an.

Führungsprinzipien im Beamtentum und in agilen Organisationen (2/2)

Eine agile Organisation hat eine grundlegend andere Führungskultur als ein Beamtenapparat. Das Führungsprinzip im Beamtenapparat ist die Rigidität. In der agilen Organisation ist es die Agilität.

RIGIDITÄT ALS FÜHRUNGSPRINZIP	AGILITÄT ALS FÜHRUNGSPRINZIP
Meine Autorität beruht auf meinem Beamtenstatus, meiner Macht und Befehlsgewalt.	Meine Autorität beruht auf meiner Fähigkeit, andere zu inspirieren und sie zu befähigen, erfolgreich zu arbeiten.
Ich führe direkt: mit Anweisungen.	Ich führe indirekt: durch Rahmenbedingungen, die Selbstorganisation und Selbstverantwortung fördern & fordern.
Ich kontrolliere. Ich misstraue.	Ich schaffe einen Kontext, der Selbstmanagement ermöglicht und erleichtert. Ich arbeite an einer Vertrauenskultur.
Ich motiviere mit Belohnungen und Bestrafungen. Ich erzeuge Gefolgschaft, indem ich gefürchtet werde.	Ich motiviere dadurch, dass ich inspiriere, Wertschätzung zeige, Freiräume eröffne, Coaching anbiete und Vertrauen schenke.

Wie sehr das Berufsbeamtentum ein erstarrtes, versteinertes, innovationsfeindliches und unagiles System ist, zeigt sich zum Beispiel am Laufbahnrecht und an der Abschottung des Beamtentums von der Außenwelt:

Das Laufbahnrecht:

Danach sind die Beamtenlaufbahnen kastenartig in Bereiche aufgeteilt (einfacher Dienst, mittlerer Dienst, gehobener Dienst, höherer Dienst), die strikt voneinander separiert sind. Der Wechsel zwischen diesen „Laufbahn-Kasten" ist mühselig, aufwändig und langwierig, die Durchlässigkeit zwischen diesen Kasten wird durch althergebrachte Kodizes behindert, so dass sie nur in Ausnahmefällen möglich ist. Das Laufbahnrecht steht damit einer flexiblen Eingruppierung von Mitarbeiter*innen nach Leistung und Kompetenz entgegen. Es fördert Statusdenken und behindert eine Leistungskultur.

Die Autoren des Buches „Neustaat" schreiben dazu: „Studienabbrecher wie der Microsoft-Gründer Bill Gates oder wie Apple-Erfinder Steve Jobs hätten in Deutschland, wenn überhaupt, mit Glück und nach einem mehrjährigen Vorbereitungsdienst im gehobenen Dienst eingestellt werden können." (Heilmann und Schön 2020, S. 224)

Die Abschottung des Beamtentums von der Außenwelt:

Diese Abschottung wird jeden Tag aufs Neue dadurch befördert, dass die deutschen Staaten systematisch Barrieren gegen den Wechsel aus dem öffentlichen Dienst heraus und in den öffentlichen Dienst hinein aufgebaut haben.

Im Unterschied zu Staaten wie Frankreich, Norwegen und den USA ist die Durchlässigkeit zwischen Wirtschaft und Staat in Deutschland vielfach blockiert. So verlieren Beamte, die in die Wirtschaft wechseln, in der Regel ihre Versorgungsansprüche. Das schafft hohe Wechselbarrieren. Und wer aus der Wirtschaft zum Staat wechselt, muss häufig nicht nur Einkommenseinbußen hinnehmen, sondern muss sich zusätzlich „bei Beförderungen hinten anstellen." (Schallbruch 2018, S. 248)

Deshalb sind Wechsel zwischen Staat und Wirtschaft in Deutschland eine seltene Ausnahme. Das führt dann dazu, dass der öffentliche Dienst und die Berufsbeamten in einer Eigenwelt leben, die von der Außenwelt der Wirtschaft und Gesellschaft verlässlich abgeschottet ist und zu der Knowhow aus der Wirtschaft nur in Gestalt externer Berater oder von Beiräten vordringt.

Beide Sphären sind deshalb strukturell voneinander entfremdet: die Sphäre des Staates und die der Wirtschaft. Denn es fehlt die Durchmischung der Sphären. In der deutschen Beamtenschaft finden sich nur wenige, die vorher eine Zeit lang in der Wirtschaft gearbeitet haben. Und der Wechsel eines Beamten in die Wirtschaft ist in Deutschland eine Rarität. Dies wiederum führt dann zu einem spezifischen „Principal-Agent-Problem" in der deutschen öffentlichen Verwaltung, das chronische Effizienzbarrieren mit sich bringt, siehe unten am Ende dieses Kapitels.

Der beschriebene Funktionswandel des deutschen Staates im 21. Jahrhundert erfordert einen bestimmten Mitarbeitertypus, der sich von dem Typus in traditionellen Behörden unterscheidet: In einer traditionellen Behörde dominiert in der Regel der Typus der Juristin bzw. der juristisch ausgebildeten Verwaltungsmitarbeiterin. Also der Typus einer Beamtin, die Regeln konzipiert und die Einhaltung von Regeln überwacht.

Demgegenüber benötigt der Staat im 21. Jahrhundert, der jenen Funktionswandel abbilden muss, mehr und mehr einen anderen Mitarbeitertypus: die Managerin/den Manager (siehe zu diesem Typus: Drucker 1954). Es ist dies der Typus einer Mitarbeiterin/eines Mitarbeiters, die/der

- stetig an der Verbesserung der Effektivität und Effizienz ihrer/seiner Arbeit und Arbeitsleistung arbeitet,
- bereit ist, Risiken zu nehmen, um Erfolge zu erzielen,
- sich nicht mit dem Status quo begnügt, sondern ihn ständig weitergestaltet,
- sich ständig anspruchsvollere Ziele setzt und sich nicht damit begnügt, gesetzte Ziele zu erfüllen,
- nicht nur die Pflicht tut (vorgegebene Aufgaben zu erledigen), sondern stetig daran arbeitet, auch die Kür zu absolvieren: also neue Aufgabenfelder zu erschließen, neue Initiativen zu starten und damit das, was ist, in Frage zu stellen, um es zu optimieren.

Die beiden folgenden Charts zeigen exemplarisch, welche Arbeitshaltung und Leistungskultur in einer Behörde entwickelt werden muss, wenn diese Behörde jenen Funktionswandel nachvollziehen soll.

Es reicht nämlich nicht mehr, nur „im Korridor" zu arbeiten. Vielmehr ist es die entscheidende Aufgabe staatlicher Behörden im 21. Jahrhundert, die jenen Funktionswandel des Staates managen wollen, im Korridor und außerhalb des Korridors zu arbeiten:

Die Dialektik des Korridors: Staatliches Handeln im 21. Jahrhundert

Diese beiden Linien kennzeichnen die zentrale Herausforderungen in Behörden im 21. Jahrhundert: Die Verwaltungen müssen **im Korridor und außerhalb des Korridors** denken und handeln.

Wir alle bewegen uns in unserem Korridor.
Er schafft für uns einen Kordon der Geborgenheit, **eine Zone der Sicherheit** und Berechenbarkeit, ein Refugium des Bekannten, Vertrauten und Bewährten. Deshalb brauchen wir den Korridor. **Deshalb müssen wir uns innerhalb des Korridors bewegen.**

Wenn wir nicht ständig das Risiko eingehen, **die Welt außerhalb des Korridors zu erkunden und zu erschließen,** die Wände des Korridors zu überschreiten, jenseits des Korridors das Wagnis der Fremde auf uns zu nehmen, **werden wir in unserem behaglichen Korridor scheitern.**

Die Dialektik des Korridors: Staatliches Handeln im 21. Jahrhundert

Diese beiden Linien kennzeichnen die Kernaufgabe einer agilen Führung von staatlichen Organisationen im 21. Jahrhundert: **im Korridor und außerhalb des Korridors.**

Handeln im Korridor:

Bestehende Prozesse, Strukturen und Systeme müssen stabilisiert werden.

Die Erbringung der Pflichtleistungen muss sichergestellt werden.

Bestehende Regeln und Normen müssen beachtet und durchgesetzt werden.

Bestehende Überzeugungen und Gewissheiten müssen verfestigt und verfochten werden.

Bestehende Routinen und Standards müssen für alle Mitarbeiter*innen verbindlich gemacht werden.

Handeln außerhalb des Korridors:

Bestehende Prozesse, Strukturen und Systeme müssen ständig infragegestellt und erneuert werden.

Bestehende Leistungen müssen stetig kundenorientiert optimiert werden.

Bestehende Regeln und Normen müssen an neue Entwicklungen angepasst werden.

Bestehende Überzeugungen und Gewissheiten müssen permanent hinterfragt werden.

Bestehende Routinen und Standards müssen in einer lernenden Organisation kontinuierlich verbessert werden.

Zero Sum Games und Nonzero Sum Games: Das Dilemma der Staatsbürokratie in einer Arena der Amoralität, der Machtspiele und der Gewaltausübung

Die Staatsbürokratie ist darauf geeicht, Normen zu setzen und die Einhaltung dieser Normen zu überwachen. Dies ist die wesentliche Kompetenz der Akteure in der Staatsbürokratie: Regeln nach Vorgaben der Politik auszuarbeiten, Regeln zu kodifizieren (in Gesetzen, Rechtsverordnungen und Richtlinien), die Einhaltung der Regeln durch die Staatsbürger zu überwachen, also auf ein regelkonformes, moralisches Handeln der Staatsbürger hinzuwirken. Entsprechend ist die Staatsbürokratie von Juristen und von juristischem Denken und Handeln dominiert.

Diese Kernkompetenz der Staatsbürokratie zerschellt aber immer dann an der Wirklichkeit, wenn sie mit dem Phänomen einer systematischen Regelindifferenz konfrontiert ist. Also wenn sie auf Akteure trifft, die sich nicht an Regeln halten bzw. nur solche Regeln akzeptieren, die von ihnen selbst gesetzt sind und die nach ihrem Gusto gebrochen werden können.

Das betrifft zum einen das Syndrom der Amoralität in unserer Gesellschaft, das ich oben beschrieben habe: eine Tendenz zur Erosion der Verbindlichkeit von Normen und Regeln, die in weiten Bereichen der Gesellschaft erkennbar/nachweisbar ist und weiter fortschreitet. Es betrifft zum anderen das Syndrom der Amoralität in zwischenstaatlichen Beziehungen, das, wie der Ukrainekrieg exemplarisch zeigt, für das 21. Jahrhundert prägend werden könnte.

Amoralisch handelnde Staaten missachten entweder systematisch bestehende Regeln oder setzen Regeln durch ihr Handeln außer Kraft. Sie ersetzen regelbasiertes Handeln durch gewalttätiges Handeln, Rechtskonformität durch Machtausübung, die Stärke des Rechts durch das Recht des Stärkeren. Damit ersetzen sie auch das wertebasierte Politikkonzept eines „Nonzero Sum Game" (eines Spiels, bei dem alle beteiligten Parteien gewinnen bzw. gewinnen können) durch das Politikkonzept eines „Zero Sum Game", bei dem es nur Gewinner und Verlierer geben kann. Dabei geht es für sie stets darum, ihre Interessen durchzusetzen und Vorteile gegenüber anderen zu erzielen, mit allen Mitteln, die effektiv sind, und ohne Rücksicht auf Moral und Regeln.

> **Beispiel Fördermaßnahmen der öffentlichen Hand in Deutschland für Solar- und Windenergie**
>
> Die öffentliche Verwaltung in Deutschland hielt und hält sich bei ihren Fördermaßnahmen strikt an die WTO-Regeln und an die EU-Rechtsnormen. Entsprechend förderte und fördert der deutsche Staat auch und gerade Solar- und Windanlagen, die in China hergestellt werden. Die chinesische Solar- und Windindustrie wiederum wurde, entgegen der WTO-Regeln, massiv durch staatliche Subventionen und Marktabschottungen gefördert. Auch ist in China ausgeschlossen, dass mit staatlichen Fördermitteln Solar- und Windanlagen aus Europa gefördert werden. Das Ergebnis dieser Asymmetrie: Die chinesische Solarindustrie hat eine globale Hegemonie erlangt, die deutsche Solarindustrie brach dramatisch ein. Gleiches könnte in den 20er Jahren des 21. Jahrhunderts mit der europäischen Windindustrie geschehen.
>
> In einer solchen Systemumwelt amoralisch handelnder Individuen und Institutionen versagen die Instrumente und Kompetenzen der klassischen Staatsbürokratie. Das Repertoire an Fähigkeiten, das die juristisch geschulten Verwaltungsmitarbeiter*innen haben, reicht in einer Welt, in der das Machtspiel des „Zero Sum Game" gespielt wird, nicht mehr aus, um wirken zu können.
>
> In dieser Welt, in der wertebasiert und zugleich machtbasiert gehandelt werden muss, in der es darum geht, zugleich Regeln und Interessen durchzusetzen, in der regelkonformes und regelindifferentes Handeln aufeinandertrifft, benötigen die staatlichen Institutionen andere Mitarbeiter*innen mit anderen Kompetenzen als sie eine juristisch korrekt handelnde Ministerialrätin aufbieten kann. Und sie benötigen andere Strukturen und Abläufe, als sie in deutschen Behörden vorherrschen.

Die Institution des Berufsbeamtentums wird in der öffentlichen Verwaltung der Bundesrepublik flankiert vom öffentlichen Dienstrecht für die Angestellten. Auch dieses Dienstrecht für die Angestellten ist umfassend reguliert und reglementiert, so dass für Angestellte ähnliche Rahmenbedingungen gelten wie für die Beamten.

Auch die Angestellten in der öffentlichen Verwaltung müssen sich in einem engen Korsett von Normen und Restriktionen bewegen: Die für sie zugänglichen Gratifikationen sind strikt reguliert (Gehälter, Beförderungschancen, sonstige materielle Incentives). Bei langer Verweildauer sind auch sie faktisch unkündbar. Wettbewerb ist auch bei ihnen durch Regulierung eingedämmt. Und auch für sie gilt das Gebot, im Korridor zu arbeiten und dabei Risiken möglichst zu meiden.

Hinzu kommt: Die derzeitige Verfassung des öffentlichen Sektors in Deutschland mit dem Berufsbeamtentum und dem öffentlichen Dienstrecht schafft für die Beamten und Angestellten vielfältige **Möglichkeiten, Innovationen und Reformen zu verweigern und zu sabotieren, die „von oben" angeordnet werden.** Denn es gibt im öffentlichen Dienst weder einschneidende Sanktionen bei Innovationsverweigerung noch erhebliche Gratifikationen für Innovationsbeschleunigung. Es ist deshalb strukturbedingt, wenn es im öffentlichen Sektor der Bundesrepublik für die Bediensteten viele Mittel und Wege gibt, um Innovationen und Reformen kleinzuarbeiten, zu hintertreiben, auf die lange Bank zu schieben, in Kommissionen und Gremien auszudünnen, mit komplexen Verfahren zu sabotieren und auf Bekanntes und Bewährtes zu reduzieren. Die Mechanismen zur Sabotage von Wandlungsprozessen und zur Innovationsvermeidung, die in Privatunternehmen nachgewiesen wurden (vgl. Scott-Morgan 2008), sind dementsprechend im öffentlichen Sektor ungleich wirkmächtiger.

Die Verfasstheit des öffentlichen Sektors der Bundesrepublik mit den Institutionen des Berufsbeamtentums und der Verwaltungsangestellten ist auch deshalb eine strukturelle Barriere für Effizienzoptimierungen und Effizienzsteigerungen im öffentlichen Dienst, weil sie mit einer besonderen Form des „Principal-Agent-Problems" einhergeht.

Die Principal-Agent-Theorie geht davon aus, dass es zwischen Auftraggeber und Auftragnehmer ein strukturelles Konfliktpotenzial gibt. Es rührt daher, dass zwischen beiden eine chronische Informationsasymmetrie besteht. Damit ist gemeint: Der Auftraggeber kann die Leistung des Auftragnehmers grundsätzlich nur unvollständig kontrollieren, so dass der Auftragnehmer immer über Spielräume für opportunistisches Handeln verfügt.

Im öffentlichen Sektor der Bundesrepublik findet dieses Principal-Agent-Problem eine besondere Ausprägung: Denn aufgrund des Funktionswandels des deutschen Staates (siehe Kap. 2) wächst das Erfordernis für den deutschen Staat, Leistungen Dritter in Anspruch zu nehmen. Sei es, um Know-how aus Wirtschaft und Gesellschaft für den Staat zu mobilisieren, sei es, um die technische Infrastruktur für staatliches Handeln zu errichten und zu betreiben, sei es, um sonstige Dienstleistungen und Lieferungen für Behörden zu beschaffen.

Die Restriktionen, die im Institut des Berufsbeamtentums und in seinem Pendant, dem Institut des öffentlichen Verwaltungsangestellten, eingraviert sind, führen nun zu einem strukturellen Dilemma, das ich das „Auftraggeber-Dilemma" nennen will. Es besteht darin, dass es eine große, tendenziell wachsende Kluft zwischen den Kompetenzen gibt, die innerhalb der Behörden vorhanden sind, und den Kompetenzen, die die Behörden extern einkaufen. Diese Kluft behindert chronisch die Fähigkeit der öffentlichen Verwaltung, als Auftraggeber die Leistungen der Auftragnehmer umfassend zu erfassen, kontinuierlich nachzuhalten und wirksam zu kontrollieren. Sie unterminiert die **Auftraggeberfähigkeit** der öffentlichen Verwaltung.

Dieses „Auftraggeber-Dilemma" führt zu strukturellen Ineffizienzen in der öffentlichen Verwaltung. Hier nur einige Beispiele für dieses „Auftraggeber-Dilemma":

- begrenzte Kapazität von Behörden, die Leistungen von Auftragnehmern in der Informations- und Kommunikationstechnik zu beurteilen und zu kontrollieren (u. a. wegen chronischer Defizite beim IT-Know-how in öffentlichen Verwaltungen gegenüber dem Know-how, das in IT-Konzernen vorliegt),
- Führung des Principals durch den Agent: Berater*innen des öffentlichen Sektors (Rechtsanwaltskanzleien, Unternehmensberater*innen, Technik-Berater*innen, Gutachter*innen) steuern bei einem Großprojekt die Verwaltung, anstatt von Verwaltungsmitarbeiter*innen gesteuert zu werden.

Das folgende Chart skizziert ein Reformprojekt zur Veränderung des öffentlichen Dienstrechts:

Reformprojekt 7: Reform des öffentlichen Dienstrechts

Der unternehmerische Staat:

Das öffentliche Dienstrecht wird mit dem Ziel weiterentwickelt, die Effizienz und Effektivität der Arbeit in der öffentlichen Verwaltung zu steigern.

Das öffentliche Dienstrecht wird grundlegend reformiert. Diese Reform geschieht in der Zielperspektive, die Effizienz und Effektivität des Outputs und des Outcomes der öffentlichen Verwaltung in Deutschland erheblich und nachhaltig zu steigern.

In dieser Zielperspektive werden bei dieser Reform folgende **Maßnahmen** durchgeführt:

› Der Beamtenstatus wird auf diejenigen Bereiche beschränkt, die zum Kernbestand der hoheitlichen Aufgaben des Staates gehören: z. B. gehören Lehrer*innen und Hochschullehrer*innen nicht dazu.

› Die hergebrachten Grundsätze des deutschen Berufsbeamtentums werden grundlegend „fortentwickelt". Siehe Artikel 33 Abs. 5 Grundgesetz: „Das Recht des öffentlichen Dienstes ist unter Berücksichtigung der hergebrachten Grundsätze des Berufsbeamtentums zu regeln und fortzuentwickeln." Bei dieser Fortentwicklung ist es essentiell, dass die deutsche Politik den Mut aufbringt, heilige Kühe hinter sich zu lassen. Konkret: Grundsätze wie das Lebenszeitprinzip, das Ancienitätsprinzip, das Prinzip der Ämterstabilität und der Alimentation sind ebenso zu überwinden wie das Laufbahnrecht.

› Das öffentliche Dienstrecht wird für Angestellte und Beamte umfassend erneuert und flexibilisiert:

  › Einführung leistungsbezogener variabler Gehaltsbestandteile („Leistungsentgelt"), die einen erheblichen Teil der Gesamt-Gratifikation ausmachen können,
  › Ermöglichung einer hohen Flexibilität in Behörden für eine leistungsgerechte, leistungsbezogene Gratifikation der Mitarbeitenden,
  › Abschaffung des Beihilfe-Regimes und der Beamtenpensionen, Gleichbehandlung von Angestellten und Beamten bei Altersrenten,
  › Beseitigung der Kultur von Befehl und Gehorsam, Einführung einer agilen Führungskultur,
  › Förderung des Wechsels der öffentlich Beschäftigten in die Wirtschaft und von in der Wirtschaft Tätigen in den staatlichen Bereich.

11

Die Incentivierungssysteme im deutschen öffentlichen Sektor: festbetoniert, leistungsfern, innovationsfeindlich

Die Incentivierungssysteme im deutschen öffentlichen Sektor sind so ausgestaltet, dass sie Ineffizienzen befördern, eine Leistungskultur und Innovationen behindern.

Warum ist das so?
Unter Incentivierungssystemen verstehe ich die Gesamtheit der materiellen und immateriellen Belohnungen, Prämien und Gratifikationen, die im öffentlichen Sektor der Bundesrepublik für die Bediensteten zur Verfügung stehen. Also nicht nur die Gehälter, sondern auch alle sonstigen „Zuwendungen".

Im öffentlichen Sektor der Bundesrepublik gibt es zum einen Incentives, die es nur im öffentlichen Sektor gibt und auf die Mitarbeiter*innen in Wirtschaftsunternehmen keinen Zugriff haben. Dazu gehören: die Beihilfe-Incentives für Beamt*innen (Beihilfen zu Krankenkassen-Kosten), die Pensionen der Beamt*innen, die krisen- und konjunkturunabhängige Stabilität der Gehälter (die auch in Weltkrisen weiter gezahlt werden) und Regelungen zur faktischen Unkündbarkeit von Beamt*innen und Angestellten des öffentlichen Dienstes.[40] Ich will diese Incentives im Folgenden „besondere Incentives" nennen.

---

[40] Nach dem Tarifvertrag für den öffentlichen Dienst sind auch Angestellte, die eine bestimmte Zeit gedient haben, faktisch unkündbar. Siehe § 34 Abs. 2 dieses Tarifvertrages: „Arbeitsverhältnisse von Beschäftigten, die das 40. Lebensjahr vollendet haben und für die die Regelungen des Tarifgebiets West Anwendung finden, können nach einer Beschäftigungszeit (Abs. 3 Satz 1 und 2) von mehr als 15 Jahren durch den Arbeitgeber nur aus einem wichtigen Grund gekündigt werden."

Diese besonderen Incentives haben ein markantes Charakteristikum: Sie werden völlig unabhängig von den Leistungen und der Leistungsfähigkeit der Beschäftigten ausgereicht. Es sind Belohnungen dafür, dass die Beschäftigten schlicht zum Dienst erscheinen.

Und diese besonderen Incentives sind auch Prämien dafür, dass die Beschäftigten bleiben. Denn mit diesen besonderen Incentives werden kaum überwindbare Wechselbarrieren und Mobilitätsschranken errichtet. Beihilfeberechtigte Beamt*innen verlieren ihre Beihilfe, wenn sie in die Privatwirtschaft wechseln. In der Regel verlieren sie auch, wenn sie ihren Beamtenstatus kündigen, ihre Pensionsansprüche. Diese besonderen Incentives sind mithin nicht nur Bleibe-Prämien, sondern Leimruten, die die Beschäftigten zuverlässig daran hindern, beruflich mobil zu sein. Es sind Incentives für die Beibehaltung des Status quo, für den Verzicht auf beruflichen Neubeginn. Es sind Belohnungen für die lebenslange Abschottung der Beschäftigten von den Welten jenseits der öffentlichen Verwaltung. Und es sind Prämien dafür, dass die öffentlich Bediensteten auch dann in ihrem Amt verweilen, wenn sie innerlich gekündigt haben.

Damit aber befördern diese besonderen Incentives auch und gerade bestimmte Haltungen bei den öffentlich Bediensteten.

Sie belohnen eine Haltung der uninteressierten, gegenüber dem Inhalt der Arbeit indifferenten Pflichterfüllung und erschweren eine passionierte Arbeitshaltung, bei der mit Identifikation für die Sache und mit Leidenschaft für Zielerreichung kreativ und initiativreich gehandelt wird (siehe zu diesen Haltungen auch das Kap. 12 mit seiner Unterscheidung zwischen Plattform-Fähigkeiten und Differenzierungs-Fähigkeiten).

Warum ist das so?
Die Bediensteten bei Bund, Ländern und Kommunen sind in ihrer Berufstätigkeit häufig damit konfrontiert, dass die politische Spitze wechselt. Aufgrund von Wahlergebnissen und neuen Koalitions-Konstellationen verändert sich dann auch das politische Programm, das die öffentlichen Verwaltungen umsetzen müssen. Wer Jahrzehnte lang in einer öffentlichen Verwaltung arbeitet, erfährt diese Wechsel in der Regel häufig.

Nun ist es aber, gerade wegen der beschriebenen besonderen Incentives, in der Regel für Mitarbeiter in der öffentlichen Verwaltung faktisch ausgeschlossen, dann, wenn eine für sie politisch nicht gewünschte Partei die jeweilige Verwaltung übernimmt, zu kündigen und sich einen anderen Beruf zu suchen. Sie bleiben, wegen der o. a. Leimruten, unabhängig davon, was die neue politische Spitze von ihnen verlangt. Sie haben, als treue Beamte bzw. Angestellte, gehorsam zu dienen, unabhängig davon, wer regiert und was die Regierenden wollen. Der Ausweg eines beruflichen Neubeginns ist für sie in aller Regel undenkbar. Sie verharren ausweglos im „stahlharten Gehäuse" (Max Weber) ihrer Tätigkeit im öffentlichen Dienst.

Diese Konstellation – wechselnde politischen Anforderungen, Programme, Arbeitsinhalte, Gestaltungsziele bei einem faktischen Ausschluss eines beruflichen Wechsels – legt nun bei den Beschäftigten im öffentlichen Dienst nahe, dass sie eine Haltung des stoischen Fatalismus und der demütigen Schicksalsergebenheit gegenüber ihren Arbeitsinhalten und Arbeitszielen entwickeln. Mit dieser Haltung werden sie sachbezogen ihre Pflicht tun, nicht aber mit Passion ein Kürprogramm absolvieren.

Denn würden sie darauf beharren, leidenschaftlich, engagiert für bestimmte Ziele und intrinsisch motiviert zu arbeiten, dann würden sie häufig an widrigen Rahmenbedingungen scheitern. Würden sie mit Herzblut und Passion für eine Sache eintreten, dann wären sie chronisch depressionsgefährdet, wenn eine neue politische Spitze und eine neue politische Partei von ihnen verlangen würde, diese Sache zu vergessen oder zu verleugnen.

Entsprechend werden sie dann in einer Arbeitsumgebung, in der sie auf wechselnde Befehle von oben hin parieren müssen, eine Beharrungs-Haltung konservieren, bei der neue Initiativen, riskante Innovationen, engagierte Spitzenleistungen weitgehend aus dem Arbeitsalltag verbannt werden.

> **Beispiel**
>
> In der **Senatsverwaltung für Umwelt, Verkehr und Klimaschutz des Landes Berlin** arbeiteten in den Jahren 2016 bis 2023 ca. 1.500 Bedienstete am Programm einer Verkehrs- und Klimawende. Denn diese Senatsverwaltung war in all diesen Jahren von einer grünen Hausspitze geführt. Im April 2023 geschah nun eine Zeitenwende: Die CDU übernahm diese Senatsverwaltung. Sie änderte sofort die politischen Ziele und Programme. So hatten die Bediensteten dieser Senatsverwaltung viele Monate lang daran gearbeitet, die Friedrichstraße in Berlin zu einem Teil autofrei zu machen. Sie mussten nun ab dem April 2023 darangehen, diese Straße wieder für den Autoverkehr zu öffnen.

Ein weiteres Merkmal der Incentivierungssysteme im öffentlichen Sektor ist, wie bereits in Kap. 9 erwähnt, die Abkopplung von Leistung und Gratifikationen. Das öffentliche Dienstrecht macht es faktisch nicht möglich, die Beschäftigten leistungsadäquat zu honorieren.

Warum ist das so?

- Nach dem Tarifvertrag für den öffentlichen Dienst (TVöD) werden die Beschäftigten in Entgeltgruppen einsortiert. Das Entgelt der Beschäftigten bemisst sich nach der Entgeltgruppe, in der sie eingruppiert sind. Die Entgeltgruppen umfassen wiederum mehrere Stufen, die auf die Zeit abstellen, in der die jeweilige Person beschäftigt ist (Anciennitätsprinzip: Je länger jemand im öffentlichen Dienst arbeitet, desto höher ist seine Entgelt-Stufe, desto mehr verdient sie/er).
- Nach dem TVöD gibt es ein Leistungsentgelt, also eine variable und leistungsabhängige Bezahlung (§ 18 TVöD). Dieses Leistungsentgelt ist aber restriktiv normiert. So heißt es im TVöD Bund, § 18 Abs. 2: „Für das Leistungsentgelt kann ein Gesamtvolumen von bis zu 1 v.H. der ständigen Monatsentgelte des Vorjahres aller unter den Geltungsbereich des TVöD fallenden Beschäftigten der jeweiligen Dienststelle zur Verfügung gestellt werden." Dies ist zum einen eine Kann-Regelung. Es muss das Leistungsentgelt in einer Bundesbehörde also nicht geben; die jeweilige Behördenleitung entscheidet darüber, ob überhaupt ein Leistungsentgelt gezahlt wird. Zum anderen heißt es „bis zu 1 v. H.", das Leistungsentgelt kann also auch diesen Prozentsatz unterschreiten. Zum dritten ist ein Prozent ein Mini-Leistungsentgelt, mit dem eine leistungsadäquate Honorierung von Beschäftigten faktisch nicht möglich ist.
- Behörden, die ein Leistungsentgelt eingeführt haben, tendierten dazu, einer großen Gruppe von Beschäftigten bzw. sogar allen Beschäftigten dieses Zusatzentgelt zu zahlen, auch und gerade, um Konflikte bei der leistungsbezogenen Selektion von Prämienberechtigten zu vermeiden („Gießkannenprinzip"). Im Ergebnis können die Beschäftigten dabei dann „keinen Kausalzusammenhang zwischen Leistungsverhalten und Prämienerfolg mehr ausmachen." (Schmidt u. a. 2011, S. 85). Auch weisen bisherige Studien aus, dass Leistungsentgelte im öffentlichen Dienst kaum zur Motivationssteigerung bei den Beschäftigten beigetragen haben (vgl. Marsden 2010).
- Entsprechend ist die Akzeptanz dieser amputierten Leistungsentgelte in den Behörden gering: „In Zeiten knapper öffentlicher Haushalte, ausgedünnter Personalbesetzung und gewachsener Arbeitsanforderungen leuchtet es Vorgesetzten häufig nicht ein, Zeit und Energie für eine Prozedur aufzuwenden, deren Effekte zweifelhaft erscheinen, und die sich zudem negativ auf das Verhältnis zu ihren Mitarbeitern auswirken könnte." (Schmidt u. a. 2011, S. 88)

- Die bisherigen Erfahrungen mit dem Leistungsentgelt zeigen: Im öffentlichen Dienst ist dieses Instrument der leistungsbezogenen Honorierung ein Fremdkörper geblieben. Es hat wenig bewirkt, weil es so konzipiert wurde, dass es wenig bewirken konnte. So kommen auch die Wissenschaftler Werner Schmidt und Andrea Müller, die Studien zum Leistungsentgelt durchgeführt haben, zu dem Ergebnis, „die Einführung von leistungsorientierter Bezahlung im deutschen öffentlichen Dienst" müsse „in der Fläche als weitgehend gescheitert gelten". (Schmidt und Müller 2014, S. 111)

Auch neue gesetzgeberische Maßnahmen des Bundes haben die Gebrechen des Incentivierungssystems für den deutschen öffentlichen Sektor nicht grundsätzlich kurieren können, so z. B. das 2019 in Kraft getretene „Gesetz zur Modernisierung der Strukturen des Besoldungsrechts und zur Änderung weiterer dienstrechtlicher Vorschriften (Besoldungsstrukturenmodernisierungsgesetz)".

Dieses Gesetz verändert jenes gebrechliche Incentivierungssystem mit einigen Detailkorrekturen. Es ist eine Reform in Trippelschritten, nicht in einem Quantensprung. So sieht es z. B. auch der DGB, der in einer Stellungnahme zu diesem Gesetz vom 15.2.2019 feststellte:

> *„Das im aktuellen Koalitionsvertrag festgelegte Ziel, den öffentlichen Dienst modern und attraktiv zu gestalten, wird mit dem Besoldungsstrukturenmodernisierungsgesetz in der vorliegenden Fassung [...] nicht erreicht werden. [...] Eine grundlegende Modernisierung des Beamtenrechts im Sinne einer Stärkung der Attraktivität des öffentlichen Dienstes und einer langfristigen Bindung von qualifiziertem Personal sieht anders aus. Dafür müsste die Bundesregierung bereit sein, neben der vorgesehenen Schaffung kurzfristiger finanzieller Anreize für einzelne BeamtInnengruppen oder Belastungssituationen, weitergehende Reformen vorzunehmen. Erst dies würde die Rahmenbedingungen tatsächlich attraktiver gestalten. [...] All dies fehlt jedoch in dem vorliegenden Entwurf. Eine nachhaltige Stärkung der Konkurrenzfähigkeit des öffentlichen Dienstes und die Bindung bzw. Gewinnung von qualifiziertem Personal kann nach Ansicht des DGB so nicht gelingen."*

Die strukturellen Defizite des Incentivierungssystems für den öffentlichen Dienst in Deutschland lassen sich ferner im Blick auf einige besondere Berufsgruppen veranschaulichen:

IT-Fachkräfte
Nach einer Studie der Unternehmensberatung McKinsey & Company vom Januar 2023[41] werden im öffentlichen Dienst der Bundesrepublik bis 2030 ca. 140.000 IT-Fachkräfte fehlen. Dieser sich drastisch verschärfende Mangel an IT-Fachkräften im öffentlichen Dienst hängt auch und gerade mit dem defizitären Incentivierungssystem im deutschen Public Sector zusammen (Gehälter, Organisationskulturen, Hierarchien, Strukturen und Prozesse in der öffentlichen Verwaltung etc.).

So klafft bei IT-Fachkräften zwischen Gehältern in der Privatwirtschaft und im öffentlichen Dienst eine erhebliche Lücke. Nach dem „TechTarget 2022 IT Salary Survey" lag der Durchschnittsverdienst von IT-Fachkräften in Deutschland im Jahr 2022 bei 88.000 Euro/Jahr, Senior IT-Manager erzielten 188.000 Euro/Jahr. Mehr als zwei Drittel der in dieser Studie befragten IT-Mitarbeiter*innen erhielten in 2022 eine Leistungsprämie. Zum Vergleich: Im öffentlichen Dienst waren die Durchschnittsgehälter für IT-Fachkräfte nur etwa halb so hoch.

Entsprechend wundert es nicht, wenn IT-Führungskräfte im öffentlichen Sektor laut beklagen, dass die tarifvertraglichen Vergütungen für IT-Fachkräfte im öffentlichen Sektor gegenüber der Privatwirtschaft nicht wettbewerbsfähig sind.[42]

Vom Besserstellungsverbot betroffene Personengruppen
In Deutschland gilt das sogenannte Besserstellungsverbot. Es besagt, dass Organisationen, die überwiegend aus öffentlichen Mitteln finanziert sind, ihre Beschäftigten nicht besser bezahlen dürfen als vergleichbare Beschäftigte im öffentlichen Dienst.

Dieses Besserstellungsverbot trifft z. B. die Forscher*innen in industrienahen, privatwirtschaftlich organisierten Forschungseinrichtungen in Deutschland, die

---

41 Siehe die Studie „Action, bitte! Wie der öffentliche Sektor den Mangel an digitalen Fachkräften meistern kann" vom Januar 2023
42 Siehe das Statement des Leiters des Berliner IT-Dienstleistungszentrums ITDZ, Marc Böttcher, vom März 2023 (vgl. Tagesspiegel vom 17.3.2023, S. B4)

Zuwendungen der öffentlichen Hand bekommen. Von diesen meist gemeinnützigen Forschungseinrichtungen gibt es in Deutschland etwa 130.

Mit der Koppelung der Gehälter der Forschungselite in diesen Einrichtungen an die Gehälter im öffentlichen Dienst wird die internationale Wettbewerbsfähigkeit der Einrichtungen chronisch unterhöhlt.

Der stellvertretende Hauptgeschäftsführer der Deutschen Industrie- und Handelskammer, Dr. Achim Dercks, merkt dazu an:

> *„Mit der Deckelung von Forschergehältern auf das Niveau des öffentlichen Dienstes drohen geförderten Einrichtungen erhebliche Wettbewerbsnachteile – für die privatwirtschaftlichen Forschungseinrichtungen selbst, für die mit ihnen verbundenen Betriebe aus dem Mittelstand und damit auch für den Forschungsstandort Deutschland insgesamt"* (stellvertretender DIHK-Hauptgeschäftsführer Dr. Achim Dercks, siehe https://industrieanzeiger.industrie.de/news/mittelstandsforschung-in-deutschland-in-gefahr/)

12

Hierarchie, Silos und Fragmentierung: drei eherne Strukturphänomene des öffentlichen Sektors in Deutschland, die seine Arteriosklerose befördern

Diese drei Strukturphänomene des öffentlichen Sektors in Deutschland tragen maßgeblich zu der beschriebenen Arteriosklerose der öffentlichen Verwaltung und des politischen Systems bei. Es sind Strukturphänomene, die sich immer wieder aufs Neue in der alltäglichen Verwaltungspraxis und im politischen Prozess reproduzieren.

12.1 Die Hierarchie

Da ist zum einen die **Hierarchie** in allen Organisationen der öffentlichen Verwaltung in Deutschland. Sie ist in allen Organigrammen der Behörden eingraviert. Und sie hat in den Verwaltungen eine so lange Tradition, dass sie für viele Verwaltungsakteure schon als „naturgegeben" gilt, als ein unvermeidlicher und unveränderlicher Teil der „Verwaltungsnatur".

Dieses hierarchische System in den deutschen Verwaltungen hat viele Erscheinungsformen:

- Da ist die Mitzeichnungskultur, bei der Vorgänge den Weg durch die Kaskaden der Behördenhierarchie nehmen müssen.
- Da sind die Laufmappen in den Behörden, die auf eindrücklich analoge Weise den Weg der Hierarchie durchlaufen.
- Da sind die internen Verwaltungsanweisungen, die minutiös die Einhaltung des hierarchisch gestuften Dienstweges vorschreiben, mit Ritualen auf dem

Dienstweg-Parcours, bei denen Vorgänge von unten nach oben oder von oben nach unten durchgereicht werden.
- Da sind die Routinen von Befehl und Gehorsam, die in einem hierarchischen System von Über- und Unterordnung naturwüchsig gelten.
- Da ist die Angst der Untergebenen vor den Weisungen der Vorgesetzten. Da ist die Psychologie einer Untertanen-Verwaltung, bei der diejenigen, die von ihrem weisungsbefugten Vorgesetzten erniedrigt und gedemütigt wurden, ihren Frust an ihre Untergebenen weiterreichen. Und da sind die althergebrachten Routinen, mit denen die Weisungsunterworfenen gelernt haben, die Weisungen der Vorgesetzen zu sabotieren, zu ignorieren, zu interpretieren und „auf die lange Bank" zu schieben.
- Da ist die chronische Eindämmung von Kreativität und Initiativgeist bei den Weisungsunterworfenen wegen des engen Korsetts von Regeln und Vorgaben, die von oben verordnet werden.
- Da ist die „Dienst-nach-Vorschrift-Kultur" derer, die allzu oft erfahren haben, dass neue Ideen und überraschende Initiativen auf harsche Missbilligung der Vorgesetzten stießen.
- Und da ist das Gestaltungsdilemma der Führungskräfte, die in ihrer hierarchiefixierten Behörde zu viele Mitarbeiter*innen haben, die nur vorschriftsmäßig funktionieren, und zu wenige Mitarbeiter*innen, die innovative Ideen und riskante Initiativen vorbringen.

Die hierarchische Organisation deutscher Verwaltungen war im preußischen Staat des 19. Jahrhunderts ein Gebot der Steigerung der Effizienz behördlicher Arbeit (siehe Weber 1980). Heute ist diese starre Hierarchie ein Symptom für die chronische Pathologie des öffentlichen Sektors in Deutschland, – für eine Pathologie, die den Fortbestand der beschriebenen Arteriosklerose verbürgt.

Die eherne Hierarchie in deutschen Behörden behindert Selbstverantwortung und Selbstorganisation, Initiativgeist und Risikobereitschaft. Sie verfestigt für alle Mitarbeiter*innen jenen „Korridor" (siehe Kap. 10), in dem es gilt, das Bekannte und Gewohnte, Regelbasierte und Vorschriftsmäßige, Risikofreie und Bewährte zu kultivieren.

In einem solchen hierarchischen System ist es allemal leichter, etwas zu unterlassen, als etwas zu unternehmen. In diesem System gibt es keine Fehlerkultur, keine Prämien für das Lernen aus Fehlern. Hier zerschellen innovative Ideen, die „unten" geboren wurden, allzu häufig beim Durchgang durch die verschiedenen Hierarchieebenen des Dienstwegs.

In einer solchen Hierarchie von Behörden und Ministerien warten die Weisungsunterworfenen in der Regel auf die Weisungen der Vorgesetzten, um tätig zu werden, und trauen sich zu selten, selbst die Initiative zu ergreifen. Entsprechend verharren sie in einem engen Korsett des regelkonformen, weisungsgerechten Verhaltens.

Und die Führungskräfte bekommen in einem solchen hierarchischen System viel zu selten innovative Ideen und Initiativen von ihren Weisungsunterworfenen, – und sind so gefangen in einem engen Korsett des Bekannten und Bewährten, abgekoppelt von möglichen Innovationen, Verbesserungen und Lernerfahrungen.

Das Ergebnis einer solchen Hierarchie ist ein erstarrtes System, in dem Kreativität chronisch eingedämmt und Fortschritt chronisch kanalisiert wird. In einem solchen arteriosklerotischen System wird es nicht gelingen, ein Umfeld dafür zu schaffen, dass alle Mitarbeiter*innen ihr volles Potenzial ausschöpfen und damit dafür sorgen, dass die gesamte Organisation Spitzenleistungen erbringt.

In der folgenden Grafik wird gezeigt, dass es in einem hierarchischen System von Befehl und Gehorsam nicht gelingen kann, die produktiven Potenziale von Mitarbeiter*innen zu entfalten. Die Grafik basiert auf den Ergebnissen vielfältiger wissenschaftlicher Arbeiten zur Motivationsforschung (vgl. Prodoehl 2014, S. 239 ff. und Prodoehl 2017, S. 28 ff.):

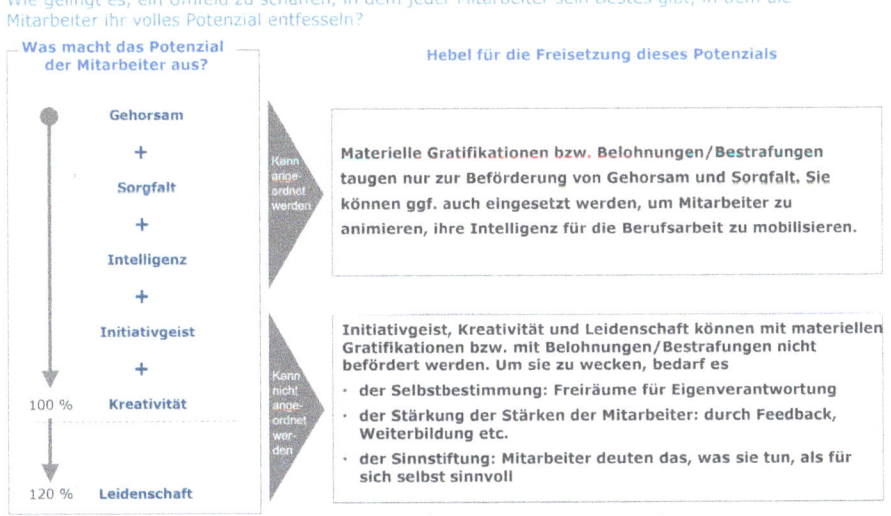

Exkurs: Warum eine Behörden-Hierarchie Spitzenleistungen be- und verhindert

Plattform-Fähigkeiten sind Fähigkeiten, die jeder braucht, der sich im modernen Arbeitsleben zurechtfinden will. Sie bilden die Basis, von der jeder Arbeitnehmer ausgehen muss, der in Organisationen des 21. Jahrhunderts Erfolg haben will. Es sind dies standardisierbare, kopierbare und reproduzierbare Fähigkeiten. Folgende drei Typen von Fähigkeiten gehören zu diesen Plattform-Fähigkeiten:

- **Fähigkeiten im Funktionskreis der Regelkonformität:** Gehorsam, Fügsamkeit, Ergebenheit, Loyalität, Anpassungsbereitschaft; der regelkonform Handelnde passt sein Denken und Handeln weisungsabhängig in ein Prokrustesbett von detaillierten Vorgaben, Anordnungen und Regeln ein; er pariert folgsam auf die Befehle der Machtbefugten.
- **Fähigkeiten im Funktionskreis der Leistungsethik:** Sorgfalt, Zuverlässigkeit, Gewissenhaftigkeit, Ordnungsliebe, Disziplin, Präzision, Pünktlichkeit, Fleiß, Einsatzbereitschaft; der leistungsethisch Handelnde fügt sich ohne Vorbehalte und Reserven bruchlos in das Gefüge einer Organisation ein und funktioniert dort als ein berechenbares Teil im Räderwerk des Ganzen.
- **Fähigkeiten im Funktionskreis der Sachkompetenz:** Sachkenntnis, Bereitschaft zur Aneignung von Wissen und Fertigkeiten, Bereitschaft zur Nutzung der eigenen intellektuellen Fähigkeiten für die Berufsarbeit; Befähigung zur Entwicklung von Routinen für die standardisierte Bearbeitung von Aufgaben; der sachkompetent Handelnde ist bereit und in der Lage, weisungsgemäß sein Wissen und seine beruflichen Fertigkeiten aus- und weiterzubilden und dabei seine Intelligenz einzusetzen; er akkumuliert Kenntnisse so, wie es von ihm erwartet wird.

Plattform-Fähigkeiten befähigen zur regelkonformen, zuverlässigen und sachkompetenten Pflichterfüllung. Nicht mehr, aber auch nicht weniger.

Mitarbeiter*innen zu haben, die ihre Pflicht erfüllen, ist eine notwendige, aber keine hinreichende Bedingung dafür, dass Organisationen im 21. Jahrhundert erfolgreich funktionieren können. Jede Organisation braucht Mitarbeiter*innen, die einfach nur ihre Pflicht tun.

Aber dies reicht nicht aus, wenn eine Organisation Spitzenleistungen erbringen und stetig besser werden will. Dazu benötigt die Organisation Mitarbeiter*innen, die nicht nur Plattform-Fähigkeiten, sondern auch und gerade Differenzierungs-Fähigkeiten besitzen. Diese **Differenzierungs-Fähigkeiten** bestehen aus den folgenden vier Fähigkeits-Typen:

- **Fähigkeit zur Eigeninitiative:** Mitarbeiter*innen, die Eigeninitiative zeigen, bearbeiten nicht nur ihr Pflichtprogramm, sondern schaffen für sich selbst und für andere darüber hinaus ein Kürprogramm. Sie denken

und handeln über die Grenzen des Pflichtkanons hinaus. Sie unternehmen von sich aus, ohne dazu von Dritten aufgefordert zu sein, Erkundungen auf neuem Terrain.
- **Fähigkeit zur Invention:** Inventive Mitarbeiter*innen sind bereit und in der Lage, vorhandene Elemente neu zu verknüpfen, bestehende Beziehungen neu zu ordnen und dabei neue Konstellationen zu erfinden. Sie greifen Bewegungen in ihrer Umwelt auf, um gegebene Konstellationen (Systeme, Strukturen, Prozesse, Beziehungen etc.) auf neuartige Weise zu kombinieren und in Bewegung zu bringen. Sie begeben sich auf neues Terrain, um dieses so zu umzugestalten, wie es vorher nicht war. Sie sind intrinsisch kreativ und innovativ, indem sie neue Konstellationen erproben, experimentell testen und spielerisch fortbilden.
- **Fähigkeit zur Passion:** Passionierte Mitarbeiter*innen sind bereit und in der Lage, „autotelisch" (vgl. dazu: Csikszentmihalyi 2008) zu arbeiten, d. h. eine Arbeit um ihrer selbst willen zu tun, wegen der Erfüllung, die in ihr selbst liegt, und nicht deshalb bzw. nicht nur deshalb, weil die Erledigung dieser Arbeit ihnen äußere Belohnungen verspricht (Geld, Macht, Status etc.). Sie sind fähig, in ihrer Arbeit aufzugehen, in ihrer Arbeit einen Sinn zu erkennen oder zu erschaffen, der die Arbeit für sie selbst-belohnend und fesselnd macht. Sie arbeiten aus einem Gefühl der inneren Verpflichtung heraus. Sie sind deshalb intrinsisch begeisterungsfähig, fähig zu leidenschaftlichem Engagement, zur Hingabe an ihre Aufgabe. Sie können jenen Zustand des „Flow" erleben, der sie eins werden lässt mit ihrer Arbeit.
- **Fähigkeit zur Identifikation:** Mitarbeiter*innen, die die Fähigkeit zur Identifikation haben, sind in der Lage, sich für eine Sache, eine Aufgabe, ein Projekt, eine Institution, eine Organisation, d. h. für ein größeres Ganzes einzusetzen und ihre Arbeitsleistung in den Dienst dieses größeren Ganzen zu stellen. Sie begreifen sich als Teil dieses Ganzen, bereit, dem Ganzen zu dienen und ihre Arbeitsleistung so auszurichten, dass sie dem Ganzen einen größtmöglichen Nutzen bringen.

Im Wettbewerb des 21. Jahrhunderts werden nur diejenigen Organisationen nachhaltig erfolgreich sein können, die eine Kultur ausbilden, in der Differenzierungs-Fähigkeiten gefördert und stimuliert werden. Ich habe diese Kultur **„synaptische Organisationskultur"** genannt und an anderer Stelle ausführlich beschrieben (siehe Prodoehl 2014). Es ist eine Kultur, in der Menschen, die über diese Differenzierungs-Fähigkeiten verfügen, umfangreiche Freiräume zur Ausbildung und Nutzung dieser Fähigkeiten erhalten.

Behörden haben vielfältige Möglichkeiten, Differenzierungs-Fähigkeiten zu fördern, insofern sie sinnvolle Aufgaben für das Gemeinwohl anbieten. Sie vergeben aber diese Chancen regelmäßig dann, wenn sie die Mitarbeiter*innen in das Korsett einer strikten Hierarchie pressen.

Die eherne Behörden-Hierarchie führt besonders dann zu einem Behördenversagen oder zu Verwaltungs-Schlechtleistungen, wenn Krisen zu bewältigen sind, unvorhergesehene Herausforderungen auftreten oder wenn Neuland betreten werden muss. Denn in solchen Situationen ist es regelmäßig erforderlich, nicht nur im Korridor zu handeln, sondern außerhalb des Korridors trittsicher zu sein (siehe Kap. 10). Dann braucht eine Behörde Mitarbeiter*innen und Führungskräfte, die bereit und in der Lage sind,

- Wagnisse einzugehen, Risiken zu nehmen, Experimente durchzuführen und dabei Fehler in Kauf zu nehmen;
- bestehende Regeln mit allen gegebenen Spielräumen auszuschöpfen und dabei die Grenzen des regelkonformen Handelns zu touchieren;
- Eigenverantwortung für ungewöhnliche Entscheidungen zu übernehmen und dabei großzügig Ermessen auszuüben;
- von „althergebrachten Prozessen und Routinen" abzuweichen, Abkürzungen zu nehmen und statt des gewohnten, ordnungsgemäßen Weges einen schnellen Ausnahmeweg zu wählen.

„Fehler um jeden Preis zu vermeiden, heißt auch für den Staat, weiter auf bekannten Pfaden zu wandeln. Da die Herausforderungen und Aufgaben der Zukunft aber radikal neu und wesentlich vielfältiger sein werden als heute, kann uns diese Strategie nicht zum Erfolg führen." (Heilmann und Schön 2020, S. 204 f.)

12.2 Die Silos

Der öffentliche Dienst ist in Deutschland von jeher in Zuständigkeits-Silos einbetoniert. Man arbeitet hier „im Korridor" (siehe Kap. 10). Diese Arbeit in Zuständigkeits-Silos hat viele Gründe und Hintergründe:

- Da ist die Ressorthoheit und der Ressortpartikularismus der Ministerien. Er ist verfassungsrechtlich geerdet (Artikel 65 GG: „Der Bundeskanzler bestimmt die Richtlinien der Politik und trägt dafür die Verantwortung. Innerhalb dieser Richtlinien leitet jeder Bundesminister seinen Geschäftsbereich selbständig und unter eigener Verantwortung.") und über Jahrzehnte tradiert. In den Ministerien gilt der Grundsatz: Die Arbeit im Silo ist Pflicht, sie ist „must have"; eine siloüberschreitende Arbeit ist ein fakultatives Kürprogramm, sie ist „nice to have but not must have".

- Befestigt wird dieser Ressortpartikularismus, diese Silostruktur in den 17 deutschen Regierungen noch durch Koalitions-Logiken. Denn keine deutsche Regierung ist heute nur von einer Partei gebildet, in allen 17 Regierungen gibt es Koalitionen. Und da achtet jede Partei genau darauf, dass ein Ministerium, das „ihr gehört", eigengewichtig und eigenständig handeln kann. Damit werden Silostrukturen zu einem Teil der Koalitions-Räson.
- Die Arbeit in voneinander abgeschotteten Silos entspricht exakt der Arbeitskultur in deutschen Behörden, die ich im Kap. 10 im Bild des „Korridors" beschrieben habe. Diese Arbeitskultur wird vom Beamtenrecht und vom öffentlichen Dienstrecht immer wieder aufs Neue befestigt. Bei dieser Korridor-Kultur wird das Arbeiten im Bekannten, Vertrauten, Gewohnten, Bewährten, Sicheren und Berechenbaren kultiviert. Also das Arbeiten im Korridor. Diese Arbeit im Silo von Korridoren wird in den Behörden prämiert und als Leitbild gesetzt, weil sie Risiken mindert und hilft, Fehler zu vermeiden. Dass diese Korridor-Arbeit zugleich Lernerfahrungen be- bzw. verhindert und Innovationen diskreditiert, ist die notwendige Folge.
- Innerhalb der deutschen Ministerien und Behörden gilt seit Jahrzehnten eine Organisationsstruktur von Abteilungen und Referaten, die Zuständigkeits-Domänen bearbeiten. Diese Abteilungen und Referate sind die ehernen Gralshüter der Silo-Struktur im öffentlichen Dienst. Sie bewachen seit jeher ihren Zuständigkeitsbereich und schotten ihn nicht selten von den Bereichen der anderen Organisationseinheiten ab.

Es ist Ausdruck und Ergebnis dieser Silostruktur, dass es nur in seltenen Fällen in deutschen Behörden siloübergreifende, interdisziplinäre Querschnitts-Organisationsstrukturen gibt: z. B. Projektgruppen, die siloübergreifend an Aufgaben arbeiten; Stabsstellen, die Querschnittsaufgaben wahrnehmen; Strategie- und Planungsgruppen, die quer zur Abteilungs- und Referatsstruktur aufgestellt sind.

Entsprechend sind die neuzeitlichen Methoden des „New Way of Working" noch weitgehend an deutschen Behörden vorbeigegangen: Methoden der Prozessorganisation, der Projektarbeit in interdisziplinären Projektgruppen, der Vernetzung im „synaptischen Management" (Prodoehl 2014), der Querschnittsarbeit in agilen Teams und Scrum-Arbeitsgruppen etc.

Dass die starre Hierarchie und die Silo-Struktur der öffentlichen Verwaltung digitale Innovationen in den deutschen Kommunen behindert/verhindert, stellt auch der Deutsche Städtetag fest:

> *„Eines der größten Hindernisse für einen strategischen Umgang mit Daten ist das Silodenken der städtischen Dezernate oder Fachbereiche. [... Da die Nutzung von Daten weiterhin ein junges Thema ist, fehlt es bislang in den Kommunen an Erfahrung. Einige Städte müssen sich zunächst dem Thema der Smart City widmen und Datenquellen, beispielweise über Sensoren, erschließen. Andere Städte setzen bereits Smart-City-Anwendungen ein, verknüpfen Daten aber noch nicht oder nutzen sie nicht über den konkreten Anwendungsfall hinaus. Beim Einsatz von künstlicher Intelligenz stehen Kommunen ganz am Anfang. Für Kommunen ist dies eine Herausforderung: In der Regel stehen die hierarchischen und in inhaltlichen Silos organisierten Verwaltungen einer kreativen, experimentierfreudigen und ergebnisoffenen Herangehensweise im Weg. Gleichzeitig schrecken die starren Strukturen und Besoldungsmöglichkeiten in Verwaltungen kreative IT-Talente eher ab. Ohne internes Know-how, Experimentierfreude und Kreativität werden Städte kaum aktive Akteurinnen der digitalen Transformation der Stadtgesellschaften werden können."* (Deutscher Städtetag 2021, S. 24 und 26)

12.3 Die Fragmentierung

Diese Silostruktur der öffentlichen Verwaltung in Deutschland ist eng verflochten mit der Parzellenstruktur dieser Verwaltung, mit der Fragmentierung des öffentlichen Sektors in Deutschland in tausenden von Behörden und innerbehördlichen Verwaltungseinheiten.

Seit vielen Jahrzehnten ist der öffentliche Sektor in Deutschland umfassend fragmentiert und parzelliert. Jeder Versuch einer „Defragmentierung" des öffentlichen Sektors ist bisher an den festbetonierten Normen zerschellt, die jene Fragmentierung und Parzellierung verbürgen.

Der deutsche öffentliche Sektor besteht aus tausenden von Parzellen. Sie werden jede für sich bewirtschaftet. Ergebnis dieser dezentralen Parzellenwirtschaft ist ein Flickenteppich von verschiedenen Zuständigkeiten, Normen, Verfahren, Prozessen, IT-Systemen, Datenformaten und Datenbanken.

Dieser Flickenteppich bedeutet:

- Heterogenität von Lösungen dort, wo Homogenität kostengünstiger und effizienter wäre; diese Heterogenität auf den dezentralen Parzellen behindert oder verhindert Interoperabilität, blockiert Vernetzung, macht den Austausch von Informationen und Daten schwerfällig und langwierig;
- hohe Komplexität dort, wo einfache Lösungen kundenfreundlicher wären;
- arteriosklerotische Langsamkeit dort, wo es auf Kooperation von Behörden ankommt;
- Abschottung, wo Vernetzung zur Problemlösung erforderlich wäre;
- analoges Handeln, wo digitales Handeln effizienter wäre.

Diese Heterogenität, Komplexität und Langsamkeit auf den tausenden von öffentlich-rechtlichen Parzellen ist strukturbedingt: Denn jede dieser Parzellen muss sich, um ihren Bestand abzusichern und zu legitimieren, um zu verhindern, dass sie mit anderen Parzellen zusammengelegt wird, von anderen Parzellen differenzieren.

Dieser **Differenzierungszwang** (*„Wir sind anders." „Wären wir nicht anders, dann wäre unser Bestand und unsere Eigenständigkeit gefährdet."*) gebietet den einzelnen Behörden-Parzellen, ihre jeweiligen Besonderheiten zu kultivieren (besondere IT-Verfahren, besondere Organisationsstrukturen und Prozesse, besondere Regeln und Normen etc.) und damit die heterogene, komplexe und schwerfällige Verfassung des deutschen öffentlichen Sektors chronisch zu zementieren.

Da ist zum einen die verfassungsrechtlich abgesicherte Selbstverwaltungsautonomie der Kommunen. Sie macht es möglich, dass wir in Deutschland 11.000 Kommunen haben, die als Duodezfürstentümer sich selbst genug sind und sich selbst verwalten.

Beispiel: Wie resistent diese kommunalen Parzellen gegen eine Fusion mehrerer Parzellen sind, wie sehr sie ihre Parzellenwirtschaft gegen Versuche, Latifundien zu bilden, abschotten, zeigt der völlig gescheiterte Versuch der Landesregierung Brandenburg, eine kommunale Gebietsreform zu erwirken.

Da sind die 16 Länder, die, wie ich im Kap. 13 noch näher darlegen werde, als souveräne Staaten darauf bedacht sind, sich voneinander zu differenzieren. Damit befördern sie stetig die Heterogenität und Komplexität im politischen System der Bundesrepublik. Und da sind die verschiedenen Ministerien in den 17 deutschen Staaten, die als „Silos sui generis" mit einer verfassungsrechtlich geerdeten Eigenständigkeit verwaltet werden. Und die verschiedenen Abteilungen und Referate in diesen Ministerien und in deutschen Behörden, die allesamt ihr Eigenleben kultivieren und vielfältige Mechanismen ausgebildet haben, um sich voneinander abzuschotten.

Wie dysfunktional diese Struktur einer umfassenden dezentralen Autonomie von Einheiten des öffentlichen Sektors in Deutschland ist, wird sinnfällig, wenn wir uns einige „Auswüchse" dieser Parzellenwirtschaft anschauen:

> *„Gegenwärtig kennzeichnet sich die behördliche Situation in Deutschland durch mehr als 200 Register, die teilweise redundant und verteilt sind und keine gemeinsame Identifizierung aufweisen. Es herrscht eine administrative Zersplitterung, wobei Bürgerinnen und Bürger sowie Unternehmen oftmals wiederholt gleiche Informationen an unterschiedliche Behörden liefern müssen und dies bevorzugt in papierbasierter Form."* (Nationales E-Government Kompetenzzentrum 2019, S. 5)

> *„Um als föderaler Staat [...] ebenen-übergreifende Aufgaben erfüllen zu können, bedarf es eines reibungslosen Austausches an Daten und Informationen zwischen allen Trägern öffentlicher Aufgaben. Die Flüchtlingskrise hat schmerzlich gezeigt, was passiert, wenn diese auf der Hand liegende Erkenntnis in Vergessenheit gerät. Über Nacht stellte sich im Herbst 2015 heraus, dass die öffentliche Verwaltung sich selbst außer Gefecht gesetzt hatte, weil Daten und Informationen zu den Flüchtlingen [...] zwischen den Polizeiverantwortlichen des Bundes und der Länder, den Kreisen und Gemeinden sowie den Bundes- und Landesbehörden schlicht nicht ausgetauscht werden konnten, nicht zuletzt weil alle Beteiligten ihre eignen IT-Systeme installiert hatten."* (Ludewig 2021, S. 90)

Die 359 deutschen Sparkassen mit ihren etwa 12.000 Geschäftsstellen und ca. 200.000 Beschäftigten hatten noch vor wenigen Jahren eine Vielzahl von IT-Dienstleistern und eine große Heterogenität von IT-Systemen. Heute gibt es in der deutschen Sparkassenlandschaft nur noch einen einzigen IT-Dienstleister, die FinanzIT und nur noch ein einziges IT-Betriebssystem. Diese Zentralisierung der Sparkassen-IT hat enorme Kosten- und Effizienzvorteile mit sich gebracht: Heterogenität und Komplexität wurden reduziert, Interoperabilität wurde gesichert, Produktivität wurde gesteigert.

Demgegenüber ist die „Shared Services-Kultur" in den deutschen Kommunen nicht sehr weit gediehen. Es gibt im kommunalen Sektor der Bundesrepublik hunderte von IT-Dienstleistern, IT-Betrieben und IT-Abteilungen, die allesamt ihre jeweils „eigenen" IT-Systeme kultivieren. Diese kommunale Heterogenität ist kostspielig und ineffizient. Es fehlt in der fragmentierten deutschen Kommunal-Landschaft auch in den 20er Jahren des 21. Jahrhunderts noch an einer Shared-Services-Kultur mit Shared-Services-Zentren, die effizient und effektiv mit einheitlichen Verfahren und IT-Systemen bestimmte kommunale Aufgaben erfüllen (siehe dazu näher: Prodoehl und Habbel 2006).

Dabei wäre eine Strategie der „Defragmentierung" im deutschen Public Sector durch Einsatz von Informations- und Kommunikationstechnik leicht umsetzbar. Die neuen Informations- und Kommunikationstechniken liefern die Instrumente für eine umfassende, effizienzsteigernde Überwindung der öffentlich-rechtlichen Parzellenwirtschaft in Deutschland. Die Digitalisierung ermöglicht, erleichtert und erzwingt Defragmentierung, zum Beispiel

- durch Schaffung von kommunalen **„Public Shared Services Centers (PSSC)"**, in denen bestimmte Back-Office-Leistungen für alle deutsche Kommunen in einer Zentralstelle nach einheitlichen Kriterien und mit effizienten Prozessen erledigt werden (z. B. PSSC für Beschaffungen in Kommunen, für Beihilfeverfahren, für das Personalmanagement etc.);
- durch Schaffung von solchen Public Shared Services Centers auf Länderebene zur zentralen Erledigung bestimmter Aufgaben, die alle 16 Länder in vergleichbarer Weise haben, in einer Zentralstelle (z. B. die Aufgabe der Lehrerausbildung und der Rekrutierung von Lehrkräften, die Beschaffung von Produkten und Dienstleistungen etc.).

Siehe dazu das Reformprojekt 9 zur Defragmentierung des deutschen öffentlichen Sektors am Ende von Abschn. 13.5.

13

Die Verrechtlichung und Überregulierung in allen Lebensbereichen und Politikfeldern

„Bürokratie und Regulierungswut sind der größte Standortnachteil, den wir in Deutschland haben. Quer durch alle Branchen klagen Unternehmen über die Hürden, die ihnen auferlegt werden." (so der CEO der Deutschen Bank, Christian Sewing. In: Sewing 2023, S. 81)

„Statt Mut zu technologischer Innovation und damit zugleich auch Risikobereitschaft zu kultivieren, regulieren wir uns zu Tode und vertreiben kluge Köpfe und Investitionen gleichermaßen ins Ausland." (Sigmar Gabriel. In: FAZ vom 7.8.2023, S. 6)

„Seit Jahren spricht die Politik davon, dass der Staat das Leben der Bürgerinnen und Bürger nicht mit immer neuen Vorschriften komplizierter machen dürfe. Doch es passiert das Gegenteil. […] Der Staat belastet Bürger und Unternehmen mit immer neuen Anforderungen." (Handelsblatt, 4./5./6.11.2022, S. 44).

„Europa verliert sich in einem Dickicht von vielen komplizierten und lähmenden Regulierungen. Alles wird festgelegt: Ziel, Weg, Technologie, Instrumente […] Unternehmertum, Erfindergeist, Mut und Risikobereitschaft

werden förmlich erstickt." (Martin Brudermüller, CEO der BASF AG, in: Focus, Ausgabe 27 vom 1.7.2023, S. 56)

„Deutschland braucht einen ‚Bureaucracy Reduction Act!'" (Roland Busch, CEO der Siemens AG, in: Focus, Ausgabe 27 vom 1.7.2023, S. 58)

Wir leben in Deutschland in einem Dschungel von Rechtsnormen. In diesem Dschungel herrscht ein Treibhausklima, das dafür sorgt, dass der Dschungel immer dichter und komplexer wird.

Und je dichter und komplexer dieser Vorschriften-Dschungel wird, desto aufwändiger und langwieriger wird jeder Versuch, sich in diesem Dschungel zurechtzufinden und in dem Dschungel zu handeln, desto kraft- und zeitraubender werden Prozesse und Verfahren. Sei es für Privatleute oder für Unternehmen.

Und je komplexer und undurchdringlicher dieser Dschungel einer „perfektionistischen Überregulierung" (Wolfgang Schäuble) wird, um so ausgeprägter wird die Arteriosklerose des deutschen politischen Systems und der deutschen öffentlichen Verwaltung.

Dieser deutsche „Regulierungsbankrott" (Wolfgang Schön, Direktor des Max-Planck-Instituts für Steuerrecht und öffentliche Finanzen), diese Monstrosität hochkomplexer deutscher Regulierungskaskaden überzieht Deutschland mit einer immer dichter werdenden Lähmschicht, – und koppelt Deutschland damit mehr und mehr von den evolutionären und disruptiven Wandlungsprozessen ab, die sich global ereignen.

Für die dschungelhafte Verrechtlichung aller Lebensbereiche ist Deutschland berühmt und berüchtigt. Wer sich hierzulande traut, ein paar Schritte zu tun, der verfängt sich leicht in einem dichten Gitterwerk von Normen und Vorschriften.

Dieses dschungelhaft dichte Gitterwerk von komplexitätssteigernden Rechtsnormen legt sich über alle Prozesse im öffentlichen Sektor, verlangsamt damit chronisch die Umsetzung von Vorhaben und die öffentlich-rechtlichen Verfahren, schafft für Menschen, die etwas unternehmen wollen, vielfältige Hürden, die nur mit hohem Kosten- und Zeitaufwand überwunden werden können, bestraft Innovationsgeist und Risikobereitschaft, Experimentierfreude und Fehlertoleranz, entmutigt Pioniergeist und Wagemut, schwächt den Wirtschaftsstandort Deutschland, weil es Unternehmen motiviert, in anderen Ländern zu investieren, in denen es einfacher und unbürokratischer zugeht.

Weder der Nationale Normenkontrollrat noch die Bürokratieentlastungsgesetze des Bundes haben an diesem Befund etwas substanziell geändert: Deutschland ist ein verregeltes und verrechtlichtes Land, in dem der Dschungel an Vorschriften und Normen ständig anwächst.

Was sind die Gründe für jenes typisch deutsche Treibhausklima, das diesen Dschungel kontinuierlich aufrechterhält und weiterwachsen lässt?
Einen Grund haben wir bereits in Kap. 9 beschrieben: Es ist das Funktionsprinzip der juristisch dominierten Staatsbürokratie, Komplexität möglichst zu maximieren. Ein probates Mittel für diese Maximierung von Komplexität ist die Verdichtung von Rechtsnormen. Es gibt daneben aber noch weitere Gründe für dieses Treibhausklima, das den Dschungel ständig weiterwuchern lässt. Diese Gründe hängen mit der Verfassung des öffentlichen Sektors in Deutschland zusammen. Und auch mit der Einbettung des deutschen öffentlichen Sektors in die Regulierungs-Mechanik der EU. Ich werden in Abschn. 13.4 bis 13.7 auf diese Gründe näher eingehen.

Zuvor will ich in Abschn. 13.1 bis 13.3 einige Beispiele für diesen deutschen Regulierungsdschungel hervorheben. Er ist oft beschrieben worden, dieser deutsche Regulierungsdschungel. Deshalb will ich mich hier darauf beschränken, ein paar Schlaglichter auf einige Auswüchse dieses Dschungels zu werfen.

13.1 Drei Beispiele für die Regulierungs-Monstrosität in Deutschland: Baurecht, Steuerrecht, Datenschutzrecht

Baurecht/Bauordnungsrecht:
Das deutsche Bauplanungsrecht fällt in die Gesetzgebungshoheit des Bundes (Baugesetzbuch). Doch Fragen der Sicherheit und der praktischen Ausführung von Gebäuden werden von den Ländern geregelt. Entsprechend ist Bauordnungsrecht Ländersache. Die Länder regeln bauliche Anlagen in ihren Bauordnungen äußerst heterogen und komplex. In den Landesbauordnungen wird z. B. unterschiedlich geregelt, wie groß Abstandsflächen sein müssen und wie Genehmigungsverfahren für Bauprojekte ausgestaltet sind. In den vergangenen Jahren hat sich diese Heterogenität und Komplexität des länderspezifischen Baurechts

drastisch potenziert. Heute sind bei baulichen Anlagen mehr als 25.000 gesetzliche Regelungen, Vorschriften in Verordnungen und DIN-Normen zu beachten. Und das auf Bundes-, Länder- und kommunaler Ebene.

In diesem Dschungel von baurechtlichen Regulierungen ist es selbst für Fachleute kaum noch möglich, den Überblick zu behalten. Hier das Testat einer Rechtsanwaltskanzlei, die auf Baurecht spezialisiert ist:

> *„Die gesamte Palette öffentlich-, privat- und strafrechtlicher Bauvorgaben jedoch überblickt man – im Sinne des Begriffes ‚Beherrschung' – nie: Die Gesetzes- und Regelungsflut mit ständigen Änderungen, Ergänzungen, Streichungen und auch Anpassungen an europäische Vorgaben lässt – in Verbindung mit dem Bestreben, das gesamte Baurecht im Gleichschritt mit der Entwicklung der Bautechnik zu halten – vollständiges Kennen ebenso nicht zu, wie der Grundsatz ‚Man lernt nie aus!' bei konsequenter Befolgung von allen mit Baurecht Befassten heute mehr Zeit fordern würde, um up to date zu bleiben, als der regelmäßige 14-Stunden-Tag bereit hält." (https://application.wiley-vch.de/books/sample/3433029660_c01.pdf)*

Ein weiteres Testat: Der Spitzenverband der deutschen Wohnungswirtschaft GdW stellt zu der Flut an deutschen Bauvorgaben fest:

> *„Für einen Bauherrn ist es heutzutage nahezu unmöglich, die Gesamtheit der mehreren Tausend Einzelregelungen im Blick zu behalten, die nur ein einzelnes Bauprojekt betreffen." (Zitiert nach: Handelsblatt, 9.8.2023, S. 9)*

Dass diese deutsche Hyperkomplexität im Baurecht nicht naturgegeben sein muss, zeigen z. B. die Niederlande: Dort wurde das Baurecht drastisch entrümpelt. Mit der Folge, dass Prozesse bei Bauvorhaben erheblich vereinfacht und beschleunigt wurden.

Beispiel Steuerrecht:

> „Nach Auffassung der Steuerrechtsliteratur entspricht das deutsche Steuerrecht seit vielen Jahren nicht mehr den Anforderungen an einen modernen Staat. Die Steuerverwaltung sieht deshalb in erster Linie in der zunehmenden Komplexität des Steuerrechts und der Häufigkeit der gesetzlichen Änderungen die größten Hindernisse für einen effizienten Steuervollzug. Es ist der Zustand des deutschen Steuerrechts und nicht der Steuerföderalismus, der die Effizienz der Steuerverwaltung im Alltagsgeschäft behindert, Reibungsverluste mit spürbaren finanziellen Folgen erzeugt und die internationale Handlungsfähigkeit des deutschen Fiskus beschränkt." (Positionspapier der Finanzminister*innen der Länder „Die gemeinsame Verantwortung im Steuervollzug des Bundes und der Länder" vom 27.5.2004)

Mit diesem Positionspapier haben die Finanzminister*innen aller 16 Länder bereits im Jahr 2004 die „zunehmende Komplexität des Steuerrechts" beklagt. Seitdem hat sich diese Komplexität im deutschen Steuerrecht noch gesteigert. Siehe dazu die Erhebungen zur Steuerkomplexität der Universitäten Paderborn und München in den Jahren 2016 bis 2020, die u. a. zu dem Ergebnis führten, „dass die Steuerkomplexität in Deutschland in den vergangenen Jahren gestiegen ist." (Sureth-Sloane 2023, S. 2)

Welche Absurditäten die deutsche Hyperkomplexität im Steuerrecht hervorgebracht hat, wird z. B. deutlich, wenn man den Beschluss des Bundesfinanzhofes XI R 26/04 vom 6. September 2006 studiert. In diesem Beschluss stellt der Bundesfinanzhof fest, das damals gültige Steuerentlastungsgesetz sei verfassungswidrig. Er begründet das u. a. damit, dass sich dieses Gesetz allenfalls „mit subtiler Sachkenntnis, außerordentlichen methodischen Fähigkeiten und einer gewissen Lust zum Lösen von Denksport-Aufgaben" erschließt. Und der Bundesfinanzhof fährt fort: „Die Mindeststeuerregelung ist unverständlich, widersprüchlich, unpraktikabel und nicht mehr justiziabel. Der chaotische Wortlaut ist ein Paradebeispiel für die Verletzung des Gebots der Normenklarheit, eine Meisterleistung an Verschleierungskunst."

Da wundert es nicht, dass selbst die Deutsche Steuer-Gewerkschaft auf ihrem „Future Day 2023" eine „Steuerrevolution" durch umfassende Vereinfachung des Steuerrechts gefordert hat.

Beispiel Datenschutzrecht:
Das deutsche (und europäische) Datenschutzrecht schützt gemeinsam mit der deutschen Datenschutzbürokratie umfassend und wirksam. Es schützt Deutschland vor technischen Innovationen, vor Investitionen von Wirtschaftsunternehmen, vor standortpolitischer Wettbewerbsfähigkeit. Es schützt Täter vor der Strafverfolgung und Patienten vor datengestützten Diagnosen und Therapien.

Warum schützen das Datenschutzrecht und die Datenschutzbürokratie so wirksam und umfassend? Dafür hier nur einige Schlaglichter:

- Der Datenschutz behindert massiv die Digitalisierung in der öffentlichen Verwaltung. Beispiel Zusammenführungsverbot: Diese Vorschrift fordert, dass getrennte Vorgänge in getrennten Datenbeständen abgebildet werden. Damit liegt diese Vorschrift quer zu den Erfordernissen der modernen Informationstechnik, die eine Zusammenführung von Daten in Datenbanken, Rechenzentren und Netzwerken fordert und fördert.
- Wir haben in Deutschland die Kleinstaaterei eines parzellierten Föderalismus perfektioniert. In allen 16 Ländern gibt es Datenschutzgesetze und Datenschutzbürokratien, die uneinheitlich agieren und die deshalb Deutschland zu einem datenschutzrechtlichen Flickenteppich machen. Ein Unternehmen, das bundesweit operiert, muss sich beim Datenschutz mit 16 Landesbeauftragten für den Datenschutz und mit dem Bundesdatenschutzbeauftragten auseinandersetzen (die jeweils einen umfangreichen Mitarbeiter*innen-Stab haben) und dabei immer damit rechnen, dass diese Behörden das geltende Datenschutzrecht unterschiedlich auslegen. Hinzu kommt: Jede Behörde in Deutschland muss nach dem Bundesdatenschutzgesetz einen Datenschutzbeauftragten bestellen. Und diese mehr als 1.000 Datenschutzbeauftragten in deutschen Behörden haben allesamt das Interesse, ihre Position zu legitimieren. Dieses Interesse können sie nur wahren, indem sie häufig regulierend intervenieren.
- Die Alternative wäre die Gründung einer Bund-Länder-Anstalt für den Datenschutz, die Abschaffung der Landesdatenschutzbehörden, damit die Schaffung einer einzigen, einheitlichen staatlichen Datenschutzbehörde in Deutschland, – mit der Folge, dass bundesweit agierende Unternehmen

nur noch einen Ansprechpartner hätten und nur noch eine Rechtsauskunft bekämen.
- Dieser Flickenteppich setzt sich in der EU fort. Weil die Datenschutz-Grundverordnung (DSGVO) viele unbestimmte Rechtsbegriffe enthält, wird sie in den Staaten der EU häufig unterschiedlich ausgelegt. Auch das schafft für EU-weit tätige Unternehmen erhebliche Belastungen.
- Gerade für mittelständische Unternehmen schafft die DSGVO erhebliche bürokratische Lasten. Ein Beispiel dafür: Wenn zwei Geschäftsleute ihre Visitenkarten austauschen und dann die Daten aus diesen Visitenkarten elektronisch speichern, müssten sie nach der DSGVO eigentlich gegenseitig eine Datenschutzerklärung unterzeichnen, in der eine Vielzahl an Regelungen getroffen werden (dazu, wie lange die Daten aufbewahrt werden, wofür die Kontaktdaten genutzt werden, wie der Umgang mit den Daten erfolgt etc.).[43]
- Der Umgang mit Gesundheitsdaten ist in Deutschland restriktiver geregelt als in vielen anderen Staaten der EU und in den USA. Diese Restriktivität hat nicht nur dazu geführt, dass es in Deutschland im Jahr 2023 immer noch keine elektronische Patientenakte für alle Patient*innen gibt, sondern auch dazu, dass forschende Pharmaunternehmen den Standort Deutschland meiden. Bei großen klinischen Studien in Deutschland müssen die Pharmaunternehmen bei bis zu 54 Ethikkommissionen und 17 Datenschutzbehörden Unterlagen einreichen. Im Unterschied zu Ländern wie Spanien, Großbritannien, Schweden, Dänemark und Norwegen gibt es zur Nutzung von Gesundheitsdaten für Forschungszwecke in Deutschland besonders hohe bürokratische Hürden. Mit der Folge, dass sich forschende Pharmaunternehmen von Deutschland abwenden (siehe die Entscheidung von Biontech, seine Krebsforschung nach Großbritannien zu verlagern).
- Datenschutz = Täterschutz statt Opferschutz: Es gibt viele Beispiele dafür, wie der Datenschutz in Deutschland und in der EU die Täter schützt und die Opfer schädigt. Ein Beispiel von vielen ist das Urteil des Europäischen Gerichtshofes vom 20.9.2022, nach dem die damalige Regelung in Deutschland zur Vorratsdatenspeicherung mit EU-Recht nicht vereinbar sei. Die Deutsche Polizeigewerkschaft kommentierte dieses Urteil wie folgt: „Die Datenschutzrepublik Deutschland hat einen Sieg davongetragen. Die Verfolgung schlimmster Verbrecher und der Schutz unzähliger Opfer bleiben

---

43 Vgl. dazu und zu anderen bürokratischen Belastungen, die die DSGVO mit sich bringt: Dripken und Nowatzki 2022, S. 179 ff.

auf der Strecke. Die polizeiliche Ermittlungsarbeit wird mit diesem Urteil erschwert. Der Kampf gegen Organisierte Kriminalität, Kindesmissbrauch im Internet sowie terroristische Straftaten erleidet wiederholt einen Rückschlag." (siehe: https://www.dpolg.de/aktuelles/news/dpolg-datenschutzrepublik-deutschland-siegt-ermittlungsarbeit-wird-erschwert/)

13.2 Das Drama des Vergaberechts

> *„Um Korruption zu verhindern, hat der Gesetzgeber das Einkaufen im öffentlichen Sektor zu einer unfassbar komplizierten Angelegenheit mit einem eigenen Rechtsgebiet, dem (Auftrags-)Vergaberecht, gemacht. Leider führt diese Komplexität immer wieder zu falschen Entscheidungen, so dass der öffentliche Sektor heute durch Vergabefehler sehr viel mehr Geld verliert als durch Korruption." (Muschter 2018, S. 98)*

Einer der wesentlichen Gründe für die chronische Arteriosklerose im deutschen öffentlichen Sektor ist die dramatische Verrechtlichung und Verkomplizierung des Beschaffungswesens durch das Vergaberecht. Dieses öffentliche Vergaberecht schafft mit einer beispiellosen Hyper-Komplexität für alle Beschaffungsvorgänge im öffentlichen Sektor ein so dichtes Gitterwerk von Paragrafen, dass damit der gesamte öffentliche Sektor gelähmt, behäbig gemacht und auf Unagilität und Inflexibilität hin programmiert wird.

Dieses Vergaberecht ist ein Eldorado für Rechtsanwaltskanzleien, die sich darauf spezialisiert haben, die Hyperkomplexität des Vergaberechts noch komplexer zu machen (denn je komplexer ein Ausschreibungsverfahren gestaltet wird, umso mehr Tagessätze kann die Kanzlei abrechnen). Und es ist ein Alptraum für alle, die das politische System in Deutschland in ein Hochleistungs-System verwandeln wollen.

Das Vergaberecht ist ein wesentlicher Faktor dafür, dass im öffentlichen Sektor der Bundesrepublik Ineffzienzen und Allergien gegen Innovationen strukturbedingt sind. Es gibt viele Beispiele für absurde und ineffziente Auswirkungen des hyperkomplexen Vergaberechts. So heißt es im „The Pioneer Tech Briefing" vom 23. Februar 2023:

> „Vor zwei Jahren zum Beispiel investierte die Bundeswehr 600 Millionen Euro in den Nachbau von Funkgeräten aus dem Jahr 1982. Es wurden eins zu eins die klobigen, altmodischen Funkgeräte aus den 80ern nachgebaut. Warum? Weil Modernisierung einer langwierigen Neuausschreibung bedurft hätte. Also griff man auf Erprobtes zurück. Dass es nicht mehr dem Stand der Technik entsprach, spielte eine untergeordnete Rolle."

Dabei hat das Gitterwerk aus vergaberechtlichen Vorschriften viele Dimensionen:

- Da sind zum einen detaillierte vergaberechtliche Vorschriften der EU. Ein Beispiel ist die EU-Verordnung Nr. 1370/2007 über öffentliche Personenverkehrsdienste auf Schiene und Straße. In dieser Verordnung wird akribisch und detailverliebt geregelt, wie die Staaten der EU Mobilitätsdienste auf Straße und Schiene bestellen müssen.[44]
- Dann hat der deutsche Gesetzgeber auf Bundesebene ein Sammelsurium von komplexen Vergabevorschriften fixiert (Gesetz gegen Wettbewerbsbeschränkungen GWB, Vergabeverordnung, Unterschwellenvergabeordnung, Vergabeverordnung Verteidigung und Sicherheit u. a.).
- Ferner haben die deutschen Länder jeweils besondere vergaberechtliche Vorschriften und Verwaltungsanweisungen erlassen. Beispiel ist das Berliner Ausschreibungs- und Vergabegesetz, in dem detaillierte landesrechtliche Regelungen zum Beschaffungswesen enthalten sind.

Warum ist das Vergaberecht ein wesentlicher Faktor für die chronische Unagilität, Ineffizienz, Behäbigkeit und Innovationsfeindlichkeit der staatlichen Bürokratie in Deutschland?

---

44 Beispiel für diese Detailverliebtheit: Es heißt in dieser Verordnung in Artikel 4 Abs. 3: „Die öffentlichen Dienstleistungsaufträge sind befristet und haben eine Laufzeit von höchstens zehn Jahren für Busverkehrsdienste und von höchstens 15 Jahren für Personenverkehrsdienste mit der Eisenbahn oder anderen schienengestützten Verkehrsträgern." Merke: Eine Vergabe für 16 Jahre ist also unzulässig. Warum muss eine solche detaillierte Verregelung der nationalen Beschaffungen sein?

Es gibt dafür mehrere Gründe. Alle diese Gründe haben damit zu tun, dass die öffentliche Verwaltung in Deutschland auf Risikominimierung bzw. Risikovermeidung hin programmiert ist (siehe dazu Kap. 9). Folgende Gründe sind hier besonders wichtig:

Der Zwang zur Risikovermeidung bei Beschaffungen der öffentlichen Hand und die Gefahr von Strafverfahren gegen Staatsbedienstete
Die Rechtsnormen, die für öffentliche Vergabeverfahren gelten, sind in Deutschland derart komplex und restriktiv, dass jeder Staatsbedienstete, der einen kleinen Schritt aus diesem Normen-Korridor macht, Gefahr läuft, strafrechtlich belangt zu werden, mit gravierenden Folgen (Entfernung aus dem Dienst, Verlust des Beamtenstatus, Regressforderungen des Dienstherrn etc.).

Diese Gefahr besteht vor allem deshalb, weil der Straftatbestand der Untreue/Haushaltsuntreue (§ 266 des Strafgesetzbuches), den ich schon in Kap. 9 erwähnt habe, von vielen Gerichten weit ausgelegt wird. *Beispiel:* Das Landgericht Saarbrücken verurteilte in einem Urteil vom 21.2.2019 (4 KLs 3/18) einen Beamten wegen Haushaltsuntreue zu einer Freiheitsstrafe von einem Jahr und drei Monaten, weil der eine Detektei im Wege der freihändigen Vergabe beauftragt und dabei ein über dem marktüblichen Preis liegendes Entgelt vereinbart hatte.

Ein weiteres Beispiel für die restriktive Normierung von Vergabeverfahren in Deutschland: Nehmen wir an, ein Amtsträger hat mit einem Dienstleister in der Vergangenheit gute Erfahrungen gemacht. Der Dienstleister hat qualitativ gute Leistungen erbracht und dazu noch ein sehr gutes Preis-Leistungs-Verhältnis geboten. Deshalb ist der Amtsträger daran interessiert, dass dieser Dienstleister in einem neuen Vergabeverfahren den Zuschlag bekommt. Um den Dienstleister dabei zu unterstützen, ein passgenaues Angebot abzugeben, gibt der Amtsträger dem Unternehmen Hintergrundinformationen. Damit kann sich der Amtsträger wegen Betrugs zulasten des nächstunterlegenen Bieters strafbar machen. Und das auch dann, wenn der Amtsträger von der Beauftragung des Unternehmens keinen persönlichen Vorteil hat und wenn diese Beauftragung für seinen Dienstherrn wirtschaftlich vorteilhaft ist.

Über jeder Kommunikation zwischen Amtsträgern und Bietern im Rahmen eines Vergabeverfahrens hängt zudem das Damoklesschwert des § 298 des Strafgesetzbuches. Nach diesem Paragrafen besteht bei dieser Kommunikation stets das Risiko, dass der Tatbestand wettbewerbswidriger Absprachen erfüllt wird. Um dieses Risiko zu minimieren, tendieren Amtsträger in der Regel dazu, die Kommunikation mit Bietern in Vergabeverfahren strikt zu formalisieren. Diese normativ erzwungene Versteinerung und „Entagilisierung" der Kommunikation zwischen Amtsträgern und Bietern führt, wie unten weiter erläutert, zu vielfältigen Nachteilen in öffentlichen Beschaffungsverfahren.

Risikovermeidung durch Reduktion des Ermessensspielraums auf Null: die Illusion der Objektivität
Um in Ausschreibungsverfahren möglichst nicht angreifbar zu sein, um das Risiko zu minimieren, dass unterlegene Bieter mit Rügen, Beschwerden und Klagen gegen ein Vergabeverfahren vorgehen und dabei Erfolg haben, tendieren öffentliche Verwaltungen in Deutschland dazu, bei den Wertungskriterien ausschließlich oder überwiegend auf den Preis zu setzen.

Eine solche Fixierung bei der Bewertung von Angeboten auf den Preis schafft eine scheinbare Objektivität. Objektiv ist das Preiskriterium, weil damit klar und eindeutig bewertet werden kann, welcher Bieter vorne liegt und damit den Zuschlag erhalten muss. Das entlastet die staatliche Bürokratie und mindert ihr Risiko, von einem unterlegenen Bieter rechtlich belangt zu werden. Scheinbar objektiv ist dieses Preiskriterium, weil damit die Qualität der vorliegenden Angebote faktisch nicht mehr bewertet wird bzw. weil damit unterstellt wird, alle vorliegenden Angebote seien qualitativ gleich und würden sich nur im Preis voneinander unterscheiden.

Diese Unterstellung ist fiktiv. Die Fixierung öffentlicher Verwaltungen bei Ausschreibungen auf den Preis schafft nur eine illusionäre Objektivität, eine Schein-Objektivität. Mehr noch: Die Fixierung auf den Preis als alleiniges oder gewichtigstes Wertungskriterium programmiert in öffentlichen Vergabeverfahren gravierende Ineffizienzen, Leistungsmängel und Fehlleitungen von öffentlichen Mitteln.

Denn:

- Diese Preisfixierung behindert bzw. verhindert Innovationen in Ausschreibungsverfahren. Sie führt dazu, dass qualitative Wertungskriterien aus dem Verfahren eliminiert werden bzw. nur mit geringer Gewichtung in die Wertung eingehen. Die Folge: Unternehmen, die in besonderem Maße qualitätsbewusst sind, die sich in ihrer Branche zum Qualitätsführer entwickelt haben, sind in solchen Verfahren chancenlos. Hinzu kommt: Unternehmen, die in diesen Verfahren besondere Innovationen anbieten könnten, werden durch die Preisfixierung davon abgehalten, diese Innovationen in das Verfahren einzubringen. Denn die preisfokussierten Wertungskriterien belohnen

innovative Unternehmen nicht, sondern bestrafen sie. Wenn der Billigste gewinnt, sind Innovationen nicht gefragt.
- Das hängt auch damit zusammen, dass preisfixierte Vergabeverfahren in der Regel mit „geschlossenen" Leistungsbeschreibungen operieren. In diesen Leistungsbeschreibungen wird minutiös vorgegeben, welche Leistung zu erbringen ist. Damit wird in diesen Verfahren Innovationsoffenheit ausgeschlossen: Für überraschende, neuartige, in der öffentlichen Verwaltung nicht bekannte Lösungen ist bei diesen Verfahren kein Raum.
- Unternehmen haben vielfältige Möglichkeiten, in Ausschreibungsverfahren, in denen nur der Preis als Wertungskriterium zählt, Leistungsqualitäten vorzutäuschen („Wenn wir den Auftrag im Sack haben, können wir später dann nachverhandeln. Oder Change Requests einfordern. Oder einfach, wenn nachverhandeln nicht geht, Leistungen, die versprochen wurden, einfach weglassen. Oder geringwertige Teile einbauen, wenn höherwertige Teile versprochen wurden. In der Regel wird der Auftraggeber das weder nachprüfen noch merken. Wegen des bekannten Principal-Agent-Dilemmas."). Mit der Fixierung auf den Preis belohnen öffentliche Auftraggeber faktisch solche Unternehmen, die „so tun als ob". Die also vorgeben, alle Qualitätskriterien zu erfüllen, um sich mit einem Billigangebot den Zuschlag zu erkaufen. Und die dann, wenn sie den Auftrag haben, Mittel und Wege finden, um die Qualitätskriterien zu unterbieten oder um den Preis nachzuverhandeln.
- Die Fixierung auf den Preis schafft für die öffentliche Verwaltung häufig gravierende Folgeprobleme. *Beispiel:* Wenn man für den Bau einer Brücke den billigsten Anbieter wählt, dann wählt man möglicherweise faktisch den teuersten. Und zwar dann, wenn man die Lebenszykluskosten einer Brücke in den Blick nimmt. Beim billigsten Anbieter muss die Brücke dann halt schon nach wenigen Jahren repariert werden. Hätte man einen teureren Anbieter genommen (der hochwertigere Materialien eingesetzt hätte, besser qualifizierte und besser bezahlte Mitarbeiter*innen beschäftigt hätte etc.), dann hätte man ggf. im gesamten Lebenszyklus der Brücke erheblich an Wartungs- und Reparaturkosten gespart.

Die Einkäufer*innen in einer öffentlichen Verwaltung, die sich auf den Preis als Vergabekriterium fixieren, sind damit also „auf der sicheren Seite": Ihr persönliches Risiko ist minimiert. Dass sie damit Folgeprobleme für ihre Behörde programmieren, muss sie nicht kümmern. Denn diese Folgeprobleme treten häufig erst nach vielen Jahren auf. Auch sind sie in der Regel den Einkäufer*innen nicht „zuzurechnen". Sie tragen keine Schuld für Folgeprobleme, haben sie doch das Vergabeverfahren (scheinbar) objektiv und regelkonform abgewickelt. Wenn das Unternehmen, das die Ausschreibung gewonnen hat, nicht das liefert, was es versprochen hat, trifft es die Schuld. Wenn die Brücke bereits nach fünf Jahren wieder repariert werden muss, ist das einfach Pech. Oder die Schuld des Unternehmens, das man dann belangen kann. In allen Fällen bleiben die Einkäufer*innen „auf der sicheren Seite".

> Vor diesem Hintergrund hat die Reformkommission „Bau von Großprojekten", die von der Bundesregierung eingesetzt worden war, bereits in ihren Empfehlungen aus dem Jahr 2015 gefordert, dass „öffentliche Bauherren Vergabeverfahren von Bauleistungen so ausgestalten sollten, dass der Beste mit dem wirtschaftlichsten Angebot und nicht der Billigste den Zuschlag erhält".

Risikovermeidung durch inzestuöse Auftragsvergabe („Nur der kommt rein, der schon drin ist.")

Ein weiteres probates Mittel zur Risikovermeidung in öffentlichen Ausschreibungen ist die inzestuöse Vergabe. Sie ist im öffentlichen Sektor der Bundesrepublik sehr weit verbreitet.

Was ist mit „inzestuöser Vergabe" gemeint?

Für eine Behörde können die Risiken, die in Ausschreibungsverfahren und in Beschaffungen liegen, dann gemindert bzw. ausgeschaltet werden, wenn die Behörde auf Unternehmen zurückgreift, die sie gut kennt, die sie berechnen kann, die schon lange als Dienstleister der Behörde tätig sind, die sich also in der Behörde gut auskennen und bei denen die Behörde deshalb davon ausgehen kann, dass sie das tun werden, was die Behörde will. Deshalb präferieren öffentliche Verwaltungen in Deutschland solche Dienstleister/Lieferanten, die

- für die Akteure im Public Sector langfristig berechenbar und steuerbar sind („der läuft nicht aus dem Ruder"),
- bei den Entscheider*innen im Public Sector Vertrauen genießen („wenn wir den nehmen, wissen wir, woran wir sind"),
- für Kontinuität bei Personen und Leistungen stehen („vertraute Gesichter mit bewährtem Profil"),

- aus der Sicht der Akteure im Public Sector bei der Vermeidung von Konflikten und beim Konfliktmanagement besonders zuverlässig sind und
- die handelnden Personen im öffentlichen Sektor dabei unterstützen, ihr Handeln zu legitimieren (vor der Öffentlichkeit, dem Parlament, den Vorgesetzten u. a.), z. B. deshalb, weil diese Dienstleister/Lieferanten einen großen Namen haben, eine bekannte und renommierte „Brand" („Lieber nehmen wir PWC als ein namenloses Start-up.").

Entsprechend führt die Strategie der Risikovermeidung im öffentlichen Sektor dazu, dass man in Ausschreibungsverfahren nur solche Unternehmen zulässt, die bereits zum „Inner Circle der Bekannten und Vertrauten" gehören.

Wie schafft man das, nur solche Unternehmen in Vergabeverfahren zuzulassen? Durch das probate Mittel der Eignungskriterien. Die werden dann von einer Behörde, die inzestuös vergeben will, so gefasst, dass sich nur solche Unternehmen bewerben können, die schon zu jenem „Inner Circle" gehören. Durch sehr spezifische und komplexe Vorgaben für Referenzen, die jedes Unternehmen als Zutrittsbedingung zu dem Vergabeverfahren vorweisen muss, werden dann von vornherein alle diejenigen Unternehmen aus dem Vergabeverfahren ausgeschlossen, die nicht „dazugehören". Es kommt dann also nur der rein, der schon drin ist.

Dieses Verfahren, durch sehr spezifische und sehr komplexe Eignungskriterien einen risikomindernden Filter gegen „fremde Bieter*innen" einzubauen, hat für die Behörden einen gravierenden Vorteil und einen gravierenden Nachteil.

Der Vorteil: Man bewegt sich immer „im Korridor", in der vertrauten und gewohnten Welt, im berechenbar Immergleichen (siehe dazu Kap. 10).

Der Nachteil: Man schließt dadurch systematisch Innovationen aus. Die hohe Hürde der Eignungskriterien wirkt umfassend innovationsvermeidend und neuerungsfeindlich. Und das gleich auf mehrere Weisen:

- Unternehmen, die nicht zum „Inner Circle" gehören, werden durch diese Eignungskriterien faktisch vom Bieterwettbewerb ausgeschlossen. Sie haben keine Chance, ein Angebot abgeben zu dürfen. Selbst dann nicht, wenn sie innovative Lösungen anbieten könnten.
- Junge Unternehmen und Start-ups werden durch diese Hürde der Eignungskriterien zuverlässig von den Vergabeverfahren ferngehalten. Denn diese Unternehmen haben, weil sie erst seit kurzer Zeit im Markt sind, nicht die Referenzen, die allein den Zutritt zu den Verfahren ebnen. Klassisch lauten die Eignungsanforderungen bei Ausschreibungen deutscher Verwaltungen:

„Weisen Sie Referenzen von X Projekten nach, die Sie in den vergangenen drei Jahren mit öffentlichen Auftraggebern in dem gleichen Bereich, in dem die Ausschreibung stattfindet, und mit dem gleichen finanziellen Volumen, das in der Ausschreibung zugrunde gelegt wird, durchgeführt haben." Start-ups und junge Unternehmen prallen an diesen Eignungsanforderungen ab.
- Unternehmen, die in der Privatwirtschaft etabliert sind, bisher aber nicht im öffentlichen Sektor tätig waren und Interesse daran haben, künftig für den öffentlichen Sektor arbeiten zu können, werden ebenfalls von diesen Eignungskriterien aus dem Bieterwettbewerb ausgeschlossen.

Hinzu kommt: Selbst Unternehmen, die die Hürde der Eignungskriterien und Referenzen nehmen könnten, die aber beim jeweiligen Auftraggeber nicht bekannt und eingeführt sind, meiden häufig die Teilnahme an Ausschreibungen, weil sie als Nicht-Mitglieder im „Inner Circle" nur eine geringe Chance auf den Gewinn der Ausschreibung haben. Sie befinden sich eben nicht „im Korridor". Die Entscheider in der öffentlichen Verwaltung bevorzugen aber in der Regel ein Denken und Handeln im Korridor. Deshalb müssen diese Unternehmen davon ausgehen, dass sie in einer Ausschreibung nur Außenseiter-Chancen haben.

Zumal der Aufwand, den sie für ein komplexes Vergabeverfahren haben, in keinem vertretbaren Verhältnis zur Erfolgschance steht. Denn in aller Regel wird der hohe Aufwand, den Unternehmen für die Teilnahme an einem Vergabeverfahren haben, nicht vergütet. Oft geht dieser Aufwand in die Millionen. Auch dieser Faktor, dass der Aufwand der Bieter nicht vergütet wird, trägt deshalb dazu bei, dass „Außenseiter", also Bieter, die beim Auftraggeber nicht schon seit Jahren ein- und ausgehen, davor zurückscheuen, sich an der Ausschreibung zu beteiligen. Risikovermeidung bedeutet hier also zugleich Innovationsvermeidung.

Risikovermeidung durch mikroskopische Detailregelungen in den Vergabeunterlagen (maximale Komplexität reduziert maximal jedes Risiko)
Ein weiteres probates Mittel zur Risikovermeidung in Vergabeverfahren ist ferner das Mikro-Management. Das bedeutet: Es werden keine funktionalen Leistungsbeschreibungen erstellt, in denen lediglich die Ziele der Ausschreibung deutlich gemacht werden („Die zu errichtende Brücke soll folgende Eigenschaften haben: …"). Sondern es werden Leistungsbeschreibungen erstellt, mit denen mikroskopisch genau jedes Detail der ausgeschriebenen Dienstleistung/Lieferung umfassend und tiefscharf beschrieben wird. Da wird dann jede Schraube in dem

Bauwerk, das ausgeschrieben wird, spezifiziert und jeder Millimeter im Innenraum eines ausgeschriebenen Schienenfahrzeugs minutiös mit Anforderungen determiniert.

Das führt dann zu Ausschreibungsunterlagen, die oft tausende von Seiten umfassen. Und es führt zu einer maximalen Komplexität in den Ausschreibungsverfahren.

> **Ein Beispiel für eine solche komplexitätstreibende Überregulierung und Mikro-Normierung ist die Ausschreibung der Länder Berlin und Brandenburg zur S-Bahn Berlin in den Jahren 2020 – 2024.**
>
> Die mikrokosmische Detailverliebtheit in den Ausschreibungsunterlagen zu dieser Ausschreibung ist an Absurdität kaum zu überbieten. Doch sie ist beileibe kein Einzelfall.
>
> Die Länder hätten sich bei den Werkstätten, in denen die S-Bahn-Fahrzeuge gewartet werden, im Sinne einer Komplexitätsreduktion damit begnügen können, funktionale Anforderungen vorzugeben („Die Werkstätten müssen so gestaltet werden, dass im gesamten Vertragszeitraum eine Instandhaltung der Fahrzeuge gewährleistet ist, mit der die Funktionsfähigkeit der Berliner S-Bahn sichergestellt wird."). Mit einer solchen funktionalen Ausschreibung hätten die Länder es dann den Bietern, also den Experten für die Schienenfahrzeuginstandhaltung, überlassen, die technische Ausrüstung der Werkstätten zu bestimmen. Stattdessen haben die Länder in den Vergabeunterlagen minutiöse und hyperkomplexe Regelungen zu Details der Werkstatttechnik und der Werkstattausstattung getroffen: Die Zahl der Gleise wurde festgelegt. Die Ausgestaltung der Gleise wurde detailliert geregelt (Grubengleise mit Seitentaschen oder aufgeständerte Gleise etc.). Die Ausgestaltung von Hebebockanlagen oder Hebeeinrichtungen an den Gleisen wurde akribisch vorgegeben. Die Gestaltung von „halbzuglangen Dacharbeitsständen" wurde vorgeschrieben. Die technische Auslegung der Kräne in den Werkstätten wurde detailliert geregelt. Ebenso die Einrichtung von Unterflurdrehbänken und Radaufstandskraftmesseinrichtungen. Und vieles andere mehr.

Die Behörde, die ausschreibt, sieht sich mit diesem Mikro-Management „auf der sicheren Seite". Hat sie doch alles geregelt, was nur irgendwie mit Regelungen belegt werden kann. Und damit Risiken für sich zuverlässig ausgeschlossen.

Was sie mit diesem Vorgehen aber auch zuverlässig ausgeschlossen hat, ist Flexibilität. Ein solcherart komplex durchgeregeltes Ausschreibungsverfahren lässt keinen Raum dafür, neue Erkenntnisse und technische Innovationen in das

Projekt zu integrieren. Sie zementiert das ausgeschriebene Projekt auch so zu, dass bei unvorhergesehenen künftigen Ereignissen kein Spielraum für Anpassungen besteht. Und das führt zu einem weiteren, dem vielleicht zentralen Problempunkt bei Ausschreibungen der öffentlichen Hand in Deutschland:

Risikovermeidung durch Verregelung von Kommunikation: chronische Ineffizienz und Innovationsvermeidung durch unagile Kommunikation
Wir leben heute in einer Welt, in der das Morgen unsicher und der Wandel sicher ist. In dieser Welt ist es für effektives und effizientes Projektmanagement erforderlich, flexibel und agil auf Veränderungen einzugehen und dementsprechend die Projekte so anzugehen, dass sie Anpassungen an neue Entwicklungen ebenso erlauben wie Lernprozesse. Die Autoren der Smart-City-Strategie für Berlin haben das erkannt, indem sie zu dieser Digitalstrategie für die Hauptstadt schreiben:

> *„Die Ebene der lernenden Strategie orientiert sich [...] an dem Ansatz einer Humble Governance, d. h. einer ‚anpassungsfähigen Politikgestaltung'.* ***Das Modell basiert auf der Überzeugung, dass Lösungen komplexer Problemstellungen nicht im Vorfeld bekannt sein können und entsprechend auch nicht in einem Top-Down-Verfahren von der Politik festgelegt werden sollten.*** *Stattdessen müssen Lösungen mit Expert:innen, der Bevölkerung und Personen mit eher größerem Abstand zur digitalen Welt erarbeitet, erprobt und ausgehandelt werden. Weil bei diesem Vorgehen ein gemeinsamer Lernprozess im Zentrum steht, sind Zielsetzungen, Methoden und Maßnahmen der Strategie notwendigerweise veränderbar." (Gemeinsam digital: Berlin 2022, S. 67; Hervorhebung durch den Autor)*

In einer solchen „VUCA-Welt" macht es deshalb Sinn, Projekte agil zu planen und umzusetzen: In einem permanenten Dialog mit den Projektpartnern, in einem kontinuierlichen Aushandlungsverfahren mit allen Beteiligten, mit einer Offenheit für Lernen und Verändern, für die Anpassung von Zielen und Mitteln an neue Entwicklungen und neue Erkenntnisse und mit der Bereitschaft zu testen und zu experimentieren.

In weiten Teilen der Wirtschaft findet diese Form des agilen Managements von Projekten weite Verbreitung: Dort arbeiten dann im Modus der „Co-Creation" Teams von Auftraggeber und Auftragnehmer, Hersteller und Zulieferer, Kunde und Dienstleister zusammen, um das jeweilige Projekt gemeinsam zu planen, es fortlaufend an neue Erkenntnisse und Technikoptionen anzupassen, gemeinschaftliche Lernprozesse zu ermöglichen und so die Beiträge aller Partner zum Projekterfolg fortlaufend zu adjustieren. Diesem Vorgehen entspricht z. B. das vielfach bewährte „Agility Program Design", das in der folgenden Grafik veranschaulicht wird (siehe dazu Prodoehl und Olbert 2019):

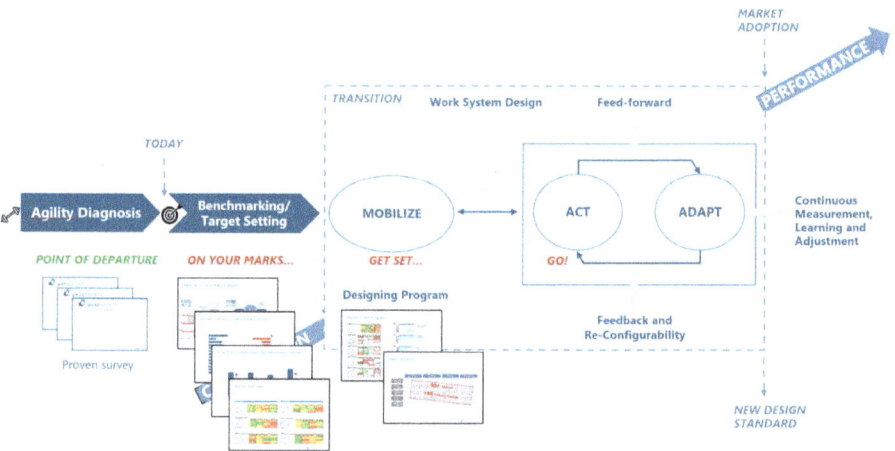

Eine solche agile Projektplanung und -umsetzung ist im Paradigma des Vergaberechts faktisch ausgeschlossen. Das Vergaberecht lässt eine offene Kommunikation zwischen Auftraggeber und Bieter im Verlauf eines Vergabeverfahrens ebenso wenig zu wie eine Offenheit des Projektdesigns nach Abschluss des Vergabeverfahrens.

Die Kommunikation in einem öffentlichen Vergabeverfahren ist in der Regel präzise durchregelt und umfassend formalisiert. Diese umfassende Reglementierung und Formalisierung der Kommunikation mit allen Bietern ist für die Behörden ein wesentliches Mittel zur Risikovermeidung. Denn so kann verhindert werden, dass Bieter das Vergabeverfahren mit dem Argument erfolgreich anfechten können, ein Wettbewerber habe Kommunikationsgelegenheiten und

Informationen erhalten, die sie nicht bekommen hätten. Durch diese umfassende Kommunikations-Beschränkung ist aber ein offener Dialog zwischen Auftraggeber und Bietern über alle Facetten des Projekts nahezu ausgeschlossen.

Eine agile Projektplanung mit einer Offenheit des anfänglich zugrunde gelegten Projektdesigns für künftige Anpassungen und Lernprozesse ist ebenfalls vergaberechtlich nicht zulässig. Dem steht schon das Gebot des § 121 des Gesetzes gegen Wettbewerbsbeschränkungen entgegen. Es heißt dort zu der Leistungsbeschreibung, die den Vergabeunterlagen beizufügen ist: „In der Leistungsbeschreibung ist der Auftragsgegenstand so eindeutig und erschöpfend wie möglich zu beschreiben, so dass die Beschreibung für alle Unternehmen im gleichen Sinne verständlich ist und die Angebote miteinander verglichen werden können."

In der Konsequenz bedeutet das: Agile Kommunikation ist sowohl im Prozess der Vergabe als auch im Projekt der Projektumsetzung weitestgehend ausgeschlossen. Damit werden bei Beschaffungen der öffentlichen Hand Ineffizienzen vorprogrammiert, Lernprozesse be- bzw. verhindert und Innovationspotenziale zugeschüttet.

Unfertiges wird auf diese Weise fertig zementiert, fließende Prozesse werden in ein starres Korsett gezwängt, Statik tritt an die Stelle von Beweglichkeit und Offenheit wird in einem geschlossenen Regulierungsgehäuse abgeschafft.

Und es wird auf diese Weise die vom Land Berlin, siehe oben das Zitat aus der Smart-City-Strategie von Berlin, vorgebrachte **„Überzeugung, dass Lösungen komplexer Problemstellungen nicht im Vorfeld bekannt sein können"**, schlicht ignoriert.

Zugeschüttet werden so auch Potenziale für Innovationen. Dazu schreiben der Direktor der Bundesagentur für Sprunginnovationen, Rafael Laguna de la Vera, und der Sachbuchautor Thomas Ramge: „Der Staat muss […] viel stärker seine Einkaufsmacht nutzen, indem er hochinnovative Produkte bestellt, **bevor sie kommerziell ausentwickelt sind**." (Laguna de la Vera und Ramge 2023, S. 92; Hervorhebung durch den Autor)

Partnerschaftliches, gemeinsames Lernen von Auftragnehmer und Auftraggeber wird so auch im Modus einer Überordnung eines hoheitlichen Befehlshabers über einen weisungsunterworfenen Befehlsempfänger verunmöglicht.

Diese strukturellen Ineffizienzen des Vergaberechts gelten auch und gerade für die Vergabeverfahren des wettbewerblichen Dialogs und der Innovationspartnerschaft. Auch bei diesen Verfahren sind agile Formen der Kommunikation und Kooperation, der Co-Creation und des adaptiven Projekt-Designs weitgehend ausgeschlossen. In der Regel gestalten deutsche Behörden diese scheinbar innovativen Vergabeverfahren in einem starren Kommunikations-Korsett: Die Behörde stellt an die Bieter Fragen, die Bieter beantworten die Fragen, während die Behördenvertreter formvollendet zuhören. Lebendiger Diskurs scheidet in diesem durchreglementierten Kommunikations-Korsett aus, weil er risikogeneigt ist.

Risikovermeidung durch Outsourcing: Auslagerung des Managements von Vergabeverfahren auf externe Rechtsanwaltskanzleien
Vielfach gibt es bei Behörden die Praxis, die Durchführung eines Vergabeverfahrens komplett an Rechtsanwaltskanzleien auszulagern.

Auch ein solches „Outsourcing" eines Vergabeverfahrens an eine externe Rechtsanwaltskanzlei ist für eine Behörde ein Mittel zur Risikominimierung.

Denn zum einen kann die Behörde bei Konflikten im Verfahren auf die Verantwortlichkeit der Kanzlei verweisen.

Zum anderen kann die Behörde davon ausgehen, dass eine Rechtsanwaltskanzlei, die das Ausschreibungsverfahren managt, alles dafür tun wird, um rechtliche Risiken möglichst zu minimieren, z. B. durch drastische Verregelung jeglicher Kommunikation im Verfahren, durch das Vorgeben minutiöser Detailregelungen in den Ausschreibungsunterlagen, durch das Hinausdrängen von qualitativen Wertungskriterien aus dem Verfahren zugunsten des (schein)objektiven Preiskriteriums bzw. anderer quantifizierbarer Kriterien.

Die Behörde erreicht durch ein solches Outsourcing des Verfahrens auf eine Rechtsanwaltskanzlei zuverlässig auch, dass Geschwindigkeit, Flexibilität, Agilität, Innovationsoffenheit und Simplizität aus diesem Verfahren zuverlässig ausgeschlossen werden.

Denn das Eigeninteresse jeder Rechtsanwaltskanzlei in einem solchen Verfahren ist es, möglichst viele Tagessätze abrechnen zu können. Das aber ist nur möglich, wenn die Kanzlei das Verfahren umfassend rechtlich durchreguliert, minutiöse Detailregelungen ausarbeitet, eine hohe Komplexität im Verfahren schafft und damit das Verfahren möglichst weit in die Länge zieht.

Immerhin hat die Bundesregierung im Jahr 2023 das Drama des deutschen Vergaberechts zum Anlass genommen, ein Projekt zur „Transformation des Vergaberechts" aufzusetzen. Im Rahmen dieses Projekts wurden im Jahr 2023 450 Stellungnahmen von Verbänden und Unternehmen zur Reform des Vergaberechts vorgelegt. In vielen dieser Stellungnahmen wird darauf hingewiesen: Es gilt nicht nur, marginale Detailkorrekturen am Vergaberecht vorzunehmen. Notwendig ist darüber hinaus, das deutsche und europäische Vergaberecht disruptiv zu transformieren.

Zur Reform des Vergaberechts und des Beschaffungswesens siehe das Reformprojekt 10 am Ende von Kap. 14.

13.3 Das deutsche Umweltrecht: Regelungskomplexität und Verbandsklagerechte mit Risiken und Nebenwirkungen

Das deutsche Umweltrecht ist mit seiner Hyperkomplexität, seiner Regelungsdichte und mit seinen komplizierten Rechtsschutz-Verfahren ein Beispielfall für einen Regelungsdschungel, der immer dichter wird und der damit die chronische Arteriosklerose im deutschen öffentlichen Sektor stetig verschärft.

So hält z. B. Ulrich Meyerholt in einer Studie zum Umweltrecht fest: „Entgegen allen Ansätzen zur Deregulierung und Privatisierung ist gerade hier die Zahl der Vorschriften – nicht zuletzt durch die Tätigkeit der EU – mittlerweile auch für Experten nicht mehr überschaubar." (Meyerholt 2016, S. 23)

Warum ist das deutsche Umweltrecht, das das komplexeste Umweltrecht weltweit ist, ein Treiber für die fortwährende Verschlimmerung der deutschen Public-Sector-Arteriosklerose?

- Im Umweltrecht gibt es einen Trend zu einer immer umfassenderen Europäisierung. Die umweltrechtlichen Normen, die auf EU-Ebene festgelegt werden, wachsen stetig an, u. a. im Hinblick auf den Green Deal der EU.
- Zugleich gibt es im Umweltrecht eine Überlagerung von unionsrechtlichen, bundesrechtlichen und landesrechtlichen Normen. Diese Überlagerung erhöht chronisch die Komplexität des Umweltrechts.
- Umweltrechtliche Rechtsnormen finden sich in vielen rechtlichen Spezialgebieten (Abfallrecht, Bodenschutzrecht, Immissionsschutzrecht, Wasserrecht, Gewässerschutzrecht, Berg- und Energierecht, Landschafts- und Naturschutzrecht, Umwelthaftungsrecht, Artenschutzrecht, Chemikalienrecht, Raumordnungs- und Planungsrecht, Stoffrecht, Klimaschutzrecht u. a.). Das Umweltrecht hat einen Querschnittscharakter. Die Kumulation der verschiedenen Rechtsnormen auf all diesen Rechtsgebieten schafft eine stetig wachsende umweltrechtliche Komplexität.

- Das deutsche Umweltrecht geht häufig über die EU-Standards hinaus („Gold-Plating"): Grenzwerte werden verschärft, umweltrechtliche Anforderungen werden über das in der EU geforderte Niveau hinaus erhöht. Damit wird ein deutscher Sonderweg beschritten, der die deutsche Regelungsintensität und -komplexität gegenüber anderen EU-Staaten potenziert. Mit der Folge, dass deutsche Wirtschaftsunternehmen im internationalen Wettbewerb benachteiligt werden.
- Hinzu kommt, dass die deutsche Rechtsprechung vielfach im Umweltrecht dort, wo Gesetzesnormen Spielraum für Ausgestaltungen lassen, durch Richterrecht solche Spielräume durchregelt hat. So hat z. B. die deutsche Verwaltungsgerichtsbarkeit zur Bauleitplanung und Straßenplanung in der deutschen Verwaltung detaillierte Vorgaben gemacht.
- Vielfach gibt es im deutschen Umweltrecht unbestimmte Rechtsbegriffe (z. B. im Bundesimmissionsschutzgesetz). Um „auf der sicheren Seite zu sein", verlangen die öffentlichen Verwaltungen zur Ausfüllung dieser unbestimmten Rechtsbegriffe Kaskaden von Gutachten (beispielsweise in den Fachgebieten Immissionsprognose von Luftschadstoffen und Gerüchen, Brandschutz, Schutzabstände, gewässerökologische Verträglichkeit, Fauna-Flora-Habitat-Verträglichkeit, Artenschutz). Diese Gutachten werden immer umfangreicher und zahlreicher.[45]

Ein weiterer, wesentlicher Treiber für eine zunehmende Arteriosklerose in der deutschen Umweltverwaltung ist das Umweltverbandsklagerecht. Dieses deutsche Umwelt-Verbandsklagerecht geht zurück auf Entwicklungen im internationalen Recht (die Aarhus-Konvention, die von der Bundesrepublik ratifiziert wurde), auf mehrere EU-Richtlinien (Umweltinformationsrichtlinie, Richtlinie 2003/35/EG, Öffentlichkeitsbeteiligungsrichtlinie u. a.) und auf Entscheidungen des Europäischen Gerichtshofes (Braunbär-Entscheidung von 2011, Trianel-Entscheidung von 2011, Altrip-Urteil von 2013 u. a.). Der Europäische Gerichtshof erteilte der Bundesrepublik drei Rügen, mit der Maßgabe, ein umfassendes Umwelt-Verbandsklagerecht einzuführen. Dies geschah dann auch im Jahr 2017.

Dieses deutsche Umwelt-Verbandsklagerecht ist im Bundesnaturschutzgesetz und im Umwelt-Rechtsbehelfsgesetz normiert. Danach haben inländische

---

45 So hat der BDI nachgewiesen, dass die Zahl der Gutachten, die durchschnittlich bei Genehmigungsverfahren für Industrieprojekte erforderlich waren, von zwei im Jahr 2004 auf fünf bis zehn im Jahr 2019 angestiegen ist.

oder ausländische Vereinigungen, die nach § 3 des Umwelt-Rechtsbehelfsgesetzes vom Bund anerkannt sind, das Recht, gegen eine Verwaltungsentscheidung (oder gegen die Unterlassung einer Verwaltungsentscheidung) in Umweltfragen rechtlich vorzugehen.

Dieses Klagerecht hat eine anerkannte Umweltvereinigung, ohne eine Verletzung in eigenen Rechten geltend machen zu müssen. Im Jahr 2021 waren in Deutschland 127 Umweltverbände vom Bund anerkannt. Auch ausländische Umweltverbände können eine solche Anerkennung beantragen.

Das bedeutet konkret: 127 Umweltschutzverbände haben (Stand 2021) in Deutschland das Recht, bei allen Planungs- und Genehmigungsverfahren, die Umweltbelange betreffen, und bei allen Verwaltungsentscheidungen, die Umweltbelange berühren, Rechtsbehelfe einzulegen und damit diese Verfahren massiv zu beeinflussen, zu verzögern und zu blockieren.

Sie können dies tun, ohne in eigenen Rechten betroffen zu sein. So klagte z. B. ein bayerischer Umweltverband gegen den Bau des Tesla-Werkes in Brandenburg.

Dieses Umweltverbandsklagerecht führt in vielen Fällen zu einer massiven Steigerung der Komplexität und der Dauer dieser Planungs- und Genehmigungsverfahren. Es erschwert, be- bzw. verhindert erheblich Infrastrukturinvestitionen, Investitionen von Unternehmen, Veränderungen an Industrieanlagen etc. Es zementiert damit nicht nur die Arteriosklerose im deutschen öffentlichen Sektor, sondern beschädigt darüber hinaus den Wirtschaftsstandort Deutschland, – nicht nur gegenüber anderen EU-Staaten, die die EU-rechtlichen Vorgaben nicht so ernst nehmen wie es Deutschland tut, sondern auch und gerade gegenüber außereuropäischen Wirtschaftsstandorten (USA, China etc.).

> **Beispiel Terminal für Offshore-Windkraft in Bremerhaven**
>
> Im Jahr 2012 plante das halbstaatliche Unternehmen BLG in Bremerhaven den Bau eines Terminals für Offshore-Windkraft.
>
> Gegen den entsprechenden, in 2015 erlassenen Planfeststellungsbeschluss für das Terminal ging dann der Naturschutzverband BUND rechtlich vor. Der BUND machte vor dem Verwaltungsgericht Bremen geltend, die Vormontage von Windkraftanlagen in diesem Terminal gefährde die Vogelnistplätze des Säbelschnäblers. Auf dieser Grundlage erwirkte der BUND vor dem Gericht einen Baustopp. Aufgrund dieser Klage des BUND folgte dann ein siebenjähriges (!) gerichtliches Verfahren durch alle Instanzen bis hin zum Bundesverwaltungsgericht. Ergebnis: Das Terminal wurde nie gebaut.

13.4 Das Bundesverfassungsgericht und die Hybris der Verfassungsrechtsprechung

Wie ungeregelt muss doch das Leben in Großbritannien sein. Kennen doch die Briten keine geschriebene Verfassung und auch kein Verfassungsgericht, das dem Parlament vorgibt, was recht ist. Die Briten taumeln im verfassungsrechtlichen Nebel, ohne einen Wegweiser in roten Roben, der ihnen den rechten Weg weisen würde.

> *„Das Parlament verabschiedet die Gesetze und kontrolliert alleine die Gesetzgebung, ist dabei selbst aber nicht an einen übergeordneten Verfassungstext gebunden. Das Parlament, nicht das Volk, ist der Verfassungsgeber. Ein Verfassungsgericht, das Parlamentsentscheidungen revidieren könnte, existiert nicht und ist ohne ein Verfassungsdokument nicht denkbar."* Bundeszentrale für politische Bildung, https://www.bpb.de/shop/zeitschriften/izpb/grossbritannien-262/10536/regierung-und-verwaltung/

Wir aber haben es besser. Wir haben 16 Richter*innen in Karlsruhe, im Bundesverfassungsgericht, die uns allen und besonders den demokratisch gewählten Abgeordneten sagen, was geht und was nicht geht. Wir haben ein Bundesverfassungsgericht geschaffen, das auf tausenden von Seiten Richterrecht geschaffen und damit die deutschen Parlamente in ein dichtes Korsett eingezwängt hat.

Die umfangreiche Verfassungsrechtsprechung des Bundesverfassungsgerichts setzt auf vielen Politikfeldern den gewählten Abgeordneten in den deutschen Parlamenten enge Grenzen. Sie macht für die Rechtsetzung der Parlamente detaillierte Vorgaben. Sie definiert das Feld, das der politischen Gestaltung zugänglich ist. Damit programmiert das Bundesverfassungsgericht die deutsche Demokratie. Sie wird damit zu einer von 16 Richter*innen konditionierten Demokratie. Zu einer von 16 Richter*innen beschränkten und amputierten Demokratie.

Das Bundesverfassungsgericht überzieht mit seiner Rechtsprechung alle staatlichen Institutionen in Deutschland mit einem Netz von unhintergehbaren Regeln. Es befördert damit eine umfassende Verrechtlichung aller Politikfelder und Lebensbereiche.

Und es befiehlt den gewählten Abgeordneten, in welchen Schranken sich ihr demokratisches Handeln bewegen muss. 16 Richter*innen setzen die Leitplanken, innerhalb derer sich alle gewählten Abgeordneten von Bund und Ländern bewegen müssen.

Diese starke Stellung des Bundesverfassungsgerichts im Grundgesetz der Bundesrepublik Deutschland kann nur im Rekurs auf die **besondere Situation nach dem Zweiten Weltkrieg** erklärt werden:

Die Alliierten und die Mitglieder des Parlamentarischen Rates, die das Grundgesetz entwarfen, wollten mit einem starken Bundesverfassungsgericht die Macht von Regierung und Parlament eindämmen. Daraus sprach die Skepsis gegenüber einer machtvollen Zentralregierung bzw. einem machtvollen Parlament, die aus den Erfahrungen mit dem Dritten Reich herrührte.

> *„Das Unrecht und die Rechtlosigkeit der Zeit des Nationalsozialismus war die alles überragende Triebfeder bei der Ausgestaltung einer Verfassungsgerichtsbarkeit auf Bundesebene: Die Stärkung von Recht und Gerichtsbarkeit wird durch die starke Stellung des Bundesverfassungsgerichts ausgedrückt."* (Das Bundesverfassungsgericht. Ausarbeitung des Wissenschaftlichen Dienstes des Deutschen Bundestages. 7.5.2009)

Es kann bezweifelt werden, ob das, was damals, in den 40er Jahren des 20. Jahrhunderts, aus nachvollziehbaren Gründen ersonnen wurde, auch noch in eine Zeit hineinpasst, in der sich die Rahmenbedingungen für staatliches Handeln gegenüber der Zeit nach 1945 drastisch verändert haben.

Die Rolle und die Funktion des Bundesverfassungsgerichts muss deshalb heute, in den 20er Jahren des 21. Jahrhundert, neu bestimmt und renoviert werden. Regelungen, die 1945/1949 passten, sind für die Herausforderungen des 21. Jahrhunderts nicht mehr passfähig.

Dass das Bundesverfassungsgericht das, was politisch gestaltbar ist, detailliert durchregelt, ist in Deutschland nicht Gegenstand einer kritischen öffentlichen Debatte. Das Karlsruher Gericht scheint über der Demokratie, über dem demokratischen Diskurs zu stehen. Kritik am Bundesverfassungsgericht gilt in Deutschland als Sakrileg, als ein Tabu. Es gibt keine öffentliche Meinungsbildung und keinen öffentlichen Dialog darüber, ob das Bundesverfassungsgericht etwa die Demokratie beschneidet und ob das Gericht deshalb in seinem Aktionsradius beschnitten werden müsste.

Das Bundesverfassungsgericht ist gleichsam immun gegen jede Art von Kritik. Denn es hat einen Mechanismus der Selbst-Immunisierung gegen jegliche Kritik inthronisiert: Wer die Dogmen des Bundesverfassungsgerichts kritisiert, erweist sich nach diesem Mechanismus als Verfassungsfeind, als Gegner der grundgesetzlichen Ordnung. Damit ist dieser Kritiker quasi exkommuniziert. Er befindet sich mit dieser Brandmarkung außerhalb des Korridors, in dem sich der demokratische Diskurs in Deutschland von Verfassungs wegen allein ereignen kann.

Diese Tabuisierung von Kritik geschieht, obwohl das Bundesverfassungsgericht aus dem Grundgesetz eigenschöpferisch hunderte von **politischen** Feststellungen ableitet und damit Politik macht. Mit diesen umfangreichen, verfassungsrechtlich verbrämten Politik-Setzungen erteilt das Bundesverfassungsgericht den demokratischen Instanzen in Deutschland bindende Befehle.

Damit wird die Demokratie in Deutschland substanziell ausgehöhlt. Sie wird von 16 Karlsruher Richter*innen kanalisiert, konditioniert und beschnitten.

Hinzu kommt: Das Bundesverfassungsgericht schafft mit einigen seiner Urteile für das deutsche politische System dramatische Probleme und verbarrikadiert mit diesen Urteilen zugleich Möglichkeiten zur politischen Problemlösung. Ein Beispiel dafür ist die Rechtsprechung des Bundesverfassungsgerichts zum Artikel 1 GG („Die Würde des Menschen ist unantastbar."). Das Bundesverfassungsgericht hat diesen Artikel derart restriktiv ausgelegt, dass faktisch jeder Migrant, der einen Fuß auf deutsches Staatsgebiet setzt, und jeder abgelehnte Asylbewerber einen Anspruch auf vielfältige Leistungen des deutschen Sozialstaates hat. Es sind nicht zuletzt diese Urteile des Bundesverfassungsgerichts zum Artikel 1 GG, die die deutschen Staaten und Kommunen in Zeiten wachsender Migrationswellen chronisch überfordern. Sie paralysieren das deutsche politische System im Angesicht der Migrationskrisen des 21. Jahrhunderts.

Auch befördert das Bundesverfassungsgericht mit vielen seiner Urteile die Arteriosklerose im deutschen politischen System. Ein Beispiel dafür: Mit einem Urteil aus dem Jahr 1958 (siehe BVerfGE 8,274) legte das Bundesverfassungsgericht den Grundstein für die Selbst-Fesselung des deutschen politischen Systems durch Politikverflechtung (siehe dazu Kap. 8). Denn das Gericht vergrößerte mit diesem Urteil (und der in diesem Urteil festgelegten „Einheitstheorie") massiv die Vetomacht des Bundesrates.[46]

---

46 Siehe dazu auch Banse und Buermeyer 2023, S. 299

Ein weiteres Beispiel dafür, wie das Bundesverfassungsgericht das politische System der Bundesrepublik dominiert und politische Urteile spricht, ist das **Urteil des Gerichts vom März 2021 zum Klimaschutzgesetz des Bundes**. Mit diesem Urteil positioniert sich das Gericht zugleich als Richter und Partei, als parteilicher Richter und richtende Partei. Es bezieht in zahlreichen Detailfragen des Klimawandels und des Energiesystems parteiliche politische Positionen und verleiht damit diesen – im wissenschaftlichen und politischen Raum kontrovers diskutierten – Positionen die Dignität verfassungsrechtlicher Dogmen. Damit „hat das Gericht seinen eigenen Kompetenzrahmen weit überdehnt." (Vahrenholt und Lüning 2021, S. 21) [47]

Das Bundesverfassungsgericht spricht stets „ex cathedra". Es kultiviert damit einen Habitus der Unfehlbarkeit und Unantastbarkeit. Es ähnelt damit dem Papst, zu dessen Unfehlbarkeit das Erste Vatikanische Konzil im Jahr 1869/1870 das folgende Dogma verkündet hatte:

> *„Wenn der Römische Bischof ‚ex cathedra' spricht, das heißt, wenn er in Ausübung seines Amtes als Hirte und Lehrer kraft seiner höchsten Apostolischen Autorität entscheidet, dass eine Glaubens- und Sittenlehre von der gesamten Kirche festzuhalten ist, dann besitzt er mittels des ihm im seligen Petrus verheißenen göttlichen Beistands jene Unfehlbarkeit, mit der der göttliche Erlöser seine Kirche bei der Definition der Glaubens- und Sittenlehre ausgestattet sehen wollte; und daher sind solche Definitionen des Römischen Bischofs aus sich, nicht aber aufgrund der Zustimmung der Kirche unabänderlich."*

Ähnlich könnte man es für das Karlsruher Gericht formulieren, das ja seine Dignität aus dem Grundgesetz herleitet: Die Urteile des Bundesverfassungsgerichts sind unfehlbar und unantastbar. Sie entziehen sich dem demokratischen Diskurs. Kritik an diesen Urteilen ist nutzlos, sinnlos und wirkungslos. Denn es gibt keine Remonstrationsinstanz, an die man sich mit dieser Kritik wenden

---

[47] Fritz Vahrenholt hat diesen „verheerenden Beschluss des Bundesverfassungsgerichts, der auf zahlreichen fehlerhaften Tatsachenbeurteilungen der Klimarelevanz von CO_2-Emissionen beruht" (Vahrenholt 2023, S. 11) in einem Buch (Vahrenholt und Lüning 2021) eingehend rezensiert.

könnte. Es gibt keine Instanz über dem Bundesverfassungsgericht. Denn dieses Gericht urteilt gottgleich. Seine Urteile müssen vollzogen werden.

> **Das Bundesverfassungsgericht geht bei seinen Urteilen wie folgt vor:**
>
> Es baut auf einem Fundament von wenigen Worten, die das Grundgesetz zu bestimmten Sachverhalten enthält, ein umfangreiches Gebäude aus politischen Positionen auf. Dieses Gebäude ist mit jenem Fundament nur lose verbunden: Weder verlangt das Fundament notwendig dieses Gebäude noch beschränkt sich das Gebäude auf die Vorgaben des Fundaments. Das Gebäude ist gleichsam freischöpferisch dem Fundament enthoben. Die vielfältigen politischen Positionen, die dieses Gebäude ausmachen, sind allesamt parteilich, d. h. sie basieren auf politischen Festlegungen und wissenschaftlichen Auffassungen, die im politischen und wissenschaftlichen Raum in der Regel umstritten sind.
>
> Das Bundesverfassungsgericht verleiht nun diesen seinen parteilichen politischen Positionen die unanfechtbare Dignität verfassungsrechtlicher Dogmen. Es transformiert damit Artikel des Grundgesetzes in politische Positionen und diese politischen Positionen in unfehlbare Dekrete. Damit verstellt und kanalisiert das Gericht die Handlungsräume, die für demokratisch gewählte Volksvertreter verfügbar sind.

Aus meiner Sicht ist es dringlich, dieses Gericht in die Schranken zu weisen und entsprechende Maßnahmen zu ergreifen. Es ist für die deutsche Demokratie dringlich, den Aktionsradius dieses Gerichts zu beschneiden, siehe zu diesen Maßnahmen das am Ende dieses Kapitels beschriebene Reformprojekt 8.

Ich will die Maßlosigkeit und Willkürlichkeit, mit der das Bundesverfassungsgericht das Grundgesetz politisch interpretiert und damit Politik macht, an einem Beispiel verdeutlichen: dem Rundfunkverfassungsrecht.

Auf der schmächtigen Grundlage eines einzigen Satzes im Artikel 5 des Grundgesetzes („Die Pressefreiheit und die Freiheit der Berichterstattung durch Rundfunk und Film werden gewährleistet.") hat das Bundesverfassungsgericht in mehreren Jahrzehnten in seinen Rundfunkurteilen hunderte Seiten an minutiösen Regeln und Normen aufgetürmt.

Es hat mit diesen Rundfunkurteilen eine Vielzahl von politischen Entscheidungen getroffen, die die Rundfunkpolitik der Länder binden und die Rundfunklandschaft in Deutschland maßgeblich prägen. Diese politischen Entscheidungen sind mitnichten aus diesem einen Satz in Artikel 5 des Grundgesetzes zwingend herleitbar. Sie sind das Produkt einer freischöpferischen Politiksetzung durch 16 Richter*innen, die diesen einen Satz zum Anlass und zum Vorwand nehmen, um Rundfunkpolitik zu machen.

> **Beispiel**
>
> Das Bundesverfassungsgericht hat entschieden, dass eine rein privatwirtschaftliche Verfassung des Rundfunks zur Sicherung der „Freiheit der Berichterstattung durch Rundfunk" nicht tauglich ist, dass es dafür eines öffentlich-rechtlichen Rundfunks bedarf, dem von Verfassungs wegen eine Bestands- und Entwicklungsgarantie gegeben ist. Warum aber können private Rundfunkunternehmen aus der Sicht des Bundesverfassungsgerichts die „Freiheit der Berichterstattung durch Rundfunk" nicht sicherstellen? Hier argumentiert das Gericht, wegen der Abhängigkeit der privaten Rundfunkunternehmen von der Werbewirtschaft sei die „Freiheit der Berichterstattung durch Rundfunk" in einer privatwirtschaftlichen Rundfunkordnung nicht sichergestellt.
>
> Das aber gilt aus Sicht des Gerichts für die Presse nicht. Die „Pressefreiheit" (Artikel 5) kann aus Sicht des Gerichts durchaus durch private Unternehmen gesichert werden. SPIEGEL, ZEIT, FAZ, NZZ und andere Pressemedien können, so das Bundesverfassungsgericht, die Pressefreiheit gewährleisten, private Rundfunkunternehmen hingegen die Rundfunkfreiheit nicht. Für die Pressefreiheit ist die Abhängigkeit der Presseunternehmen von der Werbewirtschaft unschädlich, für die Rundfunkfreiheit ist die Abhängigkeit der Rundfunkunternehmen von der Werbewirtschaft schädlich. So das Bundesverfassungsgericht.
>
> Es ist dies eine apokryphe Argumentation des Bundesverfassungsgerichts, die in politischer Absicht freischöpferisch ist. Denn sie ergibt sich nicht aus den wenigen Worten im Artikel 5 GG, sondern nur dann, wenn man diesen wenigen Worten eine politische Ideologie aufbürdet.
>
> Um diesen Unterschied, den das Bundesverfassungsgericht zwischen Presse und Rundfunk macht (für die Rundfunkfreiheit ist öffentlich-rechtlicher Rundfunk notwendig, für die Pressefreiheit braucht es aber keine öffentlich-rechtlichen Pressemedien), zu rechtfertigen, greift das Gericht in seinen Rundfunkurteilen nun zu einer Argumentation, die heute steinzeitlich anmutet:
>
> Das Gericht argumentiert, Presse und Rundfunk müssten unterschiedlich beurteilt werden, weil im Rundfunk Frequenzknappheit herrsche (bei der Presse nicht) und weil die Veranstaltung von Rundfunk viel teurer sei als die Herausgabe eines Pressemediums. Beide Argumente, die das Gericht bereits im Jahr 1961 vorbrachte, gelten bis heute. Sie sollen auch noch in den 20er Jahren des 21. Jahrhunderts die Differenzierung zwischen Presse und Rundfunk, die das Gericht macht, rechtfertigen. Und das, obwohl

> beide Argumente durch die Zeitläufte offensichtlich pulverisiert wurden (Frequenzknappheit ist für den Rundfunk im Internetzeitalter nicht mehr relevant; die Herausgabe einer bundesweit erscheinenden Tageszeitung ist heute nicht weniger kostenaufwändig als die Veranstaltung eines bundesweit empfangbaren Fernsehprogramms).

Das Bundesverfassungsgericht hat damit nicht nur den Artikel 5 des Grundgesetzes zum Anlass genommen, die Rundfunkpolitik der Länder umfassend durchzuregulieren und damit jegliches demokratische Handeln in der Rundfunkpolitik in ein Korsett richterlicher politischer Vorgaben zu pressen.

Mehr noch: Das Bundesverfassungsgericht hat mit dieser üppigen Rundfunkrechtsprechung vielfältige Dilemmata und Aporien geschaffen.

So müssen z. B. die Parlamente der deutschen Länder über die Höhe der Rundfunkgebühren entscheiden. Aber die Parlamentarier dürfen nach den Urteilen des Bundesverfassungsgerichts nicht darüber urteilen, welche Gebührenhöhe angemessen und politisch tragbar ist (wegen des verfassungsrechtlichen Gebots der Staatsferne des Rundfunks). Sie müssen sich nach dem Diktum des Bundesverfassungsgericht eunuchoid auf das beziehen, was sie zu entscheiden haben. Weder Parlamentarier noch Mitarbeiter von Landesregierungen dürfen, so das Bundesverfassungsgericht, in der „Kommission zur Ermittlung des Finanzbedarfs der Rundfunkanstalten" (KEF) mitwirken. Das, was diese KEF, die aus „Experten" besteht, als angemessene Rundfunkgebühr ermittelt hat, darf weder von den Landesregierungen noch von Parlamentariern kritisiert bzw. bewertet bzw. verändert werden. Gleichwohl haben die Landesparlamente die Aufgabe, über die Höhe der Rundfunkgebühr zu entscheiden. Also als Eunuchen.

Ich habe die logischen Brüche, Mystizismen und Fiktionen, von denen das Bundesverfassungsgericht in seiner Rundfunkrechtsprechung ausgeht, in einem Aufsatz in der Politischen Vierteljahresschrift wie folgt zusammenfassend dargestellt:

> *„Bezieht man sich nicht exegetisch, sondern analytisch auf die Modellkonstruktion des Bundesverfassungsgerichts, so wird deutlich, dass dieses Konstrukt erhebliche statische Mängel aufweist. Das Argumentationsgefüge des Bundesverfassungsgerichts gewinnt seine legitimatorische Plausibilität primär aus der kalkulierten Vagheit der verwandten Begriffe, aus dem demonstrativen Verzicht auf die Offen-*

legung und Begründung der vorausgesetzten Basisannahmen und aus der konsequenten Selektivität der Problemwahrnehmung. Die legitimatorische Kraft dieses Konstrukts wird verbürgt durch die Unschärfe der Begrifflichkeit und die Fiktionalität der Argumentationsprämissen."[48]

Das Bundesverfassungsgericht verkündet faktisch unhintergehbare Wahrheiten. Niemand darf sie in Deutschland in Frage stellen. Absoluter Gehorsam ist in Deutschland gegenüber allen Urteilen aus Karlsruhe Pflicht. Kritik an den Urteilen des Bundesverfassungsgerichts ist sinnlos, weil folgenlos. Ebenso sinnlos und folgenlos ist ein öffentlicher Diskurs, eine demokratische Meinungsbildung über diese Urteile. Denn die Karlsruher Richter*innen ficht eine solche Kritik, ein solcher Diskurs nicht an. Und keine Kritik verhindert, dass Karlsruher Urteile bedingungslos befolgt werden müssen. Wenn also Kritik des Bundesverfassungsgerichts keinen Sinn macht und nichts bewirkt, dann ist sie eine Sisyphusarbeit: vergeblich, nutzlos, unsinnig.

Faktisch hüllt das Bundesverfassungsgericht die deutsche Demokratie in die rote Robe der Richter-Autokratie. Und es befördert mit einem umfassenden, immer dichter werdenden Gitterwerk aus Richternormen die fortschreitende Arteriosklerose des öffentlichen Sektors in Deutschland.

Die folgenden Charts skizzieren ein Projekt zur Reform des Bundesverfassungsgerichts:

---

48 Prodoehl 1989, S. 279 f.; mir kommt damit die unverzeihliche Schuld, ja, das Sakrileg zu, die Unfehlbarkeit des Bundesverfassungsgerichts an einem Beispiel in Zweifel gezogen zu haben.

Reformprojekt 8: Reform des Bundesverfassungsgerichts (1/2)

Der unternehmerische Staat:

Der Aktionsradius des Bundesverfassungsgerichts wird dadurch eingeschränkt, dass in Deutschland eine „Political Question Doctrine" eingeführt und verfassungsrechtlich und gesetzlich verankert wird.

> In den USA gibt es die „Polical Question Doctrine". Sie meint: Der Oberste Gerichtshof der USA, der Supreme Court, kann es ablehnen, sich mit bestimmten Fällen zu befassen, wenn er der Auffassung ist, dass es sich bei diesen Fällen um politische Fragen handelt, die allein politisch, also von der Exekutive und der Legislative, entschieden werden können. Der Supreme Court legt sich damit also eine Selbstbeschränkung auf („judicial self-restraint").

> Dieser Political Question Doctrine liegt also die Position zugrunde, dass es Streitfragen gibt, die nicht vor Gerichten, sondern, weil sie im Kern politische Streitfragen sind, nur von der Politik, also von Regierungen und Parlamenten, behandelt und beantwortet werden können. **Damit geht die Political Question Doctrine von der Annahme aus, dass die Judikative nur dazu befugt ist, Rechtsfragen zu klären, nicht aber dazu, politische Fragen zu entscheiden (Nicht-Justiziabilität politischer Streitfragen).**

> **Diese Political Question Doctrine gibt es im deutschen Verfassungsrecht nicht.** Das führt dazu, dass das Bundesverfassungsgericht auch in solchen Fällen entscheidet, in denen es offensichtlich um politische Streitfragen geht. Damit wird dann das Bundesverfassungsgericht in Deutschland zum „Obersten Gesetzgeber" bzw. zur „Obersten politischen Entscheidungsinstanz" bzw. zur „Ersatzregierung, die von demokratischen Wahlen nicht behelligt wird".

> **Damit wird nicht nur die Demokratie in Deutschland ausgehöhlt. Sondern auch die Gewaltenteilung verzerrt:** Denn das Bundesverfassungsgericht hat wegen des Nicht-Vorhandenseins einer Political Question Doctrine das Recht und die Macht, Politik zu machen und sich damit über jedes deutsche Parlament und jede deutsche Regierung zu erheben.

> **Um diese Aushöhlung der deutschen Demokratie und der Gewaltenteilung in Deutschland künftig zu vermeiden, sollte auch in Deutschland eine Political Question Doctrine eingeführt werden.**

> Diese Political Question Doctrine sollte in Deutschland **im Grundgesetz** (Neufassung der Artikel 93 ff.) und durch eine **Novellierung des Bundesverfassungsgerichts-Gesetzes** verankert werden.

Reformprojekt 8: Reform des Bundesverfassungsgerichts (2/2)

Der unternehmerische Staat:

Der Aktionsradius des Bundesverfassungsgerichts wird dadurch eingeschränkt, dass in Deutschland eine „Political Question Doctrine" eingeführt und verfassungsrechtlich und gesetzlich verankert wird.

> **Diese „deutsche Political Question Doctrine" könnte wie folgt ausgestaltet werden:**

> > Das Bundesverfassungsgericht ist nicht befugt, Fälle zu entscheiden, denen politische Streitfragen und/oder politische Gestaltungsfragen zugrunde liegen.

> > Ob ein Fall vom Bundesverfassungsgericht behandelt werden kann oder ob er im politischen Raum behandelt werden muss, ist eine Frage der konkreten Definition der Gewaltenteilung und der Zuständigkeiten von Legislative, Exekutive und Judikative in der Bundesrepublik.

> > Diese Frage kann nicht vom Bundesverfassungsgericht beantwortet werden. Es kann nicht dem Gericht überlassen werden, darüber zu entscheiden, wie es das Gebot der Selbstbeschränkung und damit die „deutsche Political Question Doctrine" im jeweiligen Einzelfall auslegt. Denn das Bundesverfassungsgericht hat ein Eigeninteresse an einer möglichst breiten Bemessung seines Entscheidungsraums.

> > Deshalb muss diese Frage von der Legislative entschieden werden. Die konkrete Ausgestaltung der Gewaltenteilung in Deutschland ist eine politisch zu entscheidende Frage.

> > Entsprechend muss der Deutsche Bundestag darüber entscheiden, ob ein Fall dem Bundesverfassungsgericht vorgelegt werden kann, weil er ein Verfassungsrechtsfall ist, oder ob ein Fall nicht dem Bundesverfassungsgericht vorgelegt werden darf, weil ihm eine politische Streitfrage und/oder eine politische Gestaltungsfrage zugrunde liegt.

> > Dabei könnte konkret festgelegt werden, dass der Deutsche Bundestag diese Entscheidung mit Mehrheit seiner Mitglieder trifft. Es könnte auch, im Hinblick auf den Minderheitenschutz, geregelt werden, dass eine Frage dann im politischen Raum behandelt werden muss und nicht durch das Bundesverfassungsgericht behandelt werden darf, wenn ein Drittel der Mitglieder des Deutschen Bundestages dafür votiert.

13.5 Der Föderalismus in Deutschland: Komplexitätssteigerung durch Differenzierungszwang

Warum brauchen wir in Deutschland 16 Länder? 16 Staaten, die mit eigenen Regierungen, eigenen Gesetzes-Bergen, eigenen Regeln und Normen daherkommen. Und damit eine hohe und wachsende Komplexität in einem rechtlich vielfach durchregelten Gemeinwesen schaffen.

Denn natürlich gelten in Sachsen-Anhalt in vielen Politikbereichen Rechtsnormen, die sich von den Rechtsnormen in den Nachbarländern Niedersachsen, Sachsen und Brandenburg unterscheiden. Es liegt in der föderalen Verfassung Deutschlands mit den 16 Ländern begründet, dass sich die Rechtsnormen, die in den einzelnen Ländern gelten, voneinander unterscheiden **müssen**. Sie müssen sich deshalb unterscheiden, weil sich jedes Land von den anderen Ländern differenzieren muss, um seinen Bestand legitimieren zu können. Wären die Gesetze in Mecklenburg-Vorpommern mit denen in Brandenburg identisch oder vergleichbar, dann bräuchte man diese Ländertrennung nicht. Dann könnten diese beiden Länder ja fusionieren.

Das, was für Rechtsnormen gilt, gilt auch für länderspezifische IT-Systeme, Organisationen, Prozesse und Strukturen. Und weil sich die Rechtsnormen, IT-Systeme, Organisationen, Prozesse und Strukturen von Land zu Land unterscheiden, ja wegen des **Differenzierungszwangs** unterscheiden müssen, deshalb schafft der deutsche Föderalismus eine hohe, tendenziell wachsende Komplexität bei Rechtsnormen, Strukturen, IT-Systemen, Organisationen und Prozessen.

Warum reichen nicht vier Länder? Oder sechs? Oder acht? Warum muss es ein Land wie Mecklenburg-Vorpommern mit gerade einmal 1,6 Mio. Einwohnern geben, mit Minister*innen und Staatssekretär*innen, einer Ministerialbürokratie, die ständig neue Rechtsnormen erarbeitet, mit Dutzenden von Landesbehörden, die nach anderen Regeln arbeiten (müssen) als in den benachbarten Ländern?

Es gibt auf diese Fragen eine einfache Antwort. Denn es gibt für die föderale Verfassung Deutschlands mit 16 Ländern keine Sachlogik, keine zwingenden, durchgreifenden Sachargumente. Im Gegenteil: Ein Zusammenschluss z. B. der Länder Brandenburg und Berlin würde vielfältige Vorteile in der Metropolregion Berlin-Brandenburg schaffen. Die Tatsache, dass zwei Länder in dieser Metropolregion bestehen, schafft vielfältige Probleme und Komplexitäten.

Die einzige Antwort auf diese Fragen lautet: Es gibt 16 Länder, weil es sie gibt. Weil im politischen System der Bundesrepublik keine Partei existiert, die eine Reform dieser Länderverfassung will. Weil es keinerlei Reformbereitschaft gibt, weder in den Parteien noch in den Parlamenten noch in den öffentlichen Verwaltungen der Länder.

Warum ist das so? Auch auf diese Frage gibt es eine einfache Antwort. Weil durch diese Länderverfassung tausende von Positionen geschaffen werden, die bei einer Neuregelung der föderalen Verfassung Deutschlands zur Disposition gestellt würden. Weil bei einer Zusammenlegung von mehreren Ländern tausende von Positionen in Parlamenten, Ministerien, Landesbehörden etc. wegfallen könnten, wegfallen würden. Und damit würden dann die Interessen derer tangiert, die diese Positionen innehaben.

Deshalb gibt es keine Länderneugliederung in Deutschland und keine Debatte darüber. Nicht etwa, weil es Gemeinwohl-Gründe für eine Beibehaltung der 16 Länder gäbe. Nicht etwa, weil die Menschen in Stralsund oder in Neuruppin gewaltige Nachteile zu verkraften hätten, wenn die Länder Mecklenburg-Vorpommern und Brandenburg zusammengelegt würden.

Sondern wegen der Interessen der Amtsträger*innen und Abgeordneten am Fortbestand ihrer Posten und Besitzstände. So sagte der damalige Bürgermeister von Bremen, Henning Scherf, in der ersten Sitzung der Föderalismusreform-Kommission I im Jahr 2003:

> *„Wenn diese Kommission sich vornehmen sollte,*
> *die Länder in Deutschland neu zu gliedern, ist*
> *ihre Arbeit beendet, bevor sie angefangen hat."*

Warum aber ist diese föderale Verfassung Deutschlands mit ihren 16 Ländern überhaupt ein Problem? Warum sollte man über diese föderale Verfassung einen politischen Diskurs führen? Warum sollte man über eine Reform des Föderalismus nachdenken?

Auch hier ist die Antwort einfach: Weil der Föderalismus mit seinen 16 Ländern eine hohe Komplexität von landesspezifischen Rechtsnormen, Richtlinien, Strukturen, IT-Systemen, Prozessen und Institutionen schafft, mit der die Arteriosklerose des politischen Systems in Deutschland immer wieder aufs Neue zementiert wird. Das hängt mit dem **Differenzierungszwang** zusammen, der in die föderale Ordnung Deutschlands unverrückbar eingraviert ist.

Das Bestandsinteresse dieser 16 Staaten diktiert ihnen diesen Zwang zur Differenzierung. Die Akteure in jedem der 16 Bundesländer haben das Interesse daran, ihre Positionen zu erhalten und zu diesem Zweck den Bestand ihres jeweiligen Landes zu sichern und diesen Bestand zu legitimieren. Diese Legitimation z. B. des Fortbestands des Landes Rheinland-Pfalz ist nur dann möglich, wenn im Land Rheinland-Pfalz Rechtsnormen, Richtlinien, Strukturen, IT-Systeme, Prozesse und Institutionen geschaffen werden, die sich von denen in anderen Ländern unterscheiden.

Gäbe es diese Unterschiede nicht oder wären sie nur marginal, dann wäre die Existenz und der Fortbestand des Landes Rheinland-Pfalz nicht legitimierbar.

Beispiel IT: Würden in den Ländern Niedersachsen und Nordrhein-Westfalen für die gleichen Aufgaben die gleichen Prozesse festgelegt und die gleichen IT-Systeme eingesetzt, dann wäre es nicht erforderlich, in diesen beiden Ländern zwei unterschiedliche IT-Dienstleister zu etablieren. Dann könnten diese beiden IT-Dienstleister fusionieren – mit erheblichen Einsparungen und Effizienzvorteilen. Aber damit würde zugleich die Differenz zwischen beiden Ländern in der IT eingeebnet. Und dies widerspräche diametral dem existenziellen Gebot zur Differenzierung, dem föderalen Differenzierungszwang.

Aus dem Bestandinteresse der 16 Länder erwächst ein Zwang zur Differenzierung voneinander, zur Heterogenität in der Rechtsetzung und Verwaltungspraxis, – und damit ein Zwang zur Perpetuierung und Steigerung von Komplexität.

Der langjährige Vorsitzende des nationalen Normenkontrollrates, Johannes Ludewig, schreibt dazu, die „ungeheure Komplexität der Willensbildung im föderalen Staat" „schreit förmlich nach einer drastischen Reduktion von Komplexität, für die aber angesichts föderaler Besitzstände und der Furcht, diese einzubüßen, bisher keine Lösung in Sicht war." (Ludewig 2021, S. 93)

> *„Die bisherigen Erfahrungen zeigen, dass föderal strukturierte Entscheidungsgremien unter der großen Zahl der Beteiligten, dem Konsensprinzip bei divergierenden Interessen, zu wenig Entscheidungsbefugnis, viel zu geringem Tempo und zu komplizierten Lösungen leiden." (Ludewig 2021, S. 101)*

Der Vorsitzende des Nationalen Normenkontrollrates im Jahr 2023, Lutz Goebel, sagte im April 2023 in einem Interview mit dem Behörden Spiegel:

> *„Wir haben das Problem, dass eine effektive und effiziente Verwaltungsarbeit durch den Föderalismus stark behindert wird."*

Auch der ehemalige Bundesfinanzminister Peer Steinbrück sprach sich in einem Artikel in der FAZ vom 5. Oktober 2023 („Abstieg von Wolke sieben") im Blick auf die „unübersehbaren Ineffizienzen des Föderalismus" für eine „Staatsreform" aus.

Tagtäglich arbeiten tausende von Menschen in den öffentlichen Verwaltungen und in den Parlamenten dieser 16 Länder daran, die Unterschiede zwischen den Ländern auszugestalten und zu profilieren. Und damit die Komplexität der Rechtsnormen und Verfahren zu multiplizieren, die es in Deutschland gibt.

Ich nenne das „Selbstlegitimation durch Komplexitätssteigerung" oder „Existenzsicherung durch Differenzierung".

Diese Praxis wird häufig mit dem Argument unterlegt, man schaffe und erhalte mit dieser föderalen Ordnung Vielfalt: vielfältige Landschaften, eine reich facettierte Kultur, eine bunte Diversität regionaler Besonderheiten.

Dieses Argument ist nicht stichhaltig: Denn Vielfalt und Diversität mögen auf einigen Politikfeldern gemeinwohlfördernd sein, z. B. bei der Pflege regionaler kultureller Besonderheiten. Aber bei der Organisation von staatlichen Verwaltungsleistungen, die auf vergleichbare Weise in allen 16 Ländern zu erbringen sind, ist diese Vielfalt und Diversität in der Regel dysfunktional, komplexitätstreibend, kostenträchtig und ineffizient.

Das Gleiche gilt für staatliche Leistungen, für deren effektive und effiziente Erbringung eine enge Kooperation zwischen allen 16 Ländern erforderlich ist.

Beispiel das IT-Reformprojekt Polizei 2020

Das Bundesinnenministerium begründet dieses IT-Reformprojekt in einer Stellungnahme vom 1. November 2021 wie folgt: „Die derzeitige Informationsarchitektur der deutschen Polizeien ist über Jahrzehnte gewachsen und sehr heterogen. Sie basiert auf einer Vielzahl unterschiedlicher Datentöpfe, die nur sehr eingeschränkt miteinander verbunden sind bzw. miteinander kommunizieren können; Eigenentwicklungen, die auf spezielle Anforderungen einzelner Polizeien zugeschnitten wurden und zu weiten Teilen technisch veraltet sind; unzähligen Schnittstellen und unterschiedlichen Datenformaten. Kurzum genügt sie nicht mehr den Anforderungen an eine

> moderne, vernetzte Polizeiarbeit. Aus diesem Grund verständigten sich die Innenminister des Bundes und der Länder im Rahmen ihrer Herbstkonferenz am 30. November 2016 auf die Saarbrücker Agenda. Zentrale Maßgabe der Agenda ist der Aufbau einer gemeinsamen, modernen und einheitlichen Informationsarchitektur für die Polizeien des Bundes und der Länder.
>
> Im Ergebnis soll für alle Polizistinnen und Polizisten jederzeit und überall der Zugriff auf alle relevanten Informationen zur Erfüllung ihrer Aufgaben sichergestellt und eine digitale und medienbruchfreie Vernetzung der Polizeien des Bundes und der Länder mit ihren nationalen und internationalen Partnern möglich sein."

Diese Stellungnahme des BMI zeigt: Der deutsche Föderalismus hat in den vergangenen Jahrzehnten dazu geführt, dass die Polizeien der Länder und des Bundes eine hyperkomplexe und heterogene IT-Landschaft aufgebaut haben. Diese IT-Landschaft hat nicht nur – verglichen mit einer einheitlichen IT-Landschaft – erhebliche Mehrkosten verursacht, sondern auch zu signifikanten Ineffizienzen geführt. Das Projekt „Polizei 2020" wurde gerade deswegen im Jahr 2016 gestartet, um endlich, nach einigen Jahrzehnten der föderalen Sonderwege, das Informationswesen der deutschen Polizeien zu vereinheitlichen.

Müßig, hier festzuhalten, dass dieses Projekt „Polizei 2020" bis heute, bis zum Jahr 2023, noch keine nennenswerten Fortschritte gemacht hat.

Der föderale Differenzierungszwang steht dem Erfordernis der Schaffung von Interoperabilität bei den IT-Systemen diametral entgegen: Eine Harmonisierung, Standardisierung und Interoperabilität ist bei der Informations- und Kommunikationstechnik zwingend erforderlich, wenn länderübergreifende Kooperation effektiv und effizient gelingen soll. Zugleich aber be- und verhindert jener föderale Differenzierungszwang fortwährend diese Harmonisierung.

Zugespitzt gesagt: Im Digitalzeitalter ist Vereinheitlichung und Interoperabilität von ITK-Systemen notwendig. Zugleich schafft der Föderalismus strukturbedingt einen Zwang zur Nicht-Vereinheitlichung und zur Erschwerung/Verhinderung von Interoperabilität.

> *„Ohne Interoperabilität drohen wir an unserem Föderalismus zu ersticken." (Heilmann und Schön 2020, S. 263)*

Die Beispiele dafür, dass der deutsche Föderalismus eine umfangreiche Heterogenität und Komplexität an Rechtsnormen, Strukturen, Organisationen, IT-Systemen und Prozessen geschaffen hat, sind Legion.

Mit dieser föderalen Heterogenität ging einher, dass das Gitterwerk föderaler Rechtsnormen immer dichter geworden ist. Mit der Folge einer fortschreitenden Komplexität und einer fortschreitenden Arteriosklerose im deutschen politischen System. Einige **Beispiele für diese föderale Heterogenität und Komplexität** seien hier aufgeführt:

- Mit den **Corona-Verordnungen der Länder** wurde seit dem Jahr 2020 ein Flickenteppich unterschiedlicher Regelungen geschaffen, mit teils absurden Konsequenzen: So war in Ulm zulässig, was in Neu-Ulm unzulässig war (z. B. Wandern mit Familienmitgliedern). So galten in einzelnen Ländern Ausgehverbote, in anderen nicht. Zur Rechtszersplitterung in der Corona-Pandemie trug nicht nur die Uneinheitlichkeit der länderspezifischen Regelungen bei, sondern auch die üppige Rechtsetzungs-Hektik einzelner Länder: So wurden in NRW im Zeitraum von 15 Kalenderwochen nicht weniger als 45 Verordnungen erlassen, in Bayern waren es 81.
- Bei der **Flüchtlingskrise des Jahres 2015** hat „die öffentliche Verwaltung sich selbst außer Gefecht gesetzt" (Ludewig 2021, S. 90), weil die Daten zu den Flüchtlingen zwischen den Behörden des Bundes, der Länder und der Kommunen nicht ausgetauscht werden konnten, – wegen der fehlenden Interoperabilität der jeweiligen IT-Systeme.
- Die **Genehmigungsverfahren für Infrastrukturprojekte** unterscheiden sich von Land zu Land. Diese Differenzen multiplizieren den Verwaltungsaufwand, der für diese Genehmigungsverfahren anfällt. Er könnte drastisch dezimiert werden, wenn die Genehmigungsanforderungen in allen Ländern harmonisiert würden. Zum Beispiel bei den „Regelungen zu Ermessensspielräumen der Genehmigungsbehörden, zu Obergrenzen für genehmigungsfreie Bauvorhaben oder zu Verbescheidungsfristen." (Heilmann und Schön 2020, S. 188)
- Im kooperativen Föderalismus herrscht in Deutschland in der Regel das **Konsensprinzip.** Beispiel Kultusministerkonferenz: Für jeden Beschluss gilt hier das Einstimmigkeitsprinzip. Dieses Konsensprinzip führt nicht nur dazu, dass Beschlüsse lediglich den kleinsten gemeinsamen Nenner widerspiegeln, es macht Abstimmungen nicht nur chronisch unagil und behäbig, sondern bewirkt auch, dass regionale Sonderregelungen in einzelnen Ländern konserviert und damit zentrale Lösungen be- bzw. verhindert werden.

- Im Vergaberecht haben die Länder eigene, vielfach unterschiedliche **Rechtsnormen erlassen.** Das führt zu einer drastischen Rechtszersplitterung (z. B. bei den Regelungen zum Unterschwellenbereich) und damit zu erheblichem Aufwand für Unternehmen, die bundesweit operieren.
- Wie oben in Ziffer 1 bereits dargelegt: **Die Datenschutz-Grundverordnung der EU (DSGVO) wird in allen 16 deutschen Ländern unterschiedlich ausgelegt.** In jedem Bundesland gibt es eine eigene Datenschutzbehörde. Die unterschiedliche Auslegung der DSGVO in den Ländern führt zu erheblicher Rechtsunsicherheit und zu erheblichen Belastungen für Unternehmen.
- Das **Drama des deutschen Bildungsföderalismus** mit einem Flickenteppich aus 16 verschiedenen Schulsystemen ist häufig beschrieben worden (vgl. Prodoehl 1979). So auch z. B. im Kommentar von Heribert Prantl in der Süddeutschen Zeitung vom 5. Dezember 2018:

> *„Bildung und Schule sind, so steht es im Grundgesetz, Ländersache. Die Länder pochen auf ihr Recht, aber aus dieser Pocherei besteht der Großteil ihrer Tätigkeit. Für große inhaltliche Debatten reicht die Kraft nicht mehr, für die Harmonisierung der 16 Bildungspolitiken der 16 Bundesländer auch nicht. Aus der ureigenen Sache ist so ein ureigenes Chaos geworden: Tausende Lehrpläne und Lernkonzepte unterschiedlichster Art, Tausende Fußangeln, Tausende Inkompatibilitäten. Die Fußnoten sind in diesem Bildungssystem wichtiger als die Noten. Der Umzug mit schulpflichtigen Kindern von Bremen nach Stuttgart ist ein hochriskantes Abenteuer. Die Anforderungen an den Gymnasien weichen so voneinander ab, dass Jugendliche besser in Köln bleiben, wenn die Eltern beruflich nach München wechseln. Und ein Juniorprofessor wechselt lieber von Berlin nach Bologna als nach Potsdam; das ist einfacher. Der real existierende Bildungsföderalismus in Deutschland ist ein fortgesetzter Missbrauch des Föderalismus. Er ist verkommen – er ist eine Qual für Lehrer, Eltern und Schüler. Der Föderalismus sollte praktizierte Bürgernähe sein, er soll das Leben leichter, nicht schwerer machen. Im Bereich von Schule und Bildung ist er praktizierter Sadismus. Es ist bitter, dass man das als ein Anhänger des Föderalismus konstatie-*

ren muss: An diesem real existierenden Bildungsföderalismus ist nicht mehr viel verteidigenswert." (Prantl 2018)

Der deutsche Föderalismus wurde mit dem Grundgesetz geschaffen, um in das politische System der Bundesrepublik eine Machtbegrenzung einzuzementieren. Es sollte verhindert werden, dass eine Zentralinstanz „durchregieren" kann.

Diese föderale Machtbegrenzung und Zersplitterung der politischen Macht auf viele Instanzen mag, wie oben bereits dargelegt, in Zeiten eines ruhigen, konfliktberuhigten, krisenunanfälligen „normalen Gangs der Dinge" wenig Schaden anrichten. Wenn immer die Sonne über einem konfliktarmen Deutschland scheint, mögen föderale Ineffizienzen, langwierige föderale Abstimmungsrituale, Flickenteppiche aus unterschiedlichen Länderregulierungen, föderale Differenzierungszwänge etc. nicht ins Gewicht fallen.

Anders ist das in einer Zeit, in der Krisen zur Normalität werden und effizientes Krisenmanagement zum Tagesgeschäft der Politik wird. In solchen Zeiten ist die föderale Ineffizienz ein Luxus, der die Handlungsfähigkeit des politischen Systems chronisch untergräbt.

In den folgenden Charts skizziere ich in den Reformprojekten 8a und 9 ein Programm für eine einschneidende Föderalismusreform und für eine wirksame Defragmentierung des deutschen politischen Systems:

Reformprojekt 8a: Föderalismusreform III

Wir brauchen in Deutschland eine Föderalismusreform III, eine mutige, einschneidende Staatsreform, mit der die Gebrechen des föderalen Systems gelindert werden

- Diese **Föderalismusreform III** sollte von einem Konvent vorbereitet werden, der nicht nur aus Mitgliedern besteht, deren Interessen von der Föderalismusreform berührt werden (Frösche, die die Trockenlegung des Teiches konzipieren), sondern dem auch Experten aus Wissenschaft, Wirtschaft und Zivilgesellschaft angehören. Dieser Konvent sollte das Design dieser Staatsreform ausgehend von den Zielen der Reform ausarbeiten und den Parlamenten vorlegen.
- Folgende Ziele sollten dieser Föderalismusreform III zugrunde liegen:
  - **Wiederherstellung der Entscheidungsfähigkeit des Staates durch Entflechtung** des bestehenden Systems der Vermischung von Verantwortung zwischen Bund und Ländern (Vermischung bei Gesetzgebung, Finanzierung, Verwaltung); nach dem Muster eines „Trennföderalismus" mit klarer Kompetenzteilung zwischen Bund und Ländern;
  - **Länderneugliederung** zur Schaffung von leistungsfähigen und wettbewerbsfähigen Ländern (deutliche Reduktion, mindestens Halbierung der Zahl der Länder);
  - **Schaffung von Strukturen für einen Wettbewerbsföderalismus**: Stimulierung eines Wettbewerbs der Länder untereinander (u. a. durch Steuerautonomie der Länder);
  - **Drastische Entkomplizierung** der Kooperation und Koordination von Bund und Ländern;
  - **Zentralisierung in bestimmten Regelungsbereichen** (z. B. bei den Landesbauordnungen und bei der IT-Standardisierung).

„Der nächste Bundestag wird sicher wieder eine Kommission zum Thema Bildung und zur Neugliederung unserer Bundesrepublik bzw. zur Länderneugliederung einzusetzen haben. Das ist gar keine Frage." (Dr. Peter Struck, Vorsitzender der SPD-Fraktion, im Deutschen Bundestag am 29. Mai 2009)

Reformprojekt 9: Defragmentierung durch PSSC (1/4)

Der unternehmerische Staat:

In einer konzertierten Aktion von Bund, Ländern und Kommunen wird in Deutschland ein Projekt zur Defragmentierung im deutschen öffentlichen Sektor aufgelegt.

Bund, Länder und Kommunen unternehmen in einer konzertierten Aktion die epochale Aufgabe, die Parzellenwirtschaft und kleinteilige Fragmentierung im deutschen öffentlichen Sektor aufzuheben:

„Programm zur Defragmentierung
des öffentlichen Sektors in Deutschland
durch Errichtung von Public Shared Services Centers (PSSC)"

Dazu werden kommunale Aufgaben und Aufgaben von Ländern, die standardisierbar und automatisierbar sind, zentral in Dienstleistungszentren gebündelt. Konkret:

Defragmentierung bedeutet nicht: Aufhebung der grundgesetzlich verankerten Selbstverwaltungsautonomie der Kommunen oder Fusion von Ländern und damit Aufhebung der Eigenständigkeit bestimmter deutscher Länder.

Vielmehr bedeutet Defragmentierung: Steigerung der Effizienz und Effektivität staatlichen Handelns durch Schaffung von **„Public Shared Services Centers" (PSSC),** in denen Aufgaben zentral gebündelt werden, die einheitlich, standardisiert und automatisiert durchgeführt werden können (vgl. zum Folgenden: Habbel, Prodoehl 2006).

Diesem **Konzept einer „Defragmentierung durch PSSC"** liegen folgende Überlegungen zugrunde:

- **Es geht hier um administrative Verwaltungsleistungen**: Das sind Leistungen der öffentlichen Verwaltung, die für eine unbegrenzte Vielzahl von Einzelfällen nach allgemeinen Regeln und Standards erbracht werden und die in einer Vielzahl von Verwaltungsbehörden in gleicher/ähnlicher Weise wahrgenommen werden bzw. wahrgenommen werden können (d. h. mit standardisierten Prozessen, auf der Grundlage einheitlicher IT-Systeme, auf gleicher/ähnlicher Rechtsgrundlage etc.). Ihre Erbringung ist nicht an einen bestimmten Ort und an spezifische Zeiten gebunden. Für diese Leistungen gilt: Sie sind standardisierbar und automatisierbar.

Reformprojekt 9: Defragmentierung durch PSSC (2/4)

Der unternehmerische Staat:

In einer konzertierten Aktion von Bund, Ländern und Kommunen wird in Deutschland ein Projekt zur Defragmentierung im deutschen öffentlichen Sektor aufgelegt.

Der Aufbau von „Public Shared Services Centern (PSSC)", also von Geschäftsprozesszentren, in denen administrative Leistungen für eine Vielzahl von Behörden erbracht werden, schafft vielfältige Vorteile:

- beträchtliche Einspareffekte und Effizienzgewinne, – mit dem Effekt, dass mehr Ressourcen für die Verbesserung der bürgerindividuellen Leistungen der Verwaltung (Leistungen, die nicht automatisiert werden können) einsetzbar sind: „freeing resources for the front-line" (britische Regierung in einem Positionspapier zu PSSC) und
- erhebliche Qualitätseffekte, die aus den Skalenvorteilen der zentralisierten Leistungserbringung erwachsen (so können in diesen Geschäftsprozess-Zentren erheblich mehr Ressourcen als bei dezentraler Leistungserbringung für die stetige Fortentwicklung der Qualität der administrativen Leistungen eingesetzt werden).

Der Aufbau von Shared Services Zentren für die öffentliche Verwaltung in Deutschland schwächt damit nicht die kommunalen Behörden bzw. die Landesverwaltungen, sondern stärkt sie. Denn sie werden von Routineaufgaben entlastet und können damit mehr Ressourcen für die individuelle Betreuung der Kunden und für die Einzelfallbearbeitung einsetzen. So verstanden,

- ist die Entfernung der Geschäftsprozess-Zentren vom Kunden Voraussetzung für mehr Kundennähe,
- ist Zentralisierung in Shared Services ein notwendiges Mittel für mehr dezentrale Leistungsvielfalt,
- ist überörtliche Konzentration Bedingung für bessere örtliche Kundenbetreuung,
- ist Standardisierung und Automatisierung zwingende Voraussetzung für mehr Individualisierung,
- ist mehr Quantität im Back Office (= im Shared-Services-Zentrum) der Schlüssel für mehr Qualität im Front Office (= bei der singulären Kundenbetreuung vor Ort).

Reformprojekt 9: Defragmentierung durch PSSC (3/4)

Der unternehmerische Staat:

In einer konzertierten Aktion von Bund, Ländern und Kommunen wird in Deutschland ein Projekt zur Defragmentierung im deutschen öffentlichen Sektor aufgelegt.

Die Umsetzung dieser Strategie einer Defragmentierung im deutschen öffentlichen Sektor durch PSSC wird durch die digitale Evolution ermöglicht und erleichtert:

- Ein PSSC folgt dem Gedanken des „Government as a Service". Es setzt auf den Grundsätzen der Plattformökonomie auf.
- Ein PSSC basiert auf standardisierten IT-Lösungen und auf einer einheitlichen Cloud-Infrastruktur. Damit können Transaktions-, Entwicklungs- und Betriebskosten optimiert werden, neue Entwicklungen schnell einbezogen und Skalierungen erleichtert werden.

Dieses Defragmentierungs-Programm durch PSSC ist auch der Kern einer

„Föderalismusreform 2030",

mit der einige Gebrechen des deutschen Föderalismus behandelt bzw. kuriert werden könnten. Dabei geht es konkret um Folgendes:

- Die deutschen Länder bearbeiten eine Vielzahl an Aufgaben, bei denen es nicht darum geht, sich voneinander zu differenzieren („Differenzierungszwang im Föderalismus") und bei denen es in der Regel auch nicht um politische Positionen von Parteien geht. Dies sind also Aufgaben, bei denen es nur darauf ankommt, ob sie gut oder schlecht, effektiv und effizient oder ineffektiv und ineffizient wahrgenommen werden.
- Bei diesen Aufgaben macht es Sinn, sie in bundesweit für alle Länder operierenden PSSC zu zentralisieren.
- Mit dieser Zentralisierung der Aufgabenerledigung in PSSC wird der Föderalismus nicht ausgehebelt, sondern gestärkt. Denn die Zentralisierung in PSSC schafft vielfältige Vorteile: Kosteneinsparung, Qualitätsoptimierung, Agilität in der schnellen, einfachen Anpassung der Operationen an veränderte Rahmenbedingungen, Erleichterung von Lernen und kontinuierlicher Leistungsverbesserung.

Reformprojekt 9: Defragmentierung durch PSSC (4/4)

Der unternehmerische Staat:

In einer konzertierten Aktion von Bund, Ländern und Kommunen wird in Deutschland ein Projekt zur Defragmentierung im deutschen öffentlichen Sektor aufgelegt.

Beispiele für Aufgabenbereiche, in denen zentrale PSSC der deutschen Länder eingerichtet werden könnten:

- **Schaffung eines einheitlichen IT-Dienstleistungszentrums für alle deutschen Länder** (nach dem Vorbilde der norddeutschen Länder, die mit Dataport ein solches Shared Services Center bereits geschaffen haben) mit dem Ziel, einheitliche IT-Lösungen für die jeweiligen Aufgabenbereiche zu schaffen, Kompetenz-Akkumulation zu organisieren, Skalenvorteile zu nutzen, Skalierungs-Vorteile auszuschöpfen etc.
- **Zusammenlegung aller Landesämter für Besoldung und Versorgung zu einem einheitlichen PSSC;**
- **Integration aller Statistik-Landesämter in ein Statistik-PSSC der Länder;**
- **Schaffung eines PSSC aller deutschen Länder für die digitale Bildung** (mit standardisierten Software-Lösungen für Schüler*innen und Lehrer*innen, Schulen und Hochschulen, mit einheitlichen Kommunikations-Tools für das Bildungswesen der Länder etc.);
- **Schaffung eines PSSC aller deutschen Länder für das Beschaffungswesen:** Zentralisierung aller Beschaffungen der deutschen Länder in diesem PSSC auf der Grundlage standardisierter digitaler Lösungen; ggf. Einbeziehung der Kommunen;
- **Zentralisierung des Bau- und Liegenschaftsmanagements aller deutschen Länder in einem „Immobilien-PSSC":** Integration der Bau- und Liegenschaftsbetriebe der Länder in dieses PSSC, Standardisierung der immobilienbezogenen IT für alle Länder in diesem PSSC (einschließlich BIM), Vereinheitlichung des Facility Managements für alle Liegenschaften der Länder in diesem PSSC;
- **Schaffung eines PSSC der Länder für das einheitliche „Human Relations-Management":** z. B. für die Zentralisierung der Beihilfe-Abwicklung in allen Ländern, für IT-Lösungen zur strategischen Personalplanung etc.

13.6 Der Dschungel der EU-Regulierung: Standortnachteil Europa

> *„Reducing the regulatory burden, notably on small and medium-sized enterprises (SMEs), which are at the core of the EU economy, remains key."* (Kerstin Jorna, die Generaldirektorin für Binnenmarkt, Industrie, Unternehmertum und KMU bei der Europäischen Kommission. In: Jorna 2023, S. 101)

In der EU-Bürokratie ist das eingetreten, was Vertreter der Neuen Politischen Ökonomie in vielen Schriften aufgewiesen haben: dass die staatliche Bürokratie strukturbedingt und notwendig das Ziel verfolgt, ihre Kompetenzen, ihre Budgets und die Anzahl der Mitarbeitenden auszuweiten und dass zur Erreichung dieses Ziels die Steigerung der Komplexität von Rechtsnormen ein probates Mittel ist (vgl. dazu: Niskanen 2017).

Auch in der EU-Kommission wirken die oben geschilderten Anreizsysteme, die es den Entscheidungsträger*innen und den Beamt*innen nahelegen, ihre Kompetenzen chronisch auszuweiten. Und damit die Regelungskomplexität im EU-Regulierungsdschungel immer weiter zu steigern. Daran hat auch die von Edmund Stoiber geleitete „High Level Group für Bürokratieabbau in Europa" nichts Grundlegendes geändert. Diese Gruppe tagte von 2007 bis 2014 und unterbreitete vielfältige Vorschläge zum Bürokratieabbau in der EU.

Die EU befördert mit ihrem dichten Netzwerk von Regulierungen maßgeblich den Regelungsdschungel, in dem sich deutsche Unternehmen und Privatleute bewegen müssen.

Und sie verletzt bzw. überdehnt damit fortlaufend den Grundsatz der Subsidiarität. Dieser Grundsatz ist in Artikel 5 Abs. 3 des Vertrages über die Arbeitsweise der Europäischen Union (AEUV) festgelegt. Es heißt dort:

> *„Nach dem Subsidiaritätsprinzip wird die Union in den Bereichen, die nicht in ihre ausschließliche Zuständigkeit fallen, nur tätig, sofern und soweit die Ziele der in Betracht gezogenen Maßnahmen von den Mitgliedsstaaten weder auf zentraler noch auf regionaler oder lokaler Ebene ausreichend verwirklicht werden können,*

> *sondern vielmehr wegen ihres Umfangs und ihrer Wirkungen auf Unionsebene besser zu verwirklichen sind."*

Dieses Subsidiaritätsprinzip wird von der EU auf vielen Feldern verletzt. Oder, diplomatischer gesagt: Es wird von der EU chronisch expansiv interpretiert („besser zu verwirklichen").

Beispiel Regionalförderung: Die Regionalfördermittel der EU sind in den sogenannten Struktur- und Investitionsfonds der Europäischen Union enthalten (ESI-Fonds). Sie betrugen in den Jahren 2014 bis 2020 immerhin 352 Mrd. Euro. Es gibt keinen sachlichen Grund für die Annahme, dass die EU-Bürokratie in Brüssel besser in der Lage ist, Regionen in Spanien zu fördern als die spanische Regierung. Hier hat die EU unter Verletzung des Subsidiaritätsprinzips Zuständigkeiten für sich usurpiert.[49]

Vor allem das „Binnenmarkt-Argument" eröffnet für die EU-Kommission ein faktisch unbegrenztes Feld, um ihre Interessen an Kompetenzerweiterung bedienen zu können. Nach diesem Binnenmarkt-Argument ist die EU ermächtigt, alle Maßnahmen zu treffen, die für das Funktionieren des Binnenmarktes erforderlich sind. Für die EU ist es einfach, dieses Binnenmarkt-Argument extensiv auszulegen. Denn es gibt kaum eine Regelungsmaterie, die nicht in irgendeiner Weise mit dem freien Verkehr von Waren, Personen, Dienstleistungen und Arbeitskräften zu tun hat. Mithin öffnet dieses Binnenmarkt-Argument Tür und Tor für eine nahezu unbegrenzte Kompetenzvermutung der EU.

Der Politikwissenschaftler Fritz W. Scharpf merkt dazu an:

> *„Solange alle national unterschiedlichen Regeln als potenzielle Belastung der grenzüberschreitenden Mobilität interpretiert werden können (und vom Europäischen Gerichtshof auch so interpretiert werden), kann also auch das Subsidiaritätsprinzip der europäischen Gesetzgebung keine rechtswirksamen Schranken setzen." (Scharpf 2009, S. 60)*

---

49 Siehe dazu: Ragnitz 2019, S. 25 f; Feld u. a. 2016; die Autoren in diesem Buch kommen zu dem Ergebnis, dass ein erheblicher Teil der EU-Gesetzgebung gegen den Grundsatz der Subsidiarität verstößt (siehe Feld u. a. 2016, S. 115).

> **Beispiele für denkwürdige EU-Vorschriften**
>
> Gurken müssen nach der Richtlinie 1677/88 eine Mindestlänge von 14 Zentimetern und eine Dicke von 2,7 Zentimetern aufweisen, Leitern müssen so aufgestellt werden, dass sie standsicher sind (Richtlinie 2001/45), Kondome sollen eine Länge von mindestens 16 Zentimetern, einen Durchmesser von 4,4 Zentimetern und eine Wandstärke von 0,04 Millimetern aufweisen (Richtlinie 93/42), nach der Verordnung 2396/2001 muss bei Lauch und Porree der Güteklasse I mindestens ein Drittel der Gesamtlänge oder die Hälfte des umhüllten Teils von weißer bis grünlich-weißer Färbung sein, und vieles andere mehr. (siehe zu diesen Beispielen und zu weiteren Beispielen für die Regulierungsfreude der EU: Dripke und Nowatzki 2022, S. 171 ff.)

Die EU-Kommission hat in den vergangenen Jahren die Komplexität und die Zahl der Rechtsakte fortlaufend erhöht. Es gibt heute in der EU mehr als 70.000 Rechtsakte (EU-Richtlinien und EU-Verordnungen). Ihre Zahl und Komplexität nehmen stetig zu.

Dazu einige Beispiele:

- Im Jahr 2021 beschloss die EU-Kommission für ihre Rechtsetzung das „One in, one out"-Prinzip (für jede zusätzliche Belastung durch eine neue Regulierung soll eine bestehende Belastung im gleichen Politikbereich entfallen). Sie hat sich daran aber selbst nicht gehalten. So hat die EU-Kommission im Jahr 2022 mehr als 2.000 Rechtsakte auf den Weg gebracht und im Gegenzug lediglich 534 Rechtsakte gestrichen.
- Der „Green Deal" der EU umfasst ein Paket von Rechtsvorschriften („Fit für 55"), mit dem bestehende EU-Normen angepasst werden und neue EU-Normen geschaffen werden sollen, um die Klimaziele der EU zu erreichen. Diese Rechtsnormen, die im Rahmen von „Fit für 55" festgelegt werden sollen, umfassen ein Konvolut von mehr als 15.000 Seiten. Für mittelständische Unternehmen ist dieser Regulierungsdschungel kaum zu durchdringen.
- Ein weiteres bürokratisches Monstrum sind die Regelungen der EU dazu, ob eine Wirtschaftstätigkeit als nachhaltig, ökologisch und ethisch gelten kann. Zu diesen Regelungen gehört die EU-Taxonomie-Verordnung, die EU-Lieferketten-Richtlinie, die Offenlegungs-Verordnung, die Ökodesign-Verordnung und die Corporate Sustainability Reporting Directive (CSRD). All diese Regelungen haben einen Umfang von vielen tausend Seiten. Sie umfassen tausende

von Regulierungspunkten. Für Unternehmen schaffen diese Regelungen einen gewaltigen Aufwand für Berichte, Dokumentationen und Nachweise.
- Weitere umfassende Regulierungen plant die EU im Bereich der chemischen Industrie. Die Regulierungsintensität und -komplexität in der EU für die chemische Industrie ist weltweit einzigartig. *Beispiele:* der Zero-Pollution-Action-Plan der EU für Gefahrstoffe, das für 2024 geplante Verbot der PFAS („per- und polyfluorierten Alkylverbindungen"), die europäische Chemikalienverordnung REACH u. a.
- Die EU plant Regulierungen zur Errichtung einer „grünen Zollmauer" („Carbon Border Adjustment Mechanism"). Mit dieser Regulierung sollen CO_2-intensive Importe in die EU mit einem „Klimazoll" belegt werden. Diese Regulierung schafft für Unternehmen in der EU drastische neue Belastungen. Sie müssen nämlich detailliert ermitteln, wie viele Treibhausgasemissionen bei der Herstellung von Produkten, die sie von außerhalb der EU importieren, freigesetzt wurden. Den Unternehmen werden damit gewaltige neue Berichtspflichten aufgebürdet.

Ein weiteres Beispiel dafür, wie die EU mit einem hyperkomplexen Regulierungs-Regime einen dichten Dschungel der Verrechtlichung geschaffen hat, der lähmend und innovationsvermeidend wirkt, ist die **Rechtsetzung der EU zu staatlichen Beihilfen für Unternehmen.**

Solche Beihilfen sind nach dem europäischen Recht grundsätzlich verboten. Es heißt in Artikel 107 Abs. 1 des Vertrages über die Arbeitsweise der EU (AEUV):

> *„Soweit in den Verträgen nicht etwas anderes bestimmt ist, sind staatliche oder aus staatlichen Mitteln gewährte Beihilfen gleich welcher Art, die durch die Begünstigung bestimmter Unternehmen oder Produktionszweige den Wettbewerb verfälschen oder zu verfälschen drohen, mit dem Binnenmarkt unvereinbar, soweit sie den Handel zwischen Mitgliedstaaten beeinträchtigen."*

Um nun aber einzelne Beihilfen ausnahmsweise doch zuzulassen (z. B. aus Gründen des Umwelt- und Klimaschutzes, zur Forschungsförderung, zur Regionalförderung u. a.), hat die EU ein Gestrüpp an Regelungen erlassen. Mit diesen Regelungen werden die Bedingungen definiert, unter denen es den Mitgliedstaaten ausnahmsweise gestattet ist, Unternehmen zu fördern. Zu diesen Regelungen gehören z. B. die umfangreichen Vorschriften der Allgemeinen Gruppenfreistellungsverordnung (AGVO).

Bemerkenswert ist nun, dass diese komplexen Vorschriften der EU zur ausnahmsweisen Zulassung bestimmter staatlicher Unternehmensbeihilfen vielfältige Folgeprobleme, Aporien und Dilemmata schaffen. Ein Beispiel dafür sind die Regelungen zur staatlichen Förderung von Forschung und Entwicklung (F&E): Nach der AGVO sind staatliche Fördermaßnahmen für F&E-Maßnahmen von Unternehmen nur dann zulässig, wenn sie entweder der „industriellen Forschung" oder der „experimentellen Entwicklung" dienen.

Für diese beiden Förderbereiche gilt: Eine staatliche Förderung ist nur dann mit dem EU-Recht vereinbar, wenn die zu fördernde Maßnahme vorwettbewerblich und im Hinblick auf ihre Resultate und Wirkungen ungewiss ist. Das bedeutet konkret:

- Die zu fördernde Maßnahme bzw. das zu fördernde Forschungsprojekt darf einem Unternehmen keinen wirtschaftlichen Wettbewerbsvorteil verschaffen.
- Zu Beginn der Maßnahme darf nicht absehbar sein, dass die Maßnahme erfolgreich sein wird. Der Erfolg der Maßnahme muss ungewiss sein, im Dunkeln liegen.
- Die Ergebnisse dieses Forschungsprojektes dürfen nach Abschluss des Projekts nicht direkt wirtschaftlich verwertbar sein. Ihre wirtschaftliche Verwertung darf erst frühestens ein Jahr nach Projektende einsetzen.

Diese Regelungen zeigen exemplarisch, wie sich die EU hier in selbstgeschaffenen Komplexitäts-Dilemmata verfängt: Denn durch staatliche Forschungsförderung kann immer nur ein Teil der Kosten des jeweiligen Forschungsprojektes finanziert werden. Der überwiegende Teil der Kosten muss von den Unternehmen getragen werden. Die aber werden das in der Regel nur dann tun, wenn sie einen wirtschaftlichen Erfolg von diesem Projekt erwarten bzw. wenn sie kalkulieren, dass das Forschungsprojekt für sie mit einer hohen Wahrscheinlichkeit wirtschaftlich vorteilhaft sein wird.

Die Unternehmen können nicht einfach F&E-Investitionen „just for fun" bzw. im Dunkelfeld einer EU-rechtlich verordneten Ungewissheit und Vorwettbewerblichkeit durchführen. Die Unternehmen müssen von diesem Forschungsprojekt einen wirtschaftlichen Vorteil erwarten. Das aber dürfen sie nach dem

EU-Recht gerade nicht, wenn sie für das Projekt staatliche Forschungsförderung beantragen. Die EU fordert von Unternehmen, die staatliche Forschungsfördermittel beantragen, also faktisch, dass sich die Unternehmen eunuchoid auf ihre eigenen Geschäftsziele beziehen.

Dieses Dilemma führt in der Forschungs-Förderpraxis

- entweder dazu, dass viele Unternehmen darauf verzichten, sich in den Dschungel der komplexen staatlichen Förderbürokratie hineinzubegeben,
- oder dazu, dass die Förderanträge im Hinblick auf jene verquasten, d. h. wirklichkeitsfernen EU-Vorgaben „geschönt" bzw. „zurechtgedichtet" werden („So tun, als ob ..."),
- oder dazu, dass die EU-Regularien in bestimmten Mitgliedstaaten von den zuständigen staatlichen Stellen schlicht nicht beachtet bzw. gezielt übersehen werden. Zum Nachteil der Unternehmen in denjenigen Mitgliedstaaten, die diese Regularien auf Punkt und Komma minutiös beachten. Die deutsche Staatsverwaltung gehört gottlob zur letzteren Kategorie ...

Dieser EU-Regierungsdschungel im Bereich der staatlichen Unternehmensförderung hat noch eine andere Folgewirkung: Er führt dazu, dass kleine Unternehmen und Start-ups in der Regel vor der Hyperkomplexität der Beantragung von Fördermitteln für Innovationsprojekte kapitulieren und sich gar nicht auf den langwierigen, mehrstufigen Parcours durch den Förderdschungel einlassen. Mit gravierenden Folgen für den Innovationsstandort Europa: „Im Beihilferecht bestehen Hindernisse für Innovationen in Europa." (BDI-Präsident Russwurm, zitiert nach Handelsblatt vom 3.5.2023, S. 4)

Hinzu kommt, dass das EU-Beihilferecht die Wettbewerbsfähigkeit der europäischen Wirtschaft in der globalen Konkurrenz beschädigt. Denn für europäische Unternehmen gelten mit dem Beihilferecht Restriktionen, die es für ihre US-amerikanischen, chinesischen etc. Wettbewerber nicht gibt.

An dieser Asymmetrie in der Wirtschaftsregulierung ändern auch die sogenannten IPCEI, die „Important Projects of Common European Interests" nichts Grundlegendes.

IPCEI-Projekte sind Projekte, die aus der Sicht der EU strategisch so bedeutsam sind, dass für sie ein gelockertes Beihilferegime gilt. Aber die Regularien, die für solche IPCEI-Projekte gelten, sind wiederum derart komplex, dass die IPCEI-Förderung nur für bestimmte Unternehmen unter bestimmten Gesichtspunkten Sinn macht. Siehe dazu die Einschätzung des European Round Table for Industry (ERT) in seinem Positionspapier „Innovation Made in Europe" aus dem Jahr 2023:

> *„Public funding can be very important, but processes are often too slow. An extreme example are the approval processes for IPCEIs. By definition, IPCEIs are of a strategic interest to Europe, but too much valuable time is lost in administrative decision making."*

Reformprojekt 9a: Reform der Europäischen Union (1/2) **9 a**

Programm zur Reform und zur Entbürokratisierung der Europäischen Union

Plädoyer für eine Neuregelung des Subsidiaritätsprinzips in der Europäischen Union und für eine Verschlankung und Entbürokratisierung der EU:

- Die Mitgliedstaaten der EU starten in 2024 mit einem **Prozess zur Reform der EU**. Dabei knüpfen sie an das „Weißbuch zur Zukunft Europas" an, das der damalige Kommissionspräsident Juncker am 1. März 2017 vorgelegt hatte und in dem „Fünf Szenarien für Europa im Jahr 2025" skizziert wurden.
- Ziel dieses Reformprozesses ist es zum einen, **das Subsidiaritätsprinzip in der EU neu zu fassen:** Fokussierung der EU auf bestimmte Kernzuständigkeiten (Funktionieren des Binnenmarktes, Sicherung der Stabilität des Euro, Kontrolle der Außengrenzen u. a.).
- **Dabei sollte geregelt werden, dass die Definition der Wirkungsreichweite des Subsidiaritätsprinzips den Mitgliedstaaten obliegt, nicht der EU**. Mit einem bestimmten Quorum entscheiden die Mitgliedstaaten darüber, ob die EU auf einem bestimmten Politikfeld tätig werden darf oder nicht.
- Ziel dieses Reformprozesses ist es zum anderen, **das Regulierungsdickicht der EU drastisch zu lichten:**
  - Alle bestehenden EU-Rechtsvorschriften werden daraufhin überprüft, ob sie mit dem (neu gefassten) Subsidiaritätsprinzip vereinbar sind. Auch darüber entscheiden die Mitgliedstaaten. Stellt eine Mehrheit der Mitgliedstaaten fest, dass eine bestehende EU-Rechtsvorschrift mit dem neuen Subsidiaritätsprinzip nicht vereinbar ist, muss sie aufgehoben werden.
  - Im Rahmen des Reformprozesses werden die Politikfelder definiert, auf denen die EU Zuständigkeiten an die Mitgliedstaaten zurückgibt.

Reformprojekt 9a: Reform der Europäischen Union (2/2)　　9 a

Programm zur Reform und zur Entbürokratisierung der Europäischen Union

Plädoyer für eine Neuregelung des Subsidiaritätsprinzips in der Europäischen Union und für eine Verschlankung und Entbürokratisierung der EU:

- **Die Regulierungslast**, die die EU den Mitgliedstaaten, den Menschen und den Unternehmen in der EU aufbürdet, **wird drastisch verringert**. Ziel muss es sein, die Zahl der EU-Vorschriften zumindest zu halbieren.
- Im Hinblick auf das neu gefasste Subsidiaritätsprinzip **wird der Haushalt der EU drastisch verkleinert**. Ferner wird ein **Projekt zur Restrukturierung der EU-Institutionen** aufgesetzt (Ziel: Verschlankung der EU, Reduktion der Zahl der Behörden, Effizienzsteigerung in den EU-Prozessen).
- **Die EU setzt keine Förderprogramme mehr auf**. Förderprogramme werden von den Mitgliedstaaten aufgesetzt. Bestehende Förderprogramme der EU (Horizon Europe etc.) werden in die Verantwortung der Mitgliedstaaten zurückgegeben.
- **Eine Aufnahme von Krediten durch die EU wird ausgeschlossen.**
- Auf allen Politikfeldern können Gruppen von Mitgliedstaaten ihre Zusammenarbeit vertiefen (**„Koalition der Willigen"**) und damit auf Feldern, auf denen die EU nicht tätig wird, Gemeinschaftsprojekte realisieren.
- Für jeden neuen Rechtsakt der EU müssen zwei bestehende Rechtsakte zurückgenommen werden.
- Es ergeht das **Angebot an Großbritannien**, einer derart reformierten EU wieder beizutreten.

13.7 Die Eigenwelt der Justiz

Ist die Welt der Justiz, des deutschen Justizwesens, eine Eigenwelt, in der eigene Gesetze gelten? Eine Welt weit abseits von Wirtschaft und Gesellschaft, eine Welt jenseits der Anforderungen, die für die Akteure in der Wirtschaft gelten? Eine Welt, in der es nicht darum geht, möglichst effektiv und effizient zu arbeiten, kontinuierlich Prozesse und Strukturen zu verbessern, stetig Komplexität zu reduzieren, die eigene Arbeit an harten KPIs zu messen?

Man wird diese Fragen bejahen müssen. Hier die Fakten:

- Im deutschen Justizsystem hat die Komplexität der Aufgaben in den letzten Jahren drastisch zugenommen: Die Verfahren werden langwieriger und komplizierter, der Umfang der zu sichtenden Akten ist in allen Bereichen der Justiz erheblich größer geworden.[50]

---

[50] Ralph Knispel schreibt dazu in seinem Buch „Rechtsstaat am Ende": „Außerdem haben die Komplexität der Fälle und damit der Umfang der zu sichtenden Akten in den letzten

- Zugleich gibt es kein Maßnahmenprogramm und keine einheitliche Strategie in den Ländern und im Bund, um im Justizsystem grundlegende, evolutionäre und disruptive Reformen auf den Weg zu bringen. Damit das Justizsystem effektiver, effizienter, schneller und einfacher funktioniert. Die Welt der Justiz ist eine Welt jenseits der Veränderungsdynamik, die es in allen Bereichen der Gesellschaft und der Wirtschaft gibt. Sie ist weitgehend in sich erstarrt, mit versteinerten Strukturen und festbetonierten Prozessen.
- Dabei wäre eine drastische Entkomplizierung des deutschen Prozessrechts dringend erforderlich, um die Gerichte zu entlasten und Gerichtsverfahren zu beschleunigen. Ausländische Erfahrungen zeigen, dass eine Verschlankung und Entkomplizierung von Gerichtsprozessen ohne Beschädigung des Rechtsstaates möglich ist (*Beispiel:* Norwegen).
- Die deutsche Justiz ist auf dem technischen Zustand des 20. Jahrhunderts. So wurde über Jahrzehnte die Einführung einer elektronischen Akte in der Justiz diskutiert. Nun hat der Bundestag am 5. Juli 2017 ein Gesetz beschlossen, mit dem zum 1. Januar 2026 in der deutschen Justiz verbindlich die elektronische Akte eingeführt werden soll. Es erscheint heute (im Jahr 2023) schon sicher, dass dieses Datum nicht eingehalten wird.
- Die deutsche Justiz ist strukturell innovationsavers. *Beispiel:* Die Potenziale der KI zur Beschleunigung, Vereinfachung und inhaltlichen Optimierung von Gerichtsverfahren werden in Deutschland nicht genutzt, Pläne und Strategien dazu fehlen. Die technische Evolution geht am deutschen Justizsystem vorbei. Entsprechend ist dieses System kein lernendes, sich stetig weiterentwickelndes System, sondern ein in sich ruhendes, stagnierendes System.
- Die Personalprobleme im deutschen Justizsystem sind heute bereits dramatisch. Sie werden sich in den kommenden Jahren weiter drastisch verschärfen (siehe dazu Knispel 2022, S. 55 ff.). Es gibt aber im deutschen politischen System, bei Bund und Ländern, keine abgestimmte, einheitliche und mit Maßnahmen unterlegte strategische Personalplanung, mit der das akute Problem fehlender Fachkräfte in der deutschen Justiz angegangen und gelöst werden könnte (vgl. hierzu auch: Gnisa 2017). Im deutschen Justizsys-

---

Jahren stark zugenommen. Als ‚dünn' gilt eine Akte, wenn ihr Umfang 600 Seiten nicht überschreitet; die mittlere Kategorie geht bis 5.000 Seiten." (Knispel 2022, S. 129) „Seit 2010 hat die Dauer eines Verfahrens um 20 Prozent zugenommen, auch die Komplexität ist kontinuierlich gestiegen, die juristische Aufbereitung einzelner Straftaten damit deutlich zeitintensiver geworden." (Knispel 2022, S. 20)

tem trifft also eine drastisch wachsende Komplexität auf eine sich chronisch verringernde Problemlösungskapazität.
- Es gibt in der deutschen Justiz keine Kultur der Leistungs- und Erfolgsmessung. Keine KPIs, anhand derer erfolgreiches Arbeiten im Justizsystem gemessen und nachgehalten werden könnte. Keine Zielsysteme für effektives, effizientes und schnelles Arbeiten. Keine Kontrolle der Zielerreichung. Keine Folgen bei Zielverfehlung. *Beispiel Verwaltungsgerichtsordnung:* Die deutsche Verwaltungsgerichtsordnung macht den Gerichten keinerlei Vorgaben für die Dauer von Eil- und Hauptsacheverfahren. Damit ist es den Gerichten selbst überlassen zu entscheiden, wie viel Zeit sie sich für Prozesse zu Planungs- und Genehmigungsverfahren einräumen wollen.
- Es gibt für die Mitarbeiter*innen im deutschen Justizsystem keinerlei Incentives für Spitzenleistungen (z. B. für besonders effiziente, agile und zügige Prozessführung) und keinerlei Sanktionen für Schlechtleistungen (z. B. für eine monate- und jahrelange Verschleppung, Verzögerung und Vertagung von Arbeitsaufgaben). Das schafft eine merkwürdige Asymmetrie zwischen der Justiz und ihrer Umwelt: Während es z. B. für Mitarbeiter*innen eines Unternehmens, das seine Betriebsanlagen erweitern will/muss, von existenzieller Bedeutung sein kann, ob ein anhängiges Gerichtsverfahren zu diesem Erweiterungsprojekt zügig abgewickelt wird, ist die Dauer dieses Verfahrens für die Akteure im Justizsystem schlicht egal.

14

Bürger*innen und Unternehmen: Untertanen und Regulierungsobjekte der deutschen Verwaltung statt Kund*innen und Partner*innen

> *„Die EU leistet sich einen Dschungel an Regulierung und Bürokratie, das gibt es in den USA nicht. In den USA atmen sie durch. Als Industrievertreter erleben Sie offene Türen, lächelnde Gesichter! Man fühlt sich willkommen."* (Matthias Zachert, CEO von Lanxess, im Manager Magazin Juni 2023, S. 91)

Der ehemalige Vorsitzende des Nationalen Normenkontrollrates, Johannes Ludewig, bezeichnet die Ausrichtung der deutschen öffentlichen Verwaltung auf Kunden als eine „Kulturrevolution". Aus seiner Sicht gilt es, „etwas ganz Neues in Angriff zu nehmen, und zwar nicht weniger als die umfassende Modernisierung der Verwaltung, die Neu-Ausrichtung ihres Denkens und Handelns, mit dem Ziel, weniger auf sich selbst zu schauen, stattdessen den Blick zuallererst auf die ‚Kunden' ihrer Dienstleistungen zu richten – auf Bürger und Unternehmen." (Ludewig 2021, S. 114)

Es sind die Verhältnisse, die das Verhalten prägen. Die Verhältnisse in der deutschen öffentlichen Verwaltung, die ich oben geschildert habe, bringen eine bestimmte verhaltensprägende Verwaltungskultur hervor. Ich will diese Kultur eine **„Verwaltungskultur der Superiorität"** nennen.

In dieser Kultur gibt es für die Verwaltung in der Außenwelt keine Kunden und Partner, keine gleichgestellten Subjekte, sondern nur Untertanen und Regulierungsobjekte, Antragsteller und Bittsteller.

In dieser deutschen Verwaltungskultur sind die Anliegen von Bürger*innen und Unternehmen Vorgänge, die es korrekt und rechtskonform abzuwickeln gilt.

In dieser Kultur gibt es nur ein Oben und ein Unten: Oben ist die Verwaltung, unten die Außenwelt der Bürger*innen und Unternehmen. Die Verwaltung ist hoheitlich erhaben über ihre Außenwelt. Ihre Haltung gegenüber der Außenwelt ist die Haltung der obrigkeitlichen Superiorität. Sie sieht sich als die Hüterin des Rechtmäßigen, Korrekten und Normenkonformen. Sie genehmigt, untersagt, bewilligt, beaufsichtigt, kontrolliert, reguliert, ordnet an, weist an, verbietet und gebietet.

Die Verwaltung macht alle Anliegen und Projekte der Außenwelt zu „Vorgängen". Diese Vorgänge werden von der Verwaltung in den althergebrachten Verwaltungs-Korridor (siehe Kap. 10) einsortiert. In diesem Korridor gilt es, diese Vorgänge möglichst rechtskonform abzuwickeln. Nach der Logik, die in diesem Korridor herrscht, geht es dabei nicht darum, ein für die jeweiligen Bürger*innen und Unternehmen bestmögliches Ergebnis zu erzielen. Sondern darum, den jeweiligen Vorgang rechtssicher „abzuwickeln". Und dabei möglichst Risiken zu vermeiden: das Risiko, Ermessen auszuüben; das Risiko, in Rechtsstreitigkeiten verwickelt zu werden; das Risiko, Innovationen zuzulassen bzw. Neuland zu betreten.

In dieser Verwaltungskultur kann es nicht angehen, Rechtsnormen und Regeln kreativ zu interpretieren, damit ein möglichst optimales Ergebnis für Bürger*innen und Unternehmen erzielt wird. In dieser Kultur ist es auch nicht angängig, eine mutige, riskante, innovative Ermessensentscheidung zu treffen und dadurch Verantwortung dafür zu übernehmen, dass ein möglichst großer Mehrwert für Bürger*innen und Unternehmen entsteht.

In dieser Verwaltungskultur der Superiorität ist es auch nicht angängig, in einem partnerschaftlichen Dialog bzw. in einer lösungsorientierten Verhandlung mit Bürger*innen und Unternehmen eine möglichst einvernehmliche Verständigung zu suchen. Ein solches Vorgehen der Verwaltung würde sie dem Verdacht aussetzen, zu „mauscheln", sich mit den Akteuren in der Außenwelt gemein zu machen und sich von ihnen beeinflussen zu lassen. Mit einem solchen Vorgehen würde sich die Verwaltung auf eine Ebene mit den Menschen der Außenwelt stellen. Das widerspräche ihrem Habitus der Superiorität.

In dieser Verwaltungskultur der Superiorität wird jeder „Vorgang" daraufhin geprüft, wie er möglichst „korridorkonform" abgewickelt werden kann. Korridorkonform, das bedeutet: konform mit vorliegenden Regeln und Rechtsnormen; im Einklang mit vorgegebenen Weisungen, Prozessen, Routinen und Kommunikationspflichten; basierend auf festgelegten Zuständigkeiten, Entscheidungsregeln und Hierarchien.

Jeder „Vorgang" wird in dieser Verwaltungskultur in ein festbetoniertes System von Regeln und Normen einsortiert und dann in diesem System regel- und normenkonform zurechtgeschliffen.

Johannes Ludewig bezeichnet diese Verwaltungskultur als eine der „Binnenorientierung", der „fehlenden Außenorientierung" und der „Angebotsorientierung" und er fordert demgegenüber einen „Wechsel zur Nutzerorientierung". Zu dieser Nutzerorientierung schreibt er:

> *„Sie nimmt den Kunden, d. h. den Bürger oder Verantwortlichen eines Unternehmens in den Blick, fragt nach seinem Problem und nimmt dieses als Ausgangspunkt, um herauszufinden, in welcher Weise mit Hilfe welcher Unterstützung und welcher Rechtsvorschrift das Problem gelöst werden kann."* (Ludewig 2021, S. 107)

Die fehlende Kundenorientierung in der deutschen öffentlichen Verwaltung ist strukturbedingt. Sie hängt mit den **Incentivierungssystemen** zusammen, die für die deutsche Verwaltung vorgegeben sind.

> **Dazu ein Beispiel: Nehmen wir an, ein deutsches Chemieunternehmen plane am Standort Deutschland die Errichtung einer neuen Industrieanlage.**
>
> Und nehmen wir weiter an, die öffentliche Verwaltung werde dann dieses Unternehmen mit einer Vielzahl an Rechtsnormen konfrontieren, die einzuhalten sind und eine Vielzahl an Gutachten verlangen, die die Verwaltung für ein Genehmigungsverfahren benötigt. Und nehmen wir auch an, dass sich wegen des deutschen Umweltverbandsklagerechts mehrere Umweltverbände in Stellung bringen, um im Falle einer Genehmigung gegen die Errichtung der Industrieanlage zu klagen.
>
> Und nehmen wir dann weiter an, dass das Chemieunternehmen im Blick auf diese bürokratische Komplexität beschließt, die geplante Industrieanlage nicht in Deutschland, sondern in den USA zu errichten. Wegen der Willkommenskultur, die es dort gibt (siehe das Zitat des CEO von Lanxess oben).
>
> Dann fallen zwar die Arbeitsplätze, die diese Industrieanlage schafft, nicht in Deutschland, sondern in den USA an. Auch wird die Wertschöpfung, die mit dieser Industrieanlage verbunden ist und die für viele Zulieferer und Dienstleister in Deutschland neue Geschäftschancen schaffen würde, ins Ausland exportiert.

> Aber für die Mitarbeiter*innen in den öffentlichen Verwaltungen, die mit diesem Fall befasst waren, ist alles in Ordnung: Sie haben ihre Aufgabe, ein rechtskonformes Genehmigungsverfahren durchzuführen, in vollem Umfang erfüllt. Sie haben damit in dem Korridor, in dem sie gearbeitet haben, erfolgreich gehandelt. Und dadurch, dass die Industrieanlage in Deutschland nun nicht errichtet wird, fällt für sie ein großes künftiges Arbeitsvolumen weg (Arbeit für die Beaufsichtigung der Anlagenerrichtung, für die Betreuung eines möglichen Klageverfahrens etc.). Sie sind damit entlastet und von möglichen Konflikten und Risiken befreit. Für sie ist dieser Ausgang des Falls schlichtweg optimal.
>
> Für den Wirtschaftsstandort Deutschland eher nicht.

Die Mitarbeiter*innen in der deutschen öffentlichen Verwaltung werden nicht dafür prämiert, dass sie den Erfolg ihrer externen Kunden mehren. Der persönliche Erfolg der Verwaltungsmitarbeiter*innen hängt nicht davon ab, in welchem Umfang es ihnen gelingt, die Bedürfnisse ihrer Kunden zu befriedigen und deren Interessen zu bedienen. Sondern davon, dass sie durch korrekte, rechtskonforme Bearbeitung eines Vorgangs jegliche Risiken für sich selbst und für die Verwaltung minimieren.

Dies ist ein diametral anderes Incentivierungssystem als das, was in der Privatwirtschaft gilt. Ich habe dieses Incentivierungssystem der Privatwirtschaft in einem Buch zur strategischen Unternehmensführung wie folgt beschrieben (Prodoehl 2014, S. 104 f.):

> Das extrovertierte Unternehmen leitet alle unternehmensinternen Dispositionen nicht von der Frage ab: Wie kann das Unternehmen seine Produkte und Dienstleistungen möglichst vielen Kunden mit möglichst hohen Umsätzen und Erträgen verkaufen? Sondern von den Fragen: Wie kann das Unternehmen den Nutzen, den es heute und künftig für seine Kunden stiftet, in möglichst großem Umfang und möglichst nachhaltig mehren und sich dabei von seinen Wettbewerbern abheben? Wie kann das Unternehmen seine künftigen Ertragspotenziale dauerhaft und nachhaltig dadurch absichern und steigern, dass es den Wert absichert und steigert, den es für seine Kunden generiert?
>
> Das extrovertierte Unternehmen agiert hier nach der Maxime, die J. Bruce Harreld, Senior Vice President der Corporate Strategy von IBM, im Jahr 2005 ausgab, um Optionen der Geschäftsentwicklung bei IBM zu evaluieren. Harreld nannte dies die „Strategy 101". Sie bestand darin, jede Option zur Weiterentwicklung des Geschäfts von IBM auf der Grundlage von folgenden

> drei Fragen zu überprüfen: „What's the ‚pain point' for the customer? Who are we going to come up against in the marketplace? How can we deliver more value to our customers than our competitors?" (Garvin und Levesque 2005, S. 11)
>
> Das extrovertierte Unternehmen wird also nicht aus dem Internum, sondern aus dem Externum bewegt. Es denkt und handelt vom Kunden her. Es fragt nicht, wie es seinen Status quo in möglichst hohe Umsätze und Gewinnmargen ummünzen kann, sondern, wie es seinen Status quo so modulieren kann, dass der Wert, den es für seine Kunden schafft, möglichst optimiert wird.
>
> Das strategische Management eines extrovertierten Unternehmens korrespondiert in diesem Sinne mit der „Dialektik des Erfolgs", die wie folgt umrissen werden kann:
>
> Wer sich auf seinen eigenen Erfolg fokussiert, wird ihn verfehlen. Wer sich auf den Erfolg anderer fokussiert, wird den eigenen Erfolg mehren.
>
> Khalsa und Illig haben diese Dialektik des Erfolgs in folgende Worte gekleidet:
>
> *„When we lose sight of helping our clients succeed and instead focus on our own success, clients perceive the difference negatively… The more important it is to meet your numbers, the more important it is to stop concentrating on your numbers and start concentrating on the clients' numbers. We are more successful when we concentrate on the success of others rather than on our own."* (Khalsa und Illig 2008, S. 12)

Die Verwaltungskultur der Superiorität ist auch ein wesentlicher Grund dafür, dass das Beschaffungswesen in der deutschen öffentlichen Verwaltung äußerst ineffizient, starr und avers gegen flexible Anpassungen und unvorhergesehene Innovationen ist (siehe dazu auch Abschn. 13.2).

Die chronische Arteriosklerose in der deutschen öffentlichen Verwaltung wird durch diese **„Beschaffungskultur der Superiorität"** massiv befördert.

Die Verwaltungskultur der Superiorität prägt das öffentliche Beschaffungswesen in der Regel wie folgt:

- In öffentlichen Vergabeverfahren treten die öffentlichen Auftraggeber in der Regel in der Pose einer unnahbaren Obrigkeit auf: Sie weisen an, ordnen an, türmen Regelwerke auf, kanalisieren Kommunikation in starre, formstrenge Bahnen. Die Bieter werden in solchen Verfahren in die Rolle des weisungsunterworfenen, untertänigen Befehlsempfängers gezwängt.

- In diesen Verfahren ist in aller Regel eine dialogische, partnerschaftliche und gemeinsame Arbeit an Lösungen nicht möglich. Auch in den Verfahrenstypen des wettbewerblichen Dialogs und der Innovationspartnerschaft ist das Gespräch zwischen Auftraggeber und Bietern in der Regel hierarchisch strukturiert und formstreng durchkanalisiert. Verhandlungsverfahren bei Vergabeverfahren der öffentlichen Hand ähneln in der Regel formstrengen Verhören, in denen nicht partnerschaftlich diskutiert, sondern in hierarchischer Manier Kommunikationsakte angeordnet werden.
- Diese hierarchische Ordnung von Vergabeverfahren (der superiore Auftraggeber, der inferiore Bieter) wird dann noch verschärft, wenn, was häufig geschieht, die öffentliche Verwaltung die Steuerung des Verfahrens an externe Rechtsanwaltskanzleien auslagert. Ich habe selbst in vielen Ausschreibungsverfahren der öffentlichen Hand erlebt, dass Vertreter von externen Kanzleien die Formstrenge in diesen Verfahren auf die Spitze trieben, Komplexität drastisch erhöhten und sich in der Pose des unnachsichtig und rechtssicher Befehlenden gefielen.
- Es liegt in der Logik dieser Verwaltungskultur der Superiorität, dass die öffentliche Verwaltung mit dem Bieter, der den Zuschlag erhält, einen Vertrag vereinbart, in dessen Mittelpunkt nicht die Definition des gemeinsamen Erfolgs und die Incentivierung von guten Leistungen steht, sondern die Bestrafung des Unternehmens bei Fehl- und Schlechtleistung.
- Der Auftragnehmer gilt nach dieser Logik nicht als Partner des Auftraggebers, sondern als sein Untertan, Befehlsempfänger und Überwachungsobjekt. Das Verhältnis zwischen Auftraggeber und Auftragnehmer ist mithin das einer strikten Hierarchie.

In einer solchen **„Verwaltungskultur und Beschaffungskultur der Superiorität"** ist genau das nicht möglich, was bei großvolumigen und langwierigen Beschaffungsprojekten der öffentlichen Hand erforderlich ist, damit die Projekte effizient durchgeführt werden können: nämlich

- eine partnerschaftliche, schnelle und flexible Verständigung zwischen Auftraggeber und Auftragnehmer auf Anpassungen am Projektdesign, wenn sich Rahmenbedingungen ändern (was bei jedem Großprojekt häufig geschieht);
- eine agile Kooperation und ein partnerschaftlicher Dialog darüber, wie Unvorhergesehenes berücksichtigt werden kann, wie technische Innovationen, die beim Vertragsabschluss noch nicht bekannt waren, in das Projekt

einbezogen werden können, wie Ideen zur Optimierung des Projekts, die im Ausschreibungsverfahren und im Prozess der Projektdurchführung entwickelt wurden, aufgegriffen werden können;
- eine partnerschaftliche Verständigung zwischen Auftraggeber und Auftragnehmer darüber, wie Lernprozesse zur kontinuierlichen Optimierung der Projektumsetzung organisiert werden können und wie Lernerfahrungen in das Projekt einfließen können.

Wegen dieser Beschaffungskultur der Superiorität findet eine partnerschaftliche Projektzusammenarbeit bei öffentlichen Beschaffungsprojekten in Deutschland kaum statt. Der Hauptverband der deutschen Bauindustrie hat dazu in seinem Positionspapier „Bauen statt Streiten" vom Juni 2018 angemerkt:

> *„Großprojekte gelingen nur im Miteinander, nicht im Gegeneinander von Auftraggeber und Auftragnehmer. Dies gilt für alle Projektphasen: von der Planung über den Bau bis zu Betrieb und Erhaltung. Anders als im europäischen Ausland findet die Idee der partnerschaftlichen Projektzusammenarbeit in Deutschland meist nur bei privaten Bauvorhaben Anwendung. Im öffentlichen Bau konnte sie sich dagegen bislang noch nicht durchsetzen."*

Die folgenden Charts skizzieren ein Reformprojekt für eine disruptive Veränderung des deutschen (und europäischen) Vergaberechts und für die Schaffung einer kundenzentrierten öffentlichen Verwaltung.

Die Charts zeigen auf, dass minimalinvasive Reförmchen nicht in der Lage sind, die Dilemmata des Vergaberechts aufzuheben. Sie machen deutlich, dass eine grundlegende Therapierung der Arteriosklerose im deutschen politischen System nur dann möglich ist, wenn die politischen Entscheider den Mut, ja den Wagemut haben, disruptiv zu denken und zu handeln.

Reformprojekt 10: Renovierung des Beschaffungswesens (1/5)

Der unternehmerische Staat:

Das Beschaffungswesen der öffentlichen Hand wird grundlegend renoviert (entkompliziert, effektiver und effizienter gestaltet). Dazu ist eine evolutionäre und disruptive Veränderung des Vergaberechts erforderlich.

Die Rechtsnormen und Verfahren zum öffentlichen Beschaffungswesen werden in Deutschland (und auch in der EU) grundlegend verändert. Diese Reform des öffentlichen Beschaffungswesens hat folgende Schwerpunkte:

- **Das Vergaberecht wird in Deutschland vereinfacht und vereinheitlicht, der Vergaberechtsdschungel wird gelichtet** (durch ein einfaches, verständliches, nationales Vergabegesetzbuch). Die Zersplitterung des Vergaberechts entfällt, weil Landesregelungen abgeschafft werden. Auch müssen die disparaten Regelwerke für Liefer- und Dienstleistungen und für Bauleistungen integriert und vereinheitlicht werden.

- Der Regelungs-Dschungel des Vergaberechts wird umfassend gelichtet. **Ziel** ist es dabei, **Freiräume für öffentliche Auftraggeber über die Wahl und die Ausgestaltung von Vergabeverfahren zu schaffen und damit sicherzustellen, dass diese Verfahren schnell, unkompliziert und effizient durchgeführt werden können.**

- Detailregelungen zu den einzelnen Vergabearten müssen dementsprechend drastisch vereinfacht werden. **Restriktionen, die agile Kommunikation be- bzw. verhindern, müssen entfallen** (z. B. hinsichtlich der Möglichkeit zu verhandeln). Konkret:

  - In allen Phasen der Verfahren (also auch nach Abgabe von Angeboten) sind offene, agile Formen der Kommunikation, dialogische Verständigungen und Verhandlungen möglich. Sie sollen auch die Regel sein.
  - Im Dialog mit den Bietern kann das Ausschreibungsdesign, können die Leistungsanforderungen und wesentliche Parameter des auszuschreibenden Projektes nachjustiert werden („kooperatives Planen von Auftraggeber und Auftragnehmer/Bieter", „Integration von Planen und Umsetzen", „Co-Creation").
  - Ideen von Bietern können im Verfahren aufgegriffen, Änderungen an den Leistungsanforderungen können flexibel im Verfahren vorgenommen werden.

Reformprojekt 10: Renovierung des Beschaffungswesens (2/5)

Der unternehmerische Staat:

Das Beschaffungswesen der öffentlichen Hand wird grundlegend renoviert (entkompliziert, effektiver und effizienter gestaltet). Dazu ist eine evolutionäre und disruptive Veränderung des Vergaberechts erforderlich.

- **Agilität wird auch als Grundsatz für das Vergabeverfahren und für die Projektdurchführung vereinbart:** „Act and Adapt", kontinuierliches Verbesserungs-Management, stetige Optimierungen und Lernerfahrungen, Value Engineering, entsprechende flexible Anpassung von vertraglichen Regelungen an neue Entwicklungen und Lernerfahrungen, Flexibilität für Auftragsänderungen während der Vertragslaufzeit etc.

- **Vergabeverfahren werden umfassend digitalisiert:** durch Schaffung einer einheitlichen Plattform für die elektronische Vergabe, die von Bund, Ländern und Kommunen verbindlich genutzt werden muss und die sich auf alle Phasen des Verfahrens erstreckt.

- **Leistungsbeschreibungen und Wertungskriterien** werden so offen (lösungsoffen) gestaltet, dass Innovationen im Verfahren und danach bei der Projektdurchführung möglich sind.

- **Leistungsbeschreibungen müssen in der Regel funktional gestaltet werden:** Fokus auf das „Was" (Rahmenbedingungen, Ziele, Ergebnisse); das „Wie" (Lösungswege, technische Varianten etc.) wird den Unternehmen überlassen. Mikro-Detailvorgaben sind zu vermeiden.

- **Nebenangebote und mehrere Hauptangebote** sind in der Regel zuzulassen, damit Bieter aufzeigen können, wie eine geforderte Leistung auch auf Wegen, die der öffentliche Auftraggeber nicht vorgegeben bzw. vorgesehen hat, erfüllt werden kann.

- Die Zusammenarbeit zwischen Auftragnehmer und Auftraggeber bei der Projektdurchführung erfolgt nach den **Grundsätzen der „partnerschaftlichen Projektzusammenarbeit"** (siehe dazu: Leitfaden Großprojekte des Bundesministeriums für Verkehr und digitale Infrastruktur vom Februar 2018). Dazu werden in der Regel Anreizmechanismen vorgesehen: Bonus-Malus-Regelungen, Zielpreissysteme, Pain-and-Gain-Share-Vereinbarungen, Beschleunigungsprämien, Kosten-Optimierungs-Prämien etc.

- Im Vergaberecht sollte geregelt werden, dass öffentliche Auftraggeber bei länger laufenden Projekten in Vergabeverfahren **Preisgleitklauseln (auch und gerade Stoffpreisgleitklauseln)** anbieten müssen.

Reformprojekt 10: Renovierung des Beschaffungswesens (3/5) — 10

Der unternehmerische Staat:

Das Beschaffungswesen der öffentlichen Hand wird grundlegend renoviert (entkompliziert, effektiver und effizienter gestaltet). Dazu ist eine evolutionäre und disruptive Veränderung des Vergaberechts erforderlich.

- Es werden **partnerschaftliche Vertragsformen** zugrunde gelegt: z. B. im Baubereich Design-and-Build-Modelle (Planung und Bau aus einer Hand), Bauteam-Modelle, Funktionsbauverträge, Generalunternehmerverträge etc.
- In den Verträgen werden auch **partnerschaftliche Verfahren der Konfliktlösung**, der Streitvermeidung und Streitbeilegung vereinbart: Mediation, Schlichtung, Adjukation, Schiedsgericht etc.
- Bei Ausschreibungsverfahren müssen **qualitative Wertungskriterien** ein Gewicht von mindestens 50 Prozent der Wertungskriterien haben. Bei diesen Qualitätskriterien muss die öffentliche Hand Ermessen ausüben (keine Quantifizierung des Qualitativen). Es erfolgt keine Vergabe an den billigsten, sondern an den wirtschaftlichsten Bieter.
- **Eignungskriterien:** Das Vergaberecht sollte mit dem Ziel verändert werden, die Eignungskriterien so auszugestalten, dass sie keine unübersteigbare Zutrittsbarriere für Startups, für KMU und für „Newcomer" (für Unternehmen, die bisher nicht im öffentlichen Sektor bzw. beim jeweiligen öffentlichen Auftraggeber positioniert sind) darstellen. Ausschreibungsverfahren dürfen kein „Closed Shop" für die „bekannten und bewährten" Auftragnehmer sein.
- Die **Regelungen zur Beschleunigung von Vergabeverfahren**, die neue Gesetze enthalten (LNGG, BwBBG), sollten auch auf andere Vergabeverfahren übertragen werden.
- **Honorierung von Angeboten:** Die öffentliche Hand sollte dazu verpflichtet werden, denjenigen Bietern, die beim Ranking nach den Wertungskriterien auf den Plätzen 2 bis 5 rangieren, ein Entgelt für die Erstellung der Angebote zu zahlen. Auch die Teilnahme von Unternehmen an Markterkundungsverfahren sollte finanziell honoriert werden.

Reformprojekt 10: Renovierung des Beschaffungswesens (4/5) — 10

Der unternehmerische Staat:

Das Beschaffungswesen der öffentlichen Hand wird grundlegend renoviert (entkompliziert, effektiver und effizienter gestaltet). Dazu ist eine evolutionäre und disruptive Veränderung des Vergaberechts erforderlich.

Disruptive Maßnahmen zur Transformation des öffentlichen Beschaffungswesens:

- **Das Recht von unterlegenen Bietern, gegen Vergabeentscheidungen der öffentlichen Hand zu klagen bzw. Beschwerde einzulegen, sollte eingeschränkt werden:**
  - Unterlegene Bieter können gegen Entscheidungen der öffentlichen Hand nur dann ein Nachprüfungsverfahren anstrengen, wenn sie nachweisen, dass in den Ausschreibungsunterlagen rechtswidrige Vorgaben gemacht wurden. Ein Nachprüfungsverfahren ist nicht gegen Zuschlagsentscheidungen der öffentlichen Hand möglich. Denn bei solchen Entscheidungen muss ein breiter Ermessensspielraum der öffentlichen Hand gelten, der sich der gerichtlichen Nachprüfung entzieht. Für gerichtliche Verfahren zu öffentlichen Ausschreibungen gilt, dass es nur eine einzige Instanz gibt (Vergabekammern). Nach einer Entscheidung der Kammer ist keine Klage möglich.
- **Es sollte eine „Buy European"-Regelung eingeführt werden.** Konkret: Die Bundesregierung sollte in der EU darauf hinwirken, dass eine Liste von Ländern erstellt wird, die ihre Beschaffungsmärkte ganz oder teilweise abgeschottet haben, die keine Öffnungsvereinbarung mit der EU zum öffentlichen Beschaffungswesen abgeschlossen haben und die eine solche Öffnung faktisch nicht durchführen (z. B. China). Bieter aus solchen Ländern und Bieter, die mit Unternehmen aus solchen Ländern verbunden sind, werden von öffentlichen Vergabeverfahren in Deutschland und in der EU ausgeschlossen.
- **Schaffung von „Public Shared Services Centers (PSSC) für das Beschaffungswesen"** für die Akkumulation von Vergabeverfahrens-Know-how und für die Zentralisierung des Beschaffungswesens: **ein bundesweites Beschaffungs-PSSC für alle Kommunen und ein Beschaffungs-PSSC für alle 16 Länder** (siehe Reformprojekt 9);
- In Frankreich wurde auf der Grundlage des Dekrets 2018-12251 seit 2019 für drei Jahre eine **Direktvergabe von innovativen Produkten und Leistungen** getestet. Ein solcher Test sollte auch in Deutschland ermöglicht werden (z. B. durch eine Änderung der Unterschwellenvergabeordnung).

Reformprojekt 10: Renovierung des Beschaffungswesens (5/5)

Der unternehmerische Staat:

Das Beschaffungswesen der öffentlichen Hand wird grundlegend renoviert (entkompliziert, effektiver und effizienter gestaltet). Dazu ist eine evolutionäre und disruptive Veränderung des Vergaberechts erforderlich.

Zwei Modelle für eine Reform des öffentlichen Beschaffungswesens in Deutschland: das „Partnerschaftsmodell Schiene" und die „Charta für die Zusammenarbeit auf Baustellen an Bundeswasserstraßen":

„Seitens der TU Berlin wurde in Zusammenarbeit mit der Bauindustrie und der Deutschen Bahn ein Modell für ein Vorgehen bei Projekten entwickelt, das partnerschaftlich und integriert ist. Das heißt ein gemeinsames Team für die Themen Planen und Bauen. Nicht nach dem klassischen Auftraggeber-Auftragnehmer-Prinzip mit strengen Hierarchie-Ebenen, sondern partnerschaftlich und gemeinschaftlich, ausgerichtet an einem gemeinsamen Termin-, Kosten und Qualitätsziel." (https://www.db-neues-werk-cottbus.com/dasprojekt/cooperationsmodell/partnerschaftsmodell-schiene.html)

„Bauherrin, Planer und Bauunternehmen arbeiten als Wertschöpfungspartner auf Augenhöhe in einer Projektallianz zusammen und errichten das ‚Neue Werk Cottbus' in gemeinschaftlicher Verantwortung. Alle Projektentscheidungen werden auf Basis gemeinsamer Zielsetzungen nach dem Grundsatz ‚Best for Project' getroffen. Am wirtschaftlichen Erfolg des Projekts partizipieren alle Partner." (Prof. Matthias Sundermeier, TU Berlin)

Im April 2022 wurde zwischen der Wasserstraßen- und Schifffahrtsverwaltung des Bundes und dem Hauptverband der Bauindustrie eine „Charta für die Zusammenarbeit auf Baustellen an Bundeswasserstraßen" vereinbart. Es heißt darin: „Die Projektpartner sind der Überzeugung, dass die Schaffung einer auf Kollaboration ausgerichteten, lösungsorientierten Projektkultur eine nicht verzichtbare Voraussetzung für eine erfolgreiche Projektabwicklung darstellt. [...] Das bedeutet: – Kollaboration und konstruktive Zusammenarbeit werden nicht durch hierarchische Strukturen in Frage gestellt."

Reformprojekt 11: Die kundenzentrierte Verwaltung

Der unternehmerische Staat:

Der epochale Mindset Change:

Transformation des deutschen öffentlichen Sektors hin zu einer kundenzentrierten, kundenorientierten, kundenfreundlichen Verwaltung

Wie kann die deutsche öffentliche Verwaltung in eine kundenzentrierte Verwaltung transformiert werden?

➢ Es geht hier um einen **Mindset Change**: Bei Planungs- und Genehmigungsverfahren geht es in der öffentlichen Verwaltung nicht mehr primär um die Frage, wie ein Verfahren möglichst rechtssicher und risikomindernd abgewickelt werden kann, sondern auch und gerade um die Frage, wie das Interesse von Bürger*innen und Unternehmen an einer möglichst einfachen, schnellen und agilen Durchführung bestimmter Verfahren von Verwaltungs-Seite aus unterstützt und bedient werden kann.

➢ Dieser Mindset Change kann z. B. durch neue **Incentivierungssysteme** befördert werden, die Kundenorientierung belohnen.

➢ Im Rahmen von Verwaltungsprojekten und Verwaltungsprozessen sollte regelmäßig **Kundenfeedback eingeholt und die Kundenzufriedenheit ermittelt und gemessen werden**: Wie sehen die Kund*innen in ihrer Arbeit der Verwaltung? Schätzen die Kund*innen ein, dass die Verwaltung effektiv, effizient, schnell, unkompliziert und kundenzugewandt gehandelt hat? Hat sich die Verwaltung partnerschaftlich oder hierarchisch auf die Kund*innen bezogen? Hat sie offen und agil mit den Bürger*innen und Unternehmen kommuniziert oder formell und hoheitlich? Siehe zu solchen Kundenzufriedenheits-Erhebungen die Erfahrungen, die in der Privatwirtschaft z. B. mit dem „Net Promoter Score" gemacht wurden.

➢ **Die Ergebnisse solcher Kundenerhebungen müssen folgenreich sein.** Wären sie folgenlos, dann wären sie nutzlos. Folgenreich können sie z. B. sein, wenn eine Verwaltungseinheit verpflichtet ist, sich mit den Ergebnissen dieser Kundenerhebungen regelmäßig zu befassen und auf der Grundlage der Erhebungsergebnisse ihre Strukturen, Prozesse und Leistungskultur anzupassen. Es sollten Incentivierungssysteme entwickelt werden, die solche kundenfreundlichen Anpassungsprozesse prämieren und fehlendes Eingehen auf Kundenfeedback sanktionieren.

15

Fazit: Breakthrough oder Muddling Through?

Meine Argumentation in diesem Buch zur Krise des deutschen politischen Systems verfängt sich in einen Widerspruch:

Denn **einerseits** habe ich dargelegt,

- wie sehr sich das deutsche politische System in einem immer komplexer werdenden Dschungel von Regulierungen, Verfahren, Checks and Balances eingemauert hat,
- wie sehr dadurch die Beweglichkeit dieses politischen Systems eingeschränkt ist und eine Lähmschicht den gesamten öffentlichen Sektor in Deutschland überzieht.

Und **andererseits** habe ich aufgezeigt,

- dass marginale, inkrementelle Trippelschritt-Reformen nicht ausreichen, um die Krise des deutschen politischen Systems zu bewältigen,
- sondern dass es einschneidender, disruptiver, radikaler Reformen bedarf, um dieses deutsche politische System wieder international wettbewerbsfähig zu machen.

Wie aber soll disruptiver Wandel in einem System gelingen, das sich selbst über Jahrzehnte hinweg gelähmt und gegen grundlegenden Wandel immunisiert hat?

Wie soll in einem politischen System, das auf „Muddling Through" hin geeicht ist, ein „Breakthrough" möglich sein?

Wie soll in einem System, das sich jahrzehntelang kunstvoll selbst gefesselt hat, eine epochale Entfesselung geschehen können?

Wie soll der deutsche Regulierungsdschungel überwunden werden, wenn das deutsche politische System doch lediglich darauf programmiert ist, einzelne Blätter in diesem Dschungel vorsichtig zur Seite zu legen, nicht aber darauf, mit einer Machete diesen Dschungel zu lichten?

Wie soll aus einer sich mühsam dahinschleppenden Schildkröte (siehe Kap. 5) ein Sprinter werden?

> **Es gibt auf all diese Fragen eine einfache Antwort:**
>
> Der Preis für den Verzicht auf grundlegende Strukturreformen steigt ständig.
>
> - Wer das deutsche politische System noch viele Jahre lang konserviert, programmiert damit wachsende Defizite und Dysfunktionalitäten.
> - Wer Disruption vermeiden will, wird Eruption erzeugen.
> - Wer die Schmerzen der Erneuerung scheut, wird die Schmerzen der Bestandsbewahrung potenzieren.
> - Wer die Tabus zur Verfassung des deutschen politischen Systems kultiviert, wird unvorhersehbare Risiken und Nebenwirkungen provozieren.
> - Wer disruptive Reformen mit dem Argument einer „verfassungsgefährdenden Delegitimierung des deutschen Staates" diskreditiert, bereitet damit den Boden für eine Selbst-Delegitimierung des deutschen politischen Systems.
> - Wer in der VUCA-Welt des 21. Jahrhunderts für den Fortbestand des Bestehenden eintritt, muss erleben, dass das Bestehende nicht fortbesteht.
> - Wer die Risiken vermeiden will, die mit selbstbestimmtem Wandel verbunden sind, setzt sich den Risiken aus, die mit fremdbestimmtem Wandel einhergehen.
> - Die Rezeptur des Scheiterns ist im 21. Jahrhundert gleichbedeutend mit der Rezeptur der Abschottung. Wer ein System (z. B. das deutsche politische System) von seiner Systemumwelt (Wirtschaft, Gesellschaft, Ökosysteme, Technologieevolution etc.) abschottet, der gefährdet die Funktionsfähigkeit des Systems.
> - Wer sich mit Trippelschritten fortbewegt, wenn seine Umwelt Quantensprünge macht, wird sich zu Hause in der Fremde wiederfinden.

Politikgestaltung erfordert Ambiguitäts-Toleranz

„An Regulierungen, die auf den Widerspruch nennenswerter Gruppen stoßen, wird die Politik nicht vorbeikommen." (Peer Steinbrück, Artikel „Abstieg von Wolke sieben" in der FAZ vom 5.10.2023, S. 8)

Jede politische Reform wird auf Widerspruch stoßen. **Jede politische Reform wird Konflikte provozieren.** **Jede politische Reform muss sich in Widersprüchen bewegen**	„Die abstrakte Identität mit sich ist noch keine Lebendigkeit, sondern daß das Positive an sich selbst die Negativität ist, dadurch geht es außer sich und setzt sich in Veränderung. Etwas ist also lebendig, nur insofern es den Widerspruch in sich enthält, und zwar diese Kraft ist, den Widerspruch in sich zu fassen und auszuhalten". G. W. F. Hegel: Wissenschaft der Logik II. Frankfurt am Main 1969

Weitere Vorschläge für disruptive Reformen (1/5)   xx

Der unternehmerische Staat:

Weitere Vorschläge zur disruptiven Transformation des politischen Systems in Deutschland

Schaffung von „Task Forces Deutschlandgeschwindigkeit" (TFD)

- **Bund und Länder etablieren ein Programm „Task Forces Deutschlandgeschwindigkeit (TFD).** Sie finanzieren dieses Programm hälftig.
- Im Rahmen dieses Programms werden im Bund, in allen 16 Ländern und in ausgewählten Kommunen TFD eingesetzt. **In diesen TFD arbeiten Verwaltungsmitarbeiter*innen, externe Berater*innen** (z. B. von der Partnerschaften Deutschland GmbH) **und „emeritierte" Wirtschaftsmanager*innen.**
- Zur Steuerung des Programms TFD setzen der Bund, Länder und beteiligte Kommunen ein **„TFD Board"** ein. Es trifft Entscheidungen über den Einsatz der TFD bei besonders wichtigen Projekten der öffentlichen Verwaltung.
- **Ziel der TFD ist es, Projekte der öffentlichen Verwaltung drastisch zu beschleunigen und zu entkomplizieren:** Planungs- und Genehmigungsverfahren, Beschaffungsverfahren etc.
- **Die TFD und die Mitarbeiter*innen der TFD werden nach Erfolg honoriert und am Erfolg ihrer Arbeit gemessen:** Erfolg ist für eine TFD dann gegeben, wenn ein Verfahren drastisch beschleunigt und vereinfacht werden konnte, wenn ein innovatives Projekt ermöglicht wurde und wenn beteiligte Bürger*innen und Unternehmern der Verwaltung ein exzellentes Projektmanagement bescheinigen.
- **Aufgaben der TFD im Einzelnen:** Durchführung eines effektiven und effizienten Projektmanagements (Program Management Office), Beschleunigungsmanagement, Koordination von Behörden, Komplexitätsreduktion, Eskalationsmanagement (bei Terminüberschreitungen, Konflikten zwischen Behörden etc.), Sicherung eines kundenzentrierten Verwaltungshandelns, Durchsetzung agiler Kooperationsformen, Einholen von Kunden-Feedback, Integration von Lernerfahrungen und Best Practices in die Verwaltungsarbeit etc. etc.
- **Dabei gilt es, von ausländischen Erfahrungen zu lernen:** z. B. von der „Australian Public Service Commission".

Weitere Vorschläge für disruptive Reformen (2/5)

Der unternehmerische Staat:

Wie kann ein Quantensprung bei der Digitalisierung des öffentlichen Sektors in Deutschland gelingen?

Wie kann es endlich gelingen, den öffentlichen Sektor in Deutschland umfassend, effektiv und effizient zu digitalisieren?

➢ **Quantensprung bei der Standardisierung und Defragmentierung:**

In Deutschland existieren in der IT der öffentlichen Verwaltungen zahlreiche kleinteilige Fachstandards, mit unterschiedlichen, vielfach nicht miteinander kompatiblen und nicht interoperablen Datensprachen. Durch Bundesgesetz sollte festgelegt werden, dass die Strukturen aller im öffentlichen Sektor eingesetzten Datensätze vereinheitlicht und standardisiert werden. Damit würde in Deutschland verbindlich eine einheitliche Verwaltungsdatensprache und ein einheitlicher Datentransportstandard geschaffen. Vorbild: Dänemark

➢ **Umfassende Beschleunigung der Digitalisierung des öffentlichen Sektors durch eine Grundgesetzänderung zur Defragmentierung der Public-Sector-IT:**

Danach gibt der Bund verbindlich für alle Gebietskörperschaften einheitliche, standardisierte IT-Lösungen, IT-Systeme, IT-Infrastrukturen, Verwaltungsprozesse und Datenstrukturen vor.

Ferner gründet der Bund in einer Public-Private-Partnership mit privaten IT-Unternehmen eine „Public Sector IT-GmbH". Diese Gesellschaft ist der IT-Provider für alle deutschen Kommunen und für alle deutschen Länder. Entsprechend wird die Parzellenwirtschaft der vielen IT-Dienstleister, die für Kommunen und Länder tätig sind, abgeschafft. Die Gesellschaft hat die Aufgabe, die Einheitlichkeit der Public Sector-IT in Deutschland sicherzustellen, die Digitalisierung des Public Sector effektiv und effizient zu treiben und die digitale Souveränität Deutschlands wiederherzustellen.

Weitere Vorschläge für disruptive Reformen (3/5)

Der unternehmerische Staat:

Weitere Vorschläge zur disruptiven Transformation des politischen Systems in Deutschland

➢ **Schaffung von Experimentierräumen für Innovationen im deutschen Public Sector**, z. B. durch folgende Maßnahmen:

➢ **Novellierung der Reallabor-Strategie** der Bundesregierung durch ein „disruptives" Reallabor-Gesetz. Ziel: In allen Regulierungsbereichen werden Räume für Innovationen dadurch geöffnet, dass Rechtsnormen für definierte Innovationsprojekte temporär außer Kraft gesetzt werden können.

➢ **Aufbau von Innovationsagenturen als Public-Private-Partnership**, in denen Unternehmen und Staat gemeinsam Innovationen finanzieren und sich dabei die Risiken teilen; damit Abkehr vom Förder-Paradigma, Hinwendung zum Unternehmerstaat: Der Staat investiert gemeinsam mit privaten Partnern, trägt Risiken, nimmt unternehmerische Verantwortung.

➢ **Außerkraftsetzung des EU-Beihilfe-Regimes für die Förderung der Digitalisierung in der Wirtschaft und von klimarelevanten Investitionen zur Transformation der Wirtschaft in Deutschland:** Anknüpfend an den EU-Beihilferahmen „Temporary Crisis and Transition Framework (TCTF)" vom März 2023, der Beihilfen für eine klimaneutrale Wirtschaft erleichtert, sollte durch **vollständige Außerkraftsetzung des Beihilfe-Regimes** in den beiden Schlüsselbereichen „Investitionen in die Digitalisierung und für den Klimaschutz" die Bürokratielast für staatliche Förderungen drastisch verringert werden.

➢ **Schaffung von Sonderwirtschaftszonen in Deutschland** (mit einer Sondergenehmigung der EU; siehe dazu z. B. die 14 Sonderwirtschaftszonen, die es in Polen gibt): In diesen Sonderwirtschaftszonen sind vielfältige bürokratische Lasten für die Unternehmen aufgehoben (**„Bureaucracy Reduction Zones"**). In jedem der 16 Bundesländer sollte mindestens eine dieser Sonderwirtschaftszonen geschaffen werden.

Weitere Vorschläge für disruptive Reformen (4/5)

Der unternehmerische Staat:

Weitere Vorschläge zur disruptiven Transformation des politischen Systems in Deutschland

- **Aufbau einer „EU-DARPA"** (unternehmerstaatliche EU-Initiative): EU-DARPA = Institution, die durch agile, unternehmerische und smarte Technologieförderung (nach dem Vorbild der US-amerikanischen DARPA) darauf abstellt, den Technologiestandort Europa nachhaltig zu profilieren. Sie ist Nukleus einer gemeinsamen europäischen Verteidigungs- und Technologiepolitik.

- **Aufbau eines EU-Fonds für die klimaschonende Transformation der europäischen Industrie** („Fund for Industrial Transformation"); die EU nimmt für diesen Fonds Kredite auf; die Fondsmittel stehen den Mitgliedsländern nach ihrer Bevölkerungszahl zur Verfügung; über die Allokation der Fonds-Mittel auf Wirtschaftsprojekte entscheidet nicht die EU, sondern jeder Mitgliedstaat.

- **Transformation des Förder-Regimes in der EU und in Deutschland:**
  - Abkehr von einer Förderpolitik, bei der Beamte oder von Beamten eingesetzte Experten aufgrund komplexer Förderanträge, mehrstufiger, langwieriger Förderverfahren und vieler Gutachten über eine Förderung aus staatlichen Mitteln entscheiden; stattdessen:
    - Förderung durch Steuer-Gutschriften (Tax Credits) für bestimmte Maßnahmen von Unternehmen (F&E, Investitionen in Digitalisierung etc.);
    - Gründung von „Promotion Boards" als GmbH, an der staatliche Stellen und IHKs/DIHT beteiligt sind; diese Boards vergeben Fördermittel mit einem Minimum an Bürokratieaufwand; sie messen stetig den „Outcome" ihrer Fördertätigkeit; sie werden gemessen am Erfolg ihrer Fördertätigkeit (der für die Boards nicht folgenlos ist);
    - Einstellung jeglicher Fördertätigkeit der EU (Horizon Europe etc.); Transfer der EU-Fördermittel an die Mitgliedstaaten (nach Bevölkerungszahl), die dann die Förderung durchführen.

Weitere Vorschläge für disruptive Reformen (5/5)

Der unternehmerische Staat:

Weitere Vorschläge zur disruptiven Transformation des politischen Systems in Deutschland

Mindset Change im deutschen öffentlichen Sektor

Es werden Rahmenbedingungen geschaffen, die einen Mindset Change im deutschen öffentlichen Sektor fordern und fördern. Zu diesen Rahmenbedingungen gehören digitale Instrumente, die Leistungen transparent machen, Incentives für „Kürprogramme", ständige Team-Reviews zu Pflicht- und Kürprogrammen u. a.

Merkmale dieses Mentalitätswandels:

- Es geht im öffentlichen Sektor nicht nur darum, Aufgaben zu erledigen, sondern auch und gerade darum, bei der Aufgabenerledigung **stetig danach zu trachten, besser zu werden**, die Effizienz und Produktivität der eigenen Arbeit bzw. der Arbeit in der eigenen Organisation kontinuierlich zu steigern, Mittel und Wege zur Optimierung der Leistungen der Organisation zu erschließen.

- Das bedeutet auch: Es gilt, stetig neben dem Pflichtprogramm (Aufgabenerledigung) ein **Kurprogramm** zu absolvieren. Kürprogramm, das bedeutet: Neuland zu erkunden, neue Initiativen zu ergreifen, das Wagnis von Innovationen zu riskieren, Experimente zu wagen, Risiken in Kauf zu nehmen, Lernerfahrungen zu organisieren, bereit zu sein, die Dinge disruptiv und völlig neu zu denken.

- **Es bedeutet auch: Das eigene Tun als ein „infinite game" zu sehen**: als eine nie abgeschlossene, nie fertige Arbeit an der stetigen Verbesserung, der kontinuierlichen Erschließung neuer Chancen, der Entdeckung neuer Leistungen. Im Fokus steht dabei die Frage: Was kann ich tun, um für die Stakeholder, auf die meine Arbeit abzielt, mehr Wert, mehr Nutzen, anderen Wert, anderen Nutzen zu stiften?

„Was Deutschland braucht, ist eine neue Anstrengungskultur, den unbedingten Willen, über sich hinauswachsen zu wollen." (Sewing 2023, S. 80)

Literaturverzeichnis

Bade, Klaus J.; Oltmer, Jochen: Normalfall Migration: Deutschland im 20. und frühen 21. Jahrhundert (Bundeszentrale für politische Bildung, Zeitbilder, Bd. 15), Bonn 2004.

Baghai, M.; Coley, S.; White, D.: The Alchemy of Growth. Reading. Basic Books 1999

Banse, Philip; Buermeyer, Ulf: Baustellen der Nation. Was wir jetzt in Deutschland ändern müssen. Berlin. Ullstein Buchverlage 2023

Beck, Ulrich: Risikogesellschaft. Auf dem Weg in eine andere Moderne. Frankfurt am Main. Suhrkamp 1986

Bennis, Warren G.; Slater, Philip E.: The Temporary Society. New York. Harper & Row 1968

Birnbaum, Leonhard: Die Lehren aus der Krise ziehen – (Energie-)Infrastruktur wichtiger denn je. In: Wirtschaftsforum der SPD (Hrsg.): Futurenomics. Zukunft des Geschäftsmodells und des Standorts Deutschland und Europa. Bonn. Verlag J. H. W. Dietz 2023

Bönig, Thomas: OZG und die Folgen. In: Behördenspiegel vom Februar 2023, S. 24

Bogumil, Jörg: Probleme und Perspektiven der Leistungsmessung in Politik und Verwaltung. In: Kuhlmann, Sabine; Bogumil, Jörg; Wollmann, Hellmut (Hrsg.): Leistungsmessung und -vergleich in Politik und Verwaltung. Konzepte und Praxis. Wiesbaden. Springer Fachmedien 2004.

Boston Review Forum: Public Purpose. Industrial Policy's Comeback and Government's Role in Shared Prosperity. Cambridge, USA 2021

Bundesagentur für Sprunginnovationen GmbH (SPRIND GmbH). SPRIND TATSACHEN #2021/22. Jahresleistungsbericht der Bundesagentur für Sprunginnovationen. Leipzig. SPRIND GmbH 2022

Buttlar, Horst von; Güßgen, Florian: Interview mit Leonhard Birnbaum, CEO der E.ON SE; Deutschland braucht ein neues Betriebssystem. https://www.wiwo.de/my/unternehmen/energie/e-on-chef-birnbaum-deutschland-braucht-ein-neues-betriebssystem/29190600.html. WirtschaftsWoche vom 7. Juni 2023

Csikszentmihalyi, Mihaly: Das flow-Erlebnis: Jenseits von Angst und Langeweile im Tun aufgehen. Stuttgart. Klett Cotta 2008

Demos Helsinki: Empowering Governments to steer the 21st Century. A Vision on Public Sector Innovation of the Next Era. 2019. In: https://demoshelsinki.fi/en/governance-innovation

Deutscher Städtetag: Die Stadt der Zukunft mit Daten gestalten. https://www.staedtetag.de/files/dst/docs/Publikationen/Weitere-Publikationen/2021/stadt-der-Zukunft-mit-daten-gestalten-studie-2021.pdf. Berlin und Köln 2021

Dripke, Andreas; Nowatzki, Hubert: Der Wahn mit der Bürokratie. Wie Bürokratismus unsere Gesellschaft zerstört. Wiesbaden. Diplomatic Council Publishing 2022

Drucker, Peter: The Practice of Management. New York. Harper & Row 1954

European Round Table for Industry (ERT): Innovation Made in Europe. https://ert.eu/wp-content/uploads/2023/07/002511-ERT-Innovation-Stories-Report-0307.pdf. Brüssel 2023

Feld, Lars P.; Köhler, Ekkehard A.; Schnellenbach, Jan (Hrsg.): Föderalismus und Subsidiarität. Tübingen. Mohr Siebeck 2016

Fokken, Silke; Haug, Haug; Himmelrath, Armin; Olbrisch, Miriam; Unterberg, Swantje: Wie die Politik die Zukunft der Kinder verbaut. Der Spiegel 12/2023

Garvin, D. A.; Levesque, L. C.: Emerging Business Opportunities at IBM. Harvard Business School. Case 304-075. Februar 2005

Gemeinsam digital: Berlin – Die Smart City-Strategie für die Hauptstadt. www.gemeinsamdigital.berlin.de. Berlin 2022

Gnisa, Jens: Das Ende der Gerechtigkeit. Ein Richter schlägt Alarm. Freiburg. Herder 2017

Göpel, Maja: Wir können auch anders. Aufbruch in die Welt von morgen. München. Ullstein 2022

Gouldner, Alvin W.: Die westliche Soziologie in der Krise. Reinbek bei Hamburg. Rowohlt 1974

Gratton, Lynda: The Shift. The future of work is already here. London. Harper Collins 2011

Hahlen, Johann; Kühn, Hannes: Die Flüchtlingskrise als Verwaltungskrise – Beobachtungen zur Agilität des deutschen Verwaltungssystems. In: Verwaltung und Management, 22. Jahrgang (2016), Heft 3

Hammerschmid, Gerhard; Van de Walle, Steven; Andrews, Rhys; Bezes, Philippe (Hrsg.): Public Administration Reforms in Europe. Cheltenham (UK) and Northampton (USA). Edward Elgar Publishing 2017

Heilmann, Thomas; Schön, Nadine (Hrsg.): Neustaat. Politik und Staat müssen sich ändern. München. Finanzbuch Verlag 2020

Hofstede, Geert: Culture's Consequences. Comparing Values, Behaviors, Institutions and Organizations across Nations. Thousand Oaks, USA. SAGE Publications 2001

Jorna, Kerstin: An Age of Permacrisis? In: Wirtschaftsforum der SPD (Hrsg.): Futurenomics. Zukunft des Geschäftsmodells und des Standorts Deutschland und Europa. Bonn. Verlag J. H. W. Dietz 2023, S. 99–103

Khalsa, M.; Illig, R.: Let's get real or let's not play. Transforming the Buyer/Seller Relationship. New York. Penguin Books 2008

Klös, Hans-Peter: Digitalisierung des Staates in Deutschland. In: Need for Speed, IW-Kurzbericht, Nr. 64. Köln 2021

Knispel, Ralph: Rechtsstaat am Ende? Ein Oberstaatsanwalt schlägt Alarm. Berlin. Ullstein 2022

Kuhlmann, Sabine; Bogumil, Jörg; Wollmann, Hellmut (Hrsg.): Leistungsmessung und -vergleich in Politik und Verwaltung. Konzepte und Praxis. Wiesbaden. Springer Fachmedien 2004

Kuhlmann, Sabine; Wollmann, Hellmut: Verwaltung und Verwaltungsreformen in Europa. Wiesbaden. Springer Fachmedien 2013

Laguna de la Vera, Rafael; Ramge, Thomas: Der große Sprung. In: Wirtschaftsforum der SPD (Hrsg.): Futurenomics. Zukunft des Geschäftsmodells und des Standorts Deutschland und Europa. Bonn. Verlag J. H. W. Dietz 2023, S. 88–93

Lawler, Edward E.; Worley, Christopher G.: Built to Change. How to Achieve Sustained Organizational Effectiveness. San Francisco. Wiley 2006

Lefebvre, Henri: Das Alltagsleben in der modernen Welt. Frankfurt am Main. Suhrkamp 1972

Lehmbruch, Gerhard; Schmitter, Philippe C.: Patterns of Corporatist Policy-Making. Thousand Oaks, USA. SAGE Publications 1982

Ludewig, Johannes: Bürokratie, Regulierung, Verwaltung in der Krise. Update für Deutschland. Baden-Baden. Nomos Verlagsgesellschaft 2021

Luhmann, Niklas: Legitimation durch Verfahren. Frankfurt am Main. Suhrkamp 1983 (12. Auflage)

De Maiziére, Thomas: Für einen zukunftsfähigen Staat. In: Konrad Adenauer Stiftung. Die politische Meinung. Nr. 572. 67. Jahrgang. Januar/Februar 2022

Marsden, D.: The Paradox of Performance-Related Pay Systems: Why Do we Keep Adopting Them in the Face of Evidence that They Fail to Motivate? In: Margetts, Helen; Perri 6; Hood, Christopher (Hrsg.): Paradoxes of Modernization. Unintended Consequences of Public Policy Reform. Oxford. Oxford University Press 2010, S. 185–202

Mayntz, Renate: Soziologie der öffentlichen Verwaltung. Heidelberg. C. F. Müller 1978

Mazzucato, Mariana: Das Kapital des Staates. Eine andere Geschichte von Innovation und Wachstum. Frankfurt am Main. Campus 2023

McKinsey & Company: „Action, bitte! Wie der öffentliche Sektor den Mangel an digitalen Fachkräften meistern kann". https://www.mckinsey.de/~/media/mckinsey/locations/europe%20and%20middle%20east/deutschland/publikationen/2023-01-25%20it%20talent%20im%20public%20sector/action%20bittemckinsey.pdf. Januar 2023

Meyerholt, Ulrich: Umweltrecht. Oldenburg. BIS-Verlag der Universität Oldenburg 2016

Muschter, Sebastian: Gestalten statt Verwalten! Lernen aus der LAGeSo-Krise. Berlin. CPI books 2018

Nationaler Normenkontrollrat: Krise als Weckruf: Verwaltung modernisieren, Digitalisierungsschub nutzen, Gesetze praxistauglich machen. Jahresbericht 2020 des Nationalen Normenkontrollrates. Druck- und Verlagshaus Zarbock. Berlin 2020

Nationaler Normenkontrollrat: Positionspapier „Initiative Leistungsfähige Verwaltung – Zukunftsfester Staat. Empfehlungen für eine nachhaltige Modernisierung – in der Krise, wie im Alltag". Berlin, Juni 2021

Nationales E-Government Kompetenzzentrum (Hrsg.): Data Driven Government. Berlin 2019

Neckel, Sighard: Flucht nach vorn. Die Erfolgskultur der Marktgesellschaft. Frankfurt am Main. Campus 2008

Niskanen, William A.: Bureaucracy & Representative Government. New York. Routledge 2017

Olson, Mancur: The Rise and Decline of Nations. Veritas Paperback Edition. Yale University Press. New Haven und London 2022

Osborne, David; Gaebler, Ted: Reinventing Government. How the Entrepreneurial Spirit is Transforming the Public Sector. New York. Penguin Books 1993

Pennekamp, Johannes: Goodbye Deutschland. Frankfurter Allgemeine Zeitung vom 13. Februar 2023

PEW Research Center: Many in U.S., Western Europe say their political system needs major reform. https://www.pewresearch.org/global/wp-content/uploads/

sites/2/2021/03/PG_2021.03.31_Political-Grievances_FINAL.pdf. Washington, D.C., USA 2021

Pfromm, Christian: Digitalisierung fordert ein Umparken im Kopf. In: Datareport 2/2018

Porter, Michael E.: The Competitive Advantage of Nations. New York. The Free Press 1990

Prantl, Heribert: Schämt euch, Länder! Süddeutsche Zeitung vom 5. Dezember 2018

Prodoehl, Hans Gerd; Koch, Peter: Determinanten staatlicher Bildungsplanung und -politik 1969 – 1978. Köln. Pahl-Rugenstein 1979

Prodoehl, Hans Gerd: Modell und Wirklichkeit. Legitimationsprobleme des öffentlich-rechtlichen Rundfunks in der Bundesrepublik Deutschland. In: Politische Vierteljahresschrift, 30. Jahrgang, Heft 2, Juni 1989, S. 273–291

Prodoehl, Hans Gerd; Habbel, Franz-Reinhard: „Rakeling" oder die Reform der öffentlichen Verwaltung in Deutschland durch Shared Services. In: DStGB Dokumentation Nr. 64, Verlagsbeilage „Stadt und Gemeinde Interaktiv", Ausgabe 11/2006

Prodoehl, Hans Gerd: Synaptisches Management. Strategische Unternehmensführung im 21. Jahrhundert. Wiesbaden. Springer Fachmedien 2014

Prodoehl, Hans Gerd: Der abstrakte Mensch. Dramen und Paradoxien des Wirtschaftslebens im 21. Jahrhundert. Wiesbaden. Springer Fachmedien 2017

Prodoehl, Hans Gerd; Olbert, Sebastian (Hrsg.): Überlebenselixier Agilität. Wie Agilitäts-Management die Wettbewerbsfähigkeit von Unternehmen sichert. Wiesbaden. Springer Fachmedien 2019

Prodoehl, Hans Gerd; Olbert, Sebastian: Die öffentliche Verwaltung muss sich neu erfinden. In: Innovative Verwaltung, 1–2, 2019, S. 23 ff. (zitiert als: Prodoehl und Olbert 2019a)

Ragnitz, Joachim: Strukturpolitik der EU. Mehr Subsidiarität wagen! In: ifo Schnelldienst 10/2019

Reichard, Christoph: Ansätze zu Performance Measurement in deutschen Kommunen. In: Kuhlmann, Sabine; Bogumil, Jörg; Wollmann, Hellmut (Hrsg.): Leistungsmessung und -vergleich in Politik und Verwaltung. Konzepte und Praxis. Wiesbaden. Springer Fachmedien 2004, S. 341 ff.

Riesman, David: Die einsame Masse. Reinbek bei Hamburg. Rowohlt 1958

Röpke, Wilhelm: Civitas Humana. Erlenbach-Zürich. Rentsch 1946

Schallbruch, Martin: Schwacher Staat im Netz. Wie die Digitalisierung den Staat in Frage stellt. Wiesbaden. Springer Fachmedien 2018

Scharpf, Fritz W.: Föderalismusreform. Kein Ausweg aus der Politikverflechtungsfalle? Frankfurt am Main. Campus 2009

Scharpf, Fritz W.: Auf der Suche nach der Problemlösungsfähigkeit der Politik. In: Hepp, Adalbert; Schmidt, Susanne K. (Hrsg.). Fritz W. Scharpf im Gespräch. Frankfurt am Main. Campus 2017

Scheler, Max: Vom Umsturz der Werte. Bern. Francke 1955

Scheller, Henrik: Der „erschöpfte Föderalstaat". Reformdebatte und Verfassungsrealität in Deutschland. In: Aus Politik und Zeitgeschichte. Bundeszentrale für politische Bildung. 2. Juli 2015

Schlecht, Otto: Ist Deutschland noch zu Reformen fähig? In: Wirtschaftsdienst. Baden-Baden 1997

Schmidt, Werner; Müller, Andrea; Trittel, Nele: Leistungsentgelt im öffentlichen Dienst: Intentionen, Wirkungen und Akzeptanz. In: Industrielle Beziehungen, Jahrgang 18, Heft 1–2, 2011, S. 78–99

Schmidt, Werner; Müller, Andrea: Leistungsentgelt in den Kommunen. Praxis einer umstrittenen Regelung. In: WSI Mitteilungen 2/2014, S. 105–112

Schön, Wolfgang: Vor dem Regulierungsbankrott. Frankfurter Allgemeine Zeitung vom 23. Juni 2023

Schumpeter, Joseph: Theorie der wirtschaftlichen Entwicklung. Nachdruck der 1. Auflage von 1912. Berlin. Duncker & Humblot 2006

Scott-Morgan, Peter: Die heimlichen Spielregeln. Die Macht der ungeschriebenen Gesetze im Unternehmen. Frankfurt am Main. Campus 2008

Sen, Michael: Eine Industriepolitik für die Gesundheitswirtschaft jetzt! Frankfurter Allgemeine Zeitung vom 18. Juli 2023

Sennett, Richard: Der flexible Mensch. Die Kultur des neuen Kapitalismus. Berlin. Berlin Verlag 2000

Sennett, Richard: Verfall und Ende des öffentlichen Lebens. Die Tyrannei der Intimität. Frankfurt am Main. Fischer 1983

Sewing, Christian: Innovationen und Investitionen stärken. In: Wirtschaftsforum der SPD (Hrsg.): Futurenomics. Zukunft des Geschäftsmodells und des Standorts Deutschland und Europa. Bonn. Verlag J. H. W. Dietz 2023, S. 79–83

Sharpe, Bill: Three Horizons. The Patterning of Hope. Axminster. Triarchy Press 2020

Smith, Vicki: Crossing the Great Divide. Worker Risk and Opportunity in the New Economy. New York. Cornell University Press 2001

Steinbrück, Peer: Abstieg von Wolke sieben. Frankfurter Allgemeine Zeitung vom 5. Oktober 2023

Sureth-Sloane, Caren: Steuerkomplexität als Standortfaktor: So komplex ist das Steuersystem in Deutschland. In: Newsletter der Arbeitsgemeinschaft für wirtschaftliche Verwaltung e. V. 2023

The Economist: Is Germany once again the sick man of Europe? London. 17. August 2023

Vahrenholt, Fritz: Die große Energiekrise und wie wir sie bewältigen können. München. Langen Müller Verlag 2023

Vahrenholt, Fritz; Lüning, Sebastian: Unanfechtbar? Der Beschluss des Bundesverfassungsgerichts zum Klimaschutz im Faktencheck. München. Langen Müller Verlag 2021

Voßkuhle, Andreas: Justiz und Demokratie: Rechtsstaat unter Druck. Die Zeit vom 29. September 2018

Weber, Max: Wirtschaft und Gesellschaft. 5. Auflage. Tübingen. Mohr Siebeck 1980

Wollmann, Hellmut: Leistungsmessung („performance management") in Politik und Verwaltung: Phasen, Typen und Ansätze im internationalen Überblick. In: Kuhlmann, Sabine; Bogumil, Jörg; Wollmann, Hellmut (Hrsg.): Leistungsmessung und -vergleich in Politik und Verwaltung. Konzepte und Praxis. Wiesbaden. Springer Fachmedien 2004, S. 21 ff.

Zbinden, Hans: Die Moralkrise des Abendlandes. Bern. Herbert Lang 1941

Zeh, Juli: Schluss mit Murks in Germany. 12 Köpfe, 12 Ideen: Wie wir Wirtschaft und Wohlstand retten. Focus 27/2023

GPSR Compliance

The European Union's (EU) General Product Safety Regulation (GPSR) is a set of rules that requires consumer products to be safe and our obligations to ensure this.

If you have any concerns about our products, you can contact us on

ProductSafety@springernature.com

In case Publisher is established outside the EU, the EU authorized representative is:

Springer Nature Customer Service Center GmbH
Europaplatz 3
69115 Heidelberg, Germany

www.ingramcontent.com/pod-product-compliance
Lightning Source LLC
LaVergne TN
LVHW011008250326
834688LV00004B/132